團體動力學

潘正德◆編著

三版

願　以本書獻給

親愛的家人——

林薇

愷恩

以恩

父母暨岳父母

因著上帝的愛，得以在家庭團體動力實驗室中，

驗證理論，熟悉歷程，催化成長。

目錄

CHAPTER 4 團體的組織結構

CHAPTER 5 團體動力的意義、內涵與源起

CHAPTER 6 團體內行為與團體間行為

CHAPTER 7 領導的意義與內涵

CHAPTER 8 溝通與團體決策

CHAPTER 9 衝突的意義與內涵

CHAPTER 10 團體動力的研究

CHAPTER 11 團體動力的實際應用

CHAPTER 12 當代的團體諮商理論

CHAPTER 13 團體工作的專業倫理

CHAPTER 14 團體動力發展的結果

潘正德

現任　中原大學榮譽教授、教育部統合視導訪視委員、高教評鑑中心評鑑委員、台灣輔導與諮商學會理監事、台灣諮商心理學報編輯委員、國立台灣師範大學教育心理與輔導學系兼任教授、國家考試命題委員

學歷　美國威斯康辛大學教育輔導研究所碩士、國立彰化師範大學輔導學系學士

經歷　中原大學通識教育中心教授、中原大學人文與教育學院院長、通識教育學刊總編輯、中原大學學生事務長、中原大學學生輔導中心主任、光武工專學生輔導中心主任、徐匯中學輔導教師、法務部矯正署輔導諮商講座

任教科目　輔導原理與實務、團體輔導、教牧輔導、諮商專題研究、壓力管理、婚姻與家庭、青少年問題與輔導

研究專長　諮商輔導、團體輔導與歷程、焦點短期理論、教牧輔導、通識全人教育等

重要期刊論文

Pan, J. D. P., Deng, L.-Y. F., Tsia, S.-L., Jiang, J.-R. K., &Wang, Y. J. (2016). Qualitative study of a solution-focused training program for Taiwanese military instructors. *Psychological Reports, l,* 626-648. (SSCI)

Pan, J. D. P., Deng, L.-Y. F., Tsai, S.-L., & Yuan, S. S. J. (2015). Perspectives of Taiwanese pastoral counselors on the use of scripture and prayer in the counseling process. *Psychological Reports, 116,* 543-563. (SSCI)

Pan, J. D. P., Deng, L.-Y. F., Tsai, S.-L., & Yuan, S. S. J. (2015). Using Kollar's solution-focused pastoral counseling for bereaved clients: The process of empowerment from clients' perception. *Psychological Reports, 116,* 127-148. (SSCI)

Pan, J. D. P., Deng, L.-Y. F., Tsai, S.-L., Chen, H.-Y. J., & Yuan, S. S. J. (2014). Development and validation of a Christian-based Grief Recovery Scale. *British Journal of Guidance and Counseling, 42,* 99-114. (SSCI)

Pan, J. D. P., Deng, L.-Y. F., Tsai, S.-L., Sue, I. R., & Jiang, J.-R. K. (2014). Effectiveness of an enhancement program on Taiwanese university students' self-concept. *Psychological Reports: Mental & Physical Health, 114,* 176-184. (SSCI)

Pan, J. D. P., Deng, L.-Y. F., Tsai, S.-L., & Yuan, S. S. J. (2013). Issues of integration in psychological counseling practice from pastoral counseling perspectives. *Journal of Psychology and Christianity, 32,* 146-159. (PsychINFO)

Lee, C. Y., Pan, J. D. P., Liao, C.-J., Chen, H. Y., & Walters, B. G. (2013). E-character education among digital natives: Focusing on character exemplars. *Computers & Education, 67,* 58-68. (SSCI)

Pan, J. D. P., Lee, C. Y., Chang, S. H., & Jiang, J.-R. K. (2012). Using prayer and scripture in a Christian stress-coping support group for church attendances: Implications for professionals. *Journal of Pastoral Care and Counseling, 66,* 1-13. (Scopus)

Pan, J. D. P., Fan, A. C., Bhat, C. S., & Chang, S. H. S. (2012). Associations among self-concept, verbal behaviors, and group climate early in the group counseling process. *Psychological Reports: Mental & Physical Health, 111,* 739-754. (SSCI)

Pan, J. D. P., Deng, L.-Y. F., Fan, A. C., & Yuan, S. S. J. (2012). Verbal interactions in Taiwanese group counseling process: A cross-cultural perspective. *Psychological Reports: Mental & Physical Health, 111,* 349-363. (SSCI)

Pan, J. D. P., Deng, L.-Y. F., Chang, S. H. S., & Jiang, J.-R. K. (2011). Correctional officers' perceptions of a solution-focused training program: Potential implications for working with offenders. *International Journal of Offender Therapy and Comparative Criminology, 55,* 863-879. (SSCI)

Pan, J. D. P., Deng, L.-Y. F., Tsai, S.-L., & Chang, S. H. S. (2011). Taiwanese members' report of verbal interactions and their relations to demographic variables in the group counseling process. *Psychological Reports, 108,* 779-790. (SSCI)

Lee, C. Y., Pan, J. D. P., & Liao, C. J. (2011). Impacts and preferences study for e-ho as holistic learning environment complementary to e-learning reference. *Computers & Education, 56,* 747-759. (SSCI)

Pan, J. D. P., Pan, H. M. G., Lee, C. Y., & Chang, S. H. S. (2010). University students' perceptions of a holistic care course through cooperative learning: Implications for instructors and researchers. *Asia Pacific Education Review, 11,* 199-209. (SSCI)

等40餘篇。

專書著作

《悠哉樂活：壓力管理的八把金鑰》（2018）、《團體動力學》（第三版）（2012）、《諮商理論、技術與實務》（第三版）（2012）、《壓力管理》（第二版）（2000）等。

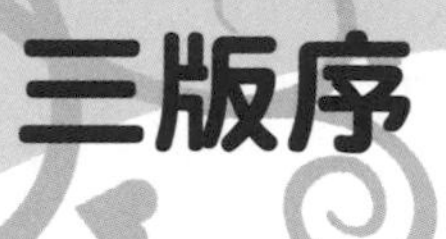

三版序

時序進入建國一百年，能為本書再版寫序是一件賞心樂事。

這些年來，團體動力學的發展與應用，正如前版所言：「**由於社會大眾的重視，以及團體技術的不斷推陳出新，團體動力已被廣泛的運用到教育、輔導、心理治療、企業等領域的團體輔導、治療與人力資源訓練上。**」不僅在青少年營會、基督教敬拜讚美、潛能開發、工商界人士在職訓練、社會團體工作方案、班級教學等活動與策略中，均可看見團體動力的理論與技術被實踐並發揚光大。此一現象，促使作者激起一份責任感，為提供一本理論與實務結合，新舊理論融合並陳，兼具教學與活動參考功能的團體動力學之工具書盡一份心力。本書的再版，即是在這樣的理念中醞釀而出。

作者對團體動力情有獨鍾，多年來始終如一，不論在實務工作或學術研究上，均把團體動力視為第一優先要務。因此，在學術研究發表的期刊論文、著書立論，及國際學術團體研討會的參與過程，對團體理論的最新發展有較多接觸，感受極為深刻。此外，在國內團體工作的學術同儕團體中，亦有較多互動、觀摩與激盪，作者受益匪淺。他們是：政治大學修慧蘭教授、新竹教育大學王文秀教授、暨南大學蕭文教授、東華大學林美珠教授、亞洲大學吳秀碧教授、台灣師大陳秉華教授和許維素教授、陽明大學張傳玲教授、馬偕醫學院林一真教授、雲林科技大學陳斐娟教授、高雄師大廖鳳池教授等。有感於團體理論的需求極為殷切，加上作者對理論發展的掌握，本書再版有幾項調整：為因應國情文化差異，第七章領導的意義與內涵的第三節領導的理論類型中增加「五、家長式領導理論」；第十二章調整為當代的團體諮商理論，其中增加「認知行為團體」、「阿德勒諮商團體」、「焦點解決諮商團體」、「敘事諮商團體」四個熱門的團體理論；此外，所有文句艱澀、不順暢、錯別字均經修正並改寫。

新版修訂完成，要感謝好多人的相助，首先要感謝中原大學的研究團隊，他們是學生輔導中心的鄧良玉主任、蔡秀玲老師、張世華老師、江捷如老師、袁聖琇心理師、王裕仁心理師的團隊合作。由於他們的鼎力相助，我們國科會的研究計畫、國內外團體研究期刊論文的發表才得以持續，他們是最棒的團隊，使我們不僅貼近團體成員，更與主流理論之發展同步。此外，要感謝通識中心的李宜涯主任及老師同仁，由於他們的體諒與協助，使我們在課程安排、設計、教學與研究，得以兼顧並達到教與學相長。感念的心意要延伸至 Ohio 大學的高等教育與諮商學系團體理論的授課教授 Bhat, S. Christine。由於她的好意，我才得以在教授休假年前往Ohio大學進行學術參訪與研究，並在她的課堂中分享台灣的團體研究與趨勢。心理出版社林敬堯總編輯的鼓勵與支持，長達一年的修訂過程才得以走完。最要特別感謝的是袁聖琇心理師與心研所蕭斐珊同學，由於她們的細心蒐集文獻資料，並仔細審閱本書，完成本版修訂的大部分工作，其功至偉，特此申謝。

誠如阿德勒學派的名言：「人自出生就在團體中，大部分第一個團體經驗是從家庭中來的，再從家庭進入到同儕團體。」感謝我的家人，他們是最佳的團體成員，我們相互激盪、催化、反思，並在愛中成長。

近年來，筆者已逐漸遠離行政工作，但因教學工作之外，仍參與服務學習並執行國科會研究計劃，此外，亦自勉於學術期刊著作的發表，忙碌自是難免，再加上才學疏淺，致使本書之修訂，掛一漏萬或失誤之處極多，尚祈海涵賜教。

中原大學人文與教育學院院長

潘正德　謹識

全人村院長室

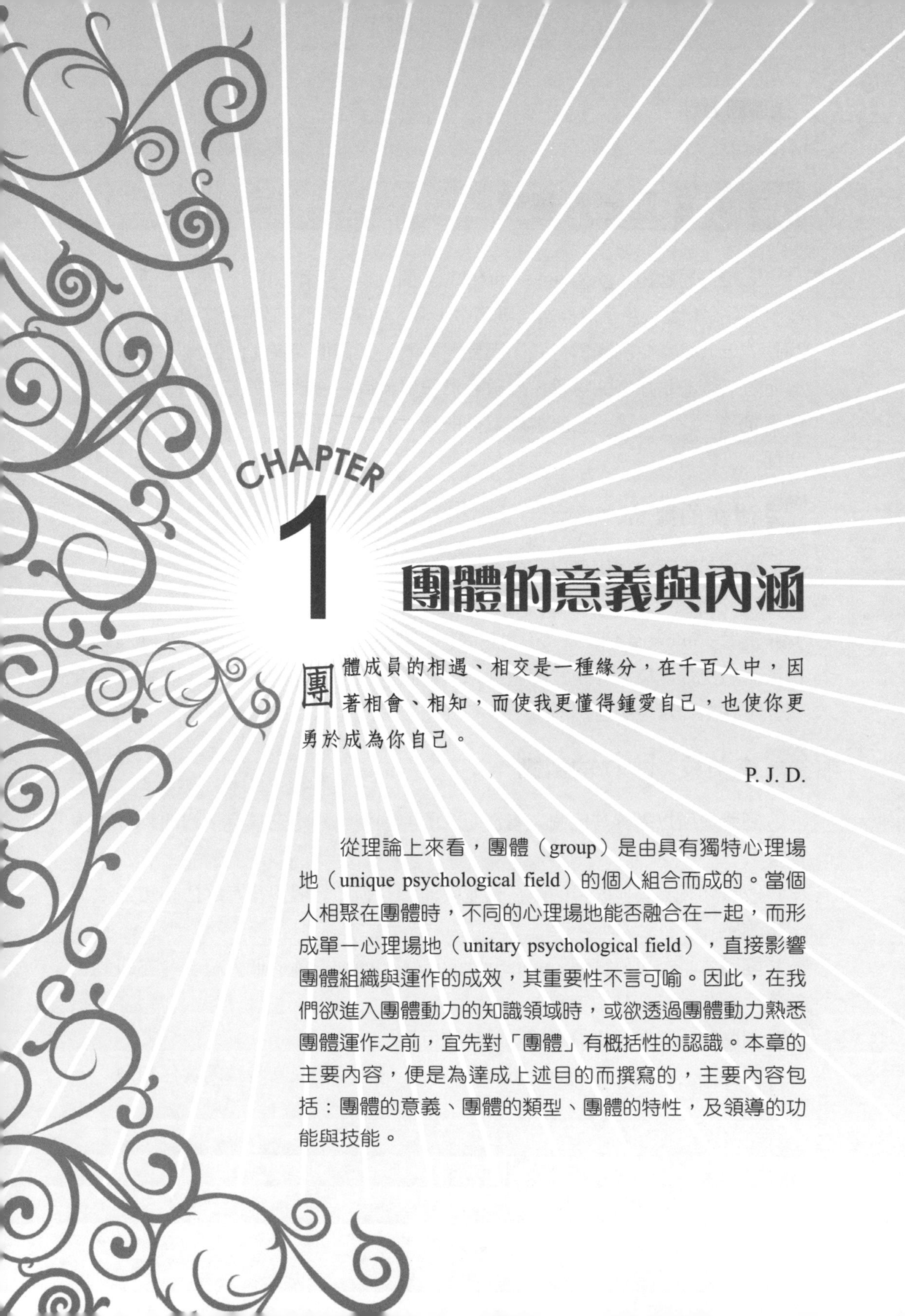

CHAPTER 1 團體的意義與內涵

團體成員的相遇、相交是一種緣分，在千百人中，因著相會、相知，而使我更懂得鍾愛自己，也使你更勇於成為你自己。

P. J. D.

從理論上來看，團體（group）是由具有獨特心理場地（unique psychological field）的個人組合而成的。當個人相聚在團體時，不同的心理場地能否融合在一起，而形成單一心理場地（unitary psychological field），直接影響團體組織與運作的成效，其重要性不言可喻。因此，在我們欲進入團體動力的知識領域時，或欲透過團體動力熟悉團體運作之前，宜先對「團體」有概括性的認識。本章的主要內容，便是為達成上述目的而撰寫的，主要內容包括：團體的意義、團體的類型、團體的特性，及領導的功能與技能。

第一節 團體的意義

人是群居動物（gregarious animal），個人無法脫離團體而獨自生活，甚至生存。當個人生活於群居的團體中，個人與團體隨時都在相互牽絆著、互動著，於是產生出團體行為，因此，團體是一個值得探討的領域。就理論而言，團體是那麼的複雜，以致我們很難找到一個放諸四海而皆準的定理來定義「它」；就一般學者專家們的觀點而言，團體的意義至少有以下四種。

一 傳統的觀點

團體是指兩個或兩個以上的個人，彼此相互影響、相互依賴，為了完成特定的目標而結合在一起。在此一觀點下，團體可分成正式（formal）與非正式（informal）兩種。正式團體係指在組織結構的界定下，有明確工作指派之工作團體；非正式團體則指既無正式結構，亦無組織決定的聯結關係，在工作環境中自然形成，基於社會接觸的需求而結合的團體。

二 李美枝（1979）的觀點

團體之所以異於其他個人集合而成的非團體，乃是它具有下列四大特性：

1. 成員知覺到其他成員的存在，並與他們互動而發展出相互的依賴和歸屬感。
2. 團體本身為單位實體（unitary identify），而非單純的個人組合。亦即「全體大於部分的總和」。
3. 團體的維繫有賴成員的共同興趣和目標。
4. 團體為一組織體（organization body），每一成員負有特殊的責任和角色。

三 吳秉恩（1986）的觀點

每一個團體均有其特徵，為了易於辨識，可由團體的特徵，如知覺（perception）、動機、組織、相互依存關係（interdependence）及互動關係（interaction）等層面來加以解釋：

1. **基於知覺的觀點**

持此觀點者認為，團體中每個人均會了解其與他人的關係。因此，「團體是由某些在面對會議或其他會議中，有互動關係之人員所組成的，成員彼此在特定的時間或場合中，了解對方所傳達的信息，從中獲得某些印象，並給予對方某些反應」。

2. **基於動機的觀點**

即個人基於滿足某些需要而參加團體，因此，「團體是一群想獲得某些動機滿足的個人所組成」。

3. **基於組織的觀點**

即「團體是一群個人所組成的社會單位，其相互間有地位及角色的相互關係，且定有規範、價值等條件限制成員的行為」。

4. **基於相互依存關係的觀點**

人與人之間有相互依存的關係，因此，「團體是一群有相互依賴關係之個人所組成，亦即其組成之成員有共同的相依性」。

5. **基於互動關係的觀點**

即「團體為一群有互動關係之個人所組成」。

四 Knowles（1972）的觀點

從團體動力的觀點來看，個體的集合並不能做為區別團體或非團體的標準。當團體具備下列條件時，個人的集合才算是團體：

1. **可認定的成員（definable membership）**

由兩個或兩個以上的個人所組成，由名稱或型態上可加以辨認。

2. **團體意識**

團體成員視自己為團體的一份子，具有一體感，且在意識上彼此認同。

3. 同一目標的感覺

團體成員擁有同樣的目標型態或共同的目標及理想。

4. 在需求的滿足上有相互依存的關係

團體成員相互協助以達成參與團體的目的。

5. 互動

團體成員相互溝通，彼此影響，並對他人的行為做出反應。

6. 有能力在相同方式下行動

團體能像一個單一的有機體般地運作自如。

個體的集合被稱為團體或非團體，其間最大的差別，可以用圖 1-1 加以說明：

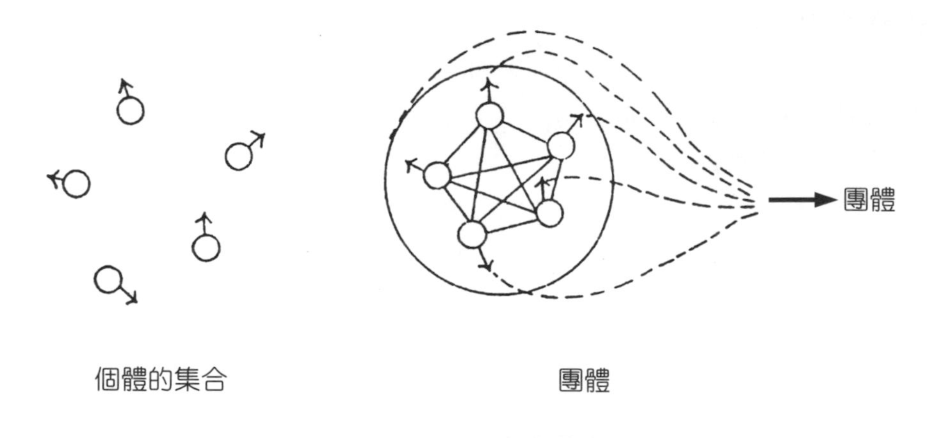

❖圖 1-1　團體與非團體

資料來源：Knowles（1972）

上圖左邊個體的集合，並不算是一個團體，因為沒有同一目標——每個團體的目標箭頭均指向不同的方向；沒有界線環繞外圍——表示缺乏團體意識和可認定的成員；沒有互動和相互依存的線條連接每一個體；此外，很明顯的，個體的集合亦無法在相同的方式下運作。

綜合以上的觀點，賈樂安（1988）認為團體不同於烏合之眾或其他無組織、無秩序、無規範的個人組合，它是有組織、有秩序、彼此相互依存、有歸屬感和認同感，並持續互動的兩人或以上的結合體。

第二節 團體的類型

團體具有多層面的意義，因此，若由不同層面的觀點來看團體類型的話，即可顯示出團體類型的多元化及多樣性。以下僅從組織程序、作業區分、成員性質與其他分類方式來加以說明。

一 依組織程序區分之團體類型

根據吳秉恩（1986）的觀點，依組織程序區分，團體可分為下列兩種類型：

(一)正式團體（formal group）

團體的組成，是基於特定的目標和既定的政策。藉由成員互動，遂行組織目標之達成，如功能性團體、任務性團體。團體目標、成員職位、職權、權利義務等，均在組織中有明文的規定。

(二)非正式團體（informal group）

團體的組成，是基於成員互動而自然發生，或成員相互吸引而組成。一般所謂的非正式團體有三種：

1. **水平團體**（horizontal group）

   係由相似階級及同一工作領域之成員組成。

2. **垂直團體**（vertical group）

   依由同一部門不同階級之人員組成。

3. **混合／隨機團體**（mixed or random group）

   依由不同部門、不同階級及不同工作性質之人員所組成。

二 依作業區分之團體類型

根據 Sayles（1958）的觀點，依作業區分，團體可分為功能性團體（functional group）、任務性或專案性團體（task or project group）及利益性或友誼性團體（interest & friendship group）。其類型、特徵、釋例如表 1-1：

❖ **表 1-1　依作業區分之團體類型**

團體類型	特徵	釋例
功能性團體	1. 成員關係為組織結構所明定。 2. 包括主管與部屬的關係。 3. 包括進行中任務的完成。 4. 通常可認為是一種正式的團體。	1. 護理長由合格護士及護士助手予以輔助。 2. 會計主任由會計員、財務分析專家、電腦作業員及書記予以輔助。
任務性或專案性團體	1. 成員關係為完成一種特定任務而建立。 2. 存在時間可長可短。 3. 可包括主管與屬員的關係。 4. 通常是一種正式團體。	1. 專案設計小組。 2. 委員會。 3. 特殊任務小組。
利益性或友誼性團體	1. 成員關係因某些共同特徵，如年齡、政治信仰或利益等而形成。 2. 通常是一種正式或非正式團體。 3. 可具有與組織目標相合或不相合的目標。	1. 工會（亦可為一種功能性團體）。 2. 社會團體。 3. 休閒俱樂部。

此外，Sayles（1958）又根據 300 個團體在工作上的相似性與相異性，將團體區分為下列四種，如表 1-2：

❖表 1-2　依工作上的相似性與相異性所區分的團體類型

團體類型	特徵	釋例
淡漠型團體（apathetic group）	成員在一成不變的工作內容中，易有長期挫折感。	低工資、低技術，如薪水較低的裝配線工人屬之。
乖僻型團體（erratic group）	成員互動多，容易造成管理上的問題。	需互動的半技術性工人所組成。
策略型團體（strategic group）	工作有依循，守法、安分。	工作成果需評斷之技術工人屬之，如焊接工。
穩重型團體（conservative group）	安分守己，只顧做好分內的事，不會帶給管理者麻煩。	高度技術工人屬之。

三 依成員性質區分之團體類型（吳秉恩，1986）

根據 Ziller 的觀點，依成員性質區分，團體可分為開放式團體（open group）及封閉式團體（closed group）。前者成員可自由考慮參加或退出；後者則強制參加，且非有特殊原因不得退出。

根據上述的定義，開放式團體與封閉式團體有下列四項差異：

(一)成員變動

開放式團體隨時有成員加入或退出。封閉式團體則幾乎永遠不變，很少有成員加入或退出，因此其權力、地位關係很少變動。

(二)參考架構

開放式團體不斷在擴大其參考基礎，新成員帶來新問題、新衝擊。反之，封閉式團體則較少衝擊、較穩定。

(三)時間幅度

開放式團體很難長期維持，只能短期運作。反之，封閉式團體因較穩定，可長期維持。

(四)團體均衡

開放式團體必須開拓新方法以維持內部之均衡。方法之一是不斷擴大規模，減少因個人加入或離去所造成的影響，異質性愈大，愈易吸收新成員；方法之二是促使正式成員結合在一起。一般而言，封閉式團體較開放式團體更易達到均衡的狀態。

四 其他分類方式之團體類型

(一)依成員與團體的關係可分

1. 內團體（in-group）

即成員有屬於該團體的意義存在。

2. 外團體（out-group）

即成員有不屬於該團體之意識。

(二)依人數的多寡可分

1. 大團體

20 人以上者。

2. 小團體

20 人以下者。

在心理輔導中，團體輔導的團體，可涵蓋至 40 至 50 人的大團體；團體諮商的團體，則以不超過 13 至 15 人為限。

(三)依時間的長短可分

1. 暫時性團體（temporary group）

指為達成短暫性目標而成立之團體，目標完成後即解散，如專案小組、讀書小組、團體輔導等均屬之。

2. 永久性團體（permanent group）

指有正式編制，為永久性之團體，如學校行政組織、政府機關部門等。

(四)依成員關係可分

1. 初級團體（primary group 或 direct group）

指人數不多，互動頻繁，具共同做法及行動一致之團體。

2. 次級團體（secondary group 或 indirect group）

指成員關係不深，人數較多之團體，團體成員異質性高，行動差異亦較大。

(五)依成員與團體的關係可分

1. 參照團體（reference group）

即成員在做評估、比較、抉擇時，會以團體立場為判斷之依據。

2. 會員團體（membership group）

即成員僅表面上或名義上屬於某一團體，決策時，並不以團體立場為考量之依據。

(六)依成員關係形式可分

1. 社會團體（social group）

成員為追求社會性目標而組成團體。

2. 心理團體（psychological group）

成員接觸頻繁，有共同愛好，彼此關係緊密。

第三節　團體的特性

團體的類型繁雜不一，在眾多類型中，亦很難找到完全相似的團體。事實上，我們沒有一天不生活在團體中，在我們生活的環境裡，有許多團體，如家庭、社交圈、工作小組、教堂、學校、俱樂部、學會和社會裡的各種委員會及研究團體、高級中學或大學等。根據許多研究資料顯示，不同類型的團體，都具有一些可辨認的特性或特質。以下所列的是調查研究中最常見的團體特性；至於更深入的理論，則專章另行討論。

一　背景

每個團體大多都擁有足以影響團體行為的歷史背景。因此，當新團體成立時，都要花點心力去催化成員相互熟識，了解團體的主要目標，並建立可行的活動方式。此外，團體聚會的次數多了以後，成員彼此認識的慾望更殷切，對需求的滿足更熱衷，對團體進行的方式亦更熟悉。但這時也可能發展出足以干擾團體效能（efficiency）的一些習性，如辯論、小圈圈或浪費時間等。

成員在加入團體的初期，多少對團體抱著一些期望。之後，他們或者對團體聚會有清楚的概念；或者對團體即將發生的一些事感到迷茫與困惑。他們可能渴望著團體聚會的來臨；也可能很擔心。他們可能深深地關切著團體；也可能表現出冷漠的態度。在某些情形下，團體行動自由（group's freedom of action）的界限，往往被限定在團體所塑造出來的基本條件之中；也許根本沒有界限的存在，成員可以毫無拘束的進出團體。

以上只針對構成團體背景的一些要素加以說明。為了解與團體背景有關的問題，團體領導者可以這樣自問：

1. 為進入團體，成員做了什麼準備？
2. 成員對團體和自己在團體中所扮演的角色，抱著什麼樣的期望？
3. 團體的成員由什麼樣的人組成？具有什麼經驗？先前的友誼型態如何？他們為何加入團體等。

4. 為團體聚會曾做過什麼樣的安排——座位的安置（physical setting）、資源的運用等。

二 參與型態

在任何時間裡，每一個團體都會呈現一些特殊的參與型態。例如它可能由團體領導者對成員進行單向的溝通；也可能是領導者對成員說話，成員做反應的雙向溝通；或者全體成員對成員之間或對團體做多向的（multidirectional）溝通。一個團體的溝通型態很可能自始至終都很一致，也可能時時刻刻都在改變著。至於哪一種參與型態是最好呢？這取決於團體情境的需要！然而就整體而言，許多研究顯示團體中成員的參與愈廣泛，則其興趣與參與感（interest and involvement）也就愈高：為了解成員參與的型態，團體領導者可以提出下列問題：

1. 團體中領導者說過多少話？成員又說了多少？
2. 大部分發言的機會是被全體成員、領導者或少數特定的成員所把持？
3. 成員對有趣的話題，始終保持傾聽不願發表意見，是因為厭煩、無動於衷或其他因素？

對團體而言，在聚會的某一段時間後畫一幅參與型態圖，能有效的提供團體動力的客觀資料。其方式如圖 1-2。

三 溝通

從溝通的性質可以看出成員彼此了解的程度，例如他們如何清楚溝通他們的觀念、價值觀和感受。如果團體中某些成員習慣於使用特殊的用語，這可能說明這個團體的發言情況很踴躍。有時，一個團體會發展出屬於他們的特殊字彙、習慣語或笑話，這些對於新團員和局外人是難以了解的。

成員的非語言溝通（nonverbal communication）也十分重要，值得進一步去了解。一個人的身體姿勢、臉部表情、神態，在在都表明其內在的思想和感受。

下面幾個問題，有助於我們對溝通狀況的了解：

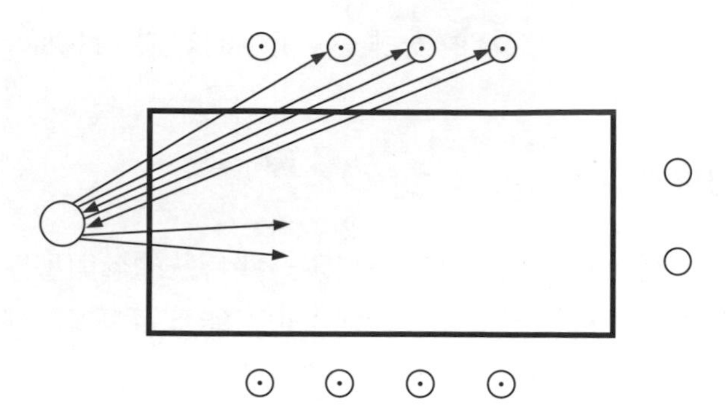

從 8：00PM 至 8：20PM

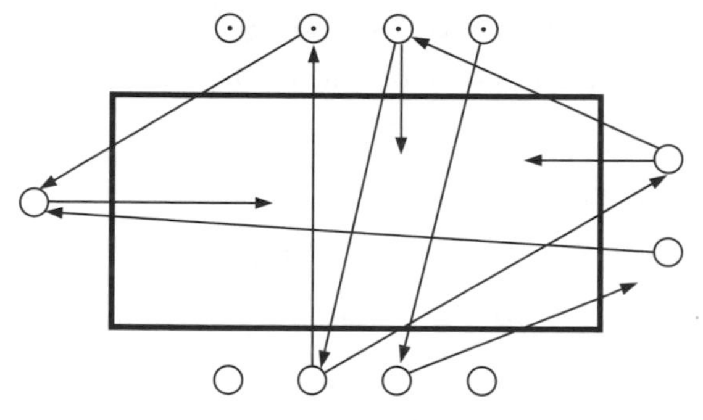

從 9：00PM 至 9：20PM

❖圖 1-2　參與型態圖

1. 成員是否很清楚地表達他們的觀念？
2. 成員會不會採用別的建議，並以此建立自己的觀念？
3. 當成員不了解談話的內容時，是否能很自然的提出澄清的要求？
4. 成員對其他成員敘述的內容做出反應時，是否常離題或銜接不上？

四 凝聚力

團體凝聚力是以成員結合成一個整體之力量的多寡來決定。從團體的凝聚力中，可以了解團體士氣、團隊精神、團體對成員的吸引力，及團體進行中團員們的興趣等問題。團體凝聚力在文獻上常以一個團體的「我們感」（we feeling）為表示。凝聚力低的團體，在團體進行時，便可能有：小組成員竊竊私語、派系、內訌、孤立、次團體（sub-groupings）的對立等現象。

有關團體凝聚力的問題，團體領導者可以這樣自問：

1. 成員如何才能結合成一個團體，且有效率的工作在一起？
2. 團體存在著哪些次團體或孤立者（lone wolves），他們對團體產生了什麼影響？
3. 團體進行中，有哪些線索顯示成員們興趣缺缺或踴躍投入？
4. 成員是否把團體視為：我的團體、我們的團體、你們的團體、他們的團體或他的團體？

五 氣氛

雖然氣氛是一個模糊的概念（an intangible thing），但它卻很容易被感受到。在文獻上，團體氣氛指的是團體的社交氣氛（social climate）。它具有下列兩種相對立的特質：溫暖、友善、放鬆的、不拘束的、寬大的、自由自在的，及冷淡、敵對、緊張、嚴肅、控制等。團體氣氛影響團體成員的感受，並且左右了成員的自發（spontaneity）參與程度。

團體氣氛可以用下列問題來加以探討：

1. 我們的團體是溫暖或冷漠、友善或敵對、輕鬆或緊張、悠閒或嚴肅、寬大的或控制的、自由自在或壓抑的？
2. 團體能允許成員自由自在地表達相反意見或負向感受嗎？

六 規範

每一個團體遲早都會發展出一些倫理規範（a code of ethics），或樹立一套適用的、可以接受的行為規範。例如哪些主題可以討論，哪些則被禁止；成員如何開放地表達他們的感受，成員義務服務的可行性；發言的長短與次數；討論中斷是否被准許等。有時，團體規範經常是隱蔽的而非公開的，因此有些曾經參加過不同團體的新成員，可能一時難以理解並適應新團體的規範。事實上，一個團體也可能為它已存在的規範而困擾著，這些很可能導致團體中出現更多的困窘、煩躁和缺乏動力（lost momentum）等現象。

有些團體規範，領導者可以拿下列問題來評估：

1. 有什麼證據能顯示團體的倫理規章（自律、責任感、禮貌、對異己的容忍、表達的自由和其他類似的行為）為何？
2. 是否有成員明顯地違背這些規範？這對團體有何影響？
3. 成員對這些規範是否能充分了解，或感到困惑？
4. 哪些團體規範是有助於或不利於團體的進行？

七 社交關係型態

在每一個團體中，參與的成員都會對所喜歡的人產生某種認同。因此，「認同」可以當作喜歡或不喜歡的指標。在這種親近或排斥的關係底下，利用社交關係型態的分析便能很清楚的把團體內的人際關係呈現出來。文獻上指出：對於喜歡的成員，我們常會贊同他們；但對不喜歡的成員，我們便常會反對他們。甚至當他們都表達同一觀念時，我們往往也會有不同的反應。

有助於領導者了解成員社交關係型態的問題有：

1. 哪一些成員傾向於認同並支持某一成員？
2. 哪些成員彼此始終爭論不休？
3. 是否有成員扮演導火線（triggers）的角色，不論自己是否贊同前一位成員的意見，總要立即抒發己見？

八 結構和組織

團體具有無形的和有形的組織結構。有形的結構包括正式的（公家機構、委員會、任命職務）和非正式的兩種。結構的主要目的，在促使團員分工及團體功能的順利運作。無形的結構是依據成員的聲望、影響力、權力、年齡、能力、說服力和其他類似的條件而形成。

有關團體結構，領導者可提出的問題包括：

1. 團體有意塑造出哪一類結構（領導地位、分工職務、委員或團隊等）？

2. 什麼是無形的結構（誰是幕後控制者、誰最具影響力，誰提供服務並做事、誰尊重誰、誰附和誰）？
3. 成員是否能了解並接受現有的結構？
4. 團體的結構是否適合於團體目標並促使目標的達成？

九 團體程序

所有的團體都需要某種方式的工作程序，並藉此完成團體目標。在非正式團體中，經常使用較不嚴謹的團體程序。團體程序的選擇，對團體生活的某些方面，如氣氛、參與型態和凝聚力具有直接的影響效果。選擇適合某情境和工作的團體程序，需要某些程度的彈性和因應的措施。

領導者透過下列問題，可以檢視團體的程序問題：

1. 團體如何決定它的工作項目或會議議程（agenda）。
2. 團體做決定時是透過選舉、沉默同意或一致同意？
3. 團體如何開發並利用成員的人力資源？
4. 團體如何協調（co-ordinate）各色各樣的成員、次團體及活動？
5. 團體如何做成果的評鑑？

十 目標

所有的團體都有其特定的目標。有些目標是長期性的，如「如何促進兒童與青少年的福祉」；有些目標是短期的，如「為明年計劃親職教育的方案」；有的甚至是立即性的，如「決定下個月的生產業績」。在一般情況下，這些目標被界定得很清楚、很具體和大眾化，但有時候，它也可能是籠統的、一般性的，或是模糊不清的。成員也許能真正了解目標的意義，並想努力達成目標；但也可能只是附隨目標而已。因為團體目標對團體最後的成效（ultimate accomplishment）有著直接或間接的影響，因此在文獻上也獲得較多的注意。

有關團體目標，領導者可以下列問題來檢視：

1. 團體如何達成它的目標？
2. 成員是否都了解這些目標？

3. 是否所有成員都在此一目標下而無異議？
4. 就本團體而言，團體目標的可能性如何？

十一 團體行爲

從團體行為也可以了解團體的特性，以下是一般性的原理原則，可據以了解團體發展的狀況：

1. 團體愈吸引成員，並促使成員的忠誠意識到某種程度，則團體將具有下列幾種現象：
   (1) 團體較能滿足成員的需求，也較能協助成員去達成個人的目標。
   (2) 團體較能給予接納和安全的感受。
   (3) 成員彼此的關係較和諧，且能意氣相投。
   (4) 外人對團體有較高的評價。
2. 每一個成員較能感受到團體目標的存在或決策過程的時機時，則成員的參與必然較多，且較主動積極。
3. 團體若能具備或滿足下列條件，則團體更能協助成員改變與成長：
   (1) 不論成員本身改變的意願如何，都能對團體產生強烈的歸屬感。
   (2) 團體的吸引力大於個體因改變造成的不舒適感。
   (3) 成員較願意分享需要改變的知覺（perception）。
   (4) 成員較能接受並分享需要改變、計劃改變與改變的成果等事實。
   (5) 在沒有威脅或懲罰的壓力下，團體能為成員提供練習改變的機會。
   (6) 團體能提供改變目標，及評量進步的標準給成員。
4. 團體中每一股力量都會誘引出另一股相等且相對的反作用力量。因此，改變的理想策略，應該是設法減少改變的阻力，而非盲目地對反作用力施加壓力。
5. 每一團體都具有促使團體本身運作的能力，在運作的過程中，團體能清楚地檢視歷程及其結果，並能檢驗改變歷程的優缺點。在文獻上，一般稱之為回饋機轉（feedback mechanism）。
6. 成員對影響本身行為及團體行為的力量愈了解，愈能對團體產生建設性貢獻。同時成員也較能擁有本身的完整性（integrity），以適應團體中因盲從、疏離感帶來的微妙壓力。

7. 團體中，成員對團體服從的壓力強度（strength of pressure to conform），可由下列因素決定：
   (1) 團體吸引力的大小。
   (2) 在解決與成員有關的問題過程中，服從是必要的。
   (3) 經全體成員無異議通過，除了服從別無選擇。
8. 團體績效的決定要素（determinants of group effectiveness）包括：
   (1) 團體目標清楚與否？
   (2) 團體活動的目標，能否促動（mobilizes）成員活力？
   (3) 成員對團體活動的目標，是爭執不下或全數同意？
   (4) 成員在團體中究竟應採行何種方法以達成團體目標；是爭執不下或全數同意？
   (5) 團體任務需要成員的配合時，成員能否在協同的方式下攜手合作？
   (6) 團體所需要的資源，能否在經濟、合理、合法的情況下被妥善地利用？
   (7) 為了團體任務，團體能否有效地、適時地被組成？
   (8) 團體歷程的運作，能否配合團體任務及發展階段的需要？

第四節 團體的領導功能與技能

雖然團體具備上述多種的特性，但每一特性對團體運作的影響常隨著領導者的領導方式與風格而有所改變。因此，由單一層面來看團體的領導功能是非常有意義的事。Kenneth Benne 與 Paul Sheats 把團體的領導功能分成兩種：

1. 建立和維繫團體的角色（group-building and maintenance roles）

這類角色的功能常有助於團員彼此關係及凝聚力的建立，大多屬於精神層面的性質。

2. 團體任務的角色（group task roles）

這類角色的功能常能協助團體朝向既定目標完成任務，大多屬於社交層面的性質。

根據 Kenneth 和 Paul 的觀點，團體領導者為了發揮其領導功能，在建立並維繫團體方面，領導者可使用的技巧有：

1. 鼓勵（encouraging）

用友善的、溫暖的態度去對待團體成員並接納其意見。

2. 調停（mediating）

調和、接納不同的意見及協商等。

3. 守門（gate keeping）

盡量使每個成員都能在團體中發言，並為每一位成員爭取發言時間（talking time），讓全體團員都有機會聽取別人的意見。

4. 設定標準（standard setting）

為團體選定主題、程序、行為規範（rules of conduct）、倫理的價值等，適當的表達團體應有的標準。

5. 跟隨（following）

配合團體歷程的發展，接納團員的意見。在團體討論時扮演聽眾和用心傾聽的角色。

6. 消除緊張（relieving tension）

利用有效方法消除負向感受，例如利用話題改變，將情緒從不愉快轉移到愉快上。

此外，為了促使團體有效率的運作，團體領導者可使用的技巧有：

1. 發起（initiating）

建議新觀念，或用不同的立場來看團體的問題及目標、提議新活動等。

2. 尋找資訊（information seeking）

詢問有關的事實或權威性消息。

3. 提供見解（opinion giving）

為團體正在思考的事，提供適當的信念或意見。

4. 澄清（clarifying）

為團體正在考慮的事探討其意義，藉著重述這些觀念使團員能了解。

5. **精進**（elaborating）

建立並擴大團體已有的觀念，同時給予適當之說明。

6. **居中調整**（co-ordinating）

表明或澄清各種觀念的因果關係，同時嘗試著將觀念和建議結合在一起。

7. **定向**（orienting）

透過團體目標、界定團體討論的方向，並提供討論的問題。

8. **探測**（testing）

在團體準備做一抉擇或採取行動之前，先核對團體的情況。

9. **摘要**（summarizing）

對討論過的內容做一回顧及結論。

在團體中使用上述技巧的時機並非一成不變，事實上，當一個技巧使用恰當時，將會加速團體的運作，例如當緊張即將導致負面結果時，適度的幽默可以化解這些緊張。有時，當團體陷入困境，極需要一些技巧推動團體前進，在經驗不足的團體中，無人能運作這些技巧；相反的，有些團體領導者在技巧運用上，確有其獨到之處，因此對技巧的使用，也比別人來得熟練和自然。領導者必須注意的是，應該避免連續使用同一技巧，以免造成過度刻板化（over-stereotyping）的現象，而失去學習新技巧的機會。

團體是一個動態的歷程，團體中有一些行為並非上述任何一種技巧所能處理，例如在文獻上被稱為非功能性角色的自我中心行為（self-centered behavior）。嚴格地說，這類行為對團體運作並無直接影響，只不過是成員用來滿足其個人需求。但同樣行為若一再出現，即可能造成干擾。在團體歷程中，成員常見的自我中心行為有：

1. **阻撓**（blocking）

突然改變團體的決定；干預團體的進行；過度引用與團體毫無關係的個人經驗；對團體的決議議論太多；或毫不考慮的拒絕別人的想法；阻止別人表達意見。

2. **侵犯**（aggression）

批評或指責別人；毫無理由地對團體或某些成員採取敵對態度；打擊

別人的動機；貶損別人的動機；貶損別人的自尊或地位。

3. 尋求賞識（seeking recognition）

藉多言、偏激思想、自誇、喧擾以吸引別人對自己的注意。

4. 特殊請求（special pleading）

介紹或支持本身所關切的一些觀念，甚至是毫無根據的一些哲理；企圖為一些微不足道的題材，如家庭主婦、男人等請命。

5. 退縮（withdrawing）

表現出冷漠或消極的態度；經常拘泥於形式；塗鴉（doodling）；冷眼旁觀。

6. 支配（dominating）

藉著控制團體或某些成員以肯定自己的權威；對其他成員給予權威式的指導；干擾成員對團體的協助。

團體中，這些行為的出現常會激怒別的成員，同時也會招致其他成員的不滿、譴責或敵對（counterhostility）等反應。一個了解團體動力的領導者，經常能夠有效地處理這些問題。然而，因為這些問題都被當作是團體初期的一些徵兆，因此個人的需求在此階段將難以被滿足。事實上，我們很難憑一件事、一些舉動，就將它劃歸在某一行為或屬於某一類型，更重要的是，團體領導者為了使領導功能能充分發揮，除了要了解上述自我中心行為外，尤需強化並熟悉建立團體、促使團體運作的種種技巧。如此，團體的領導功能才能充分發揮。

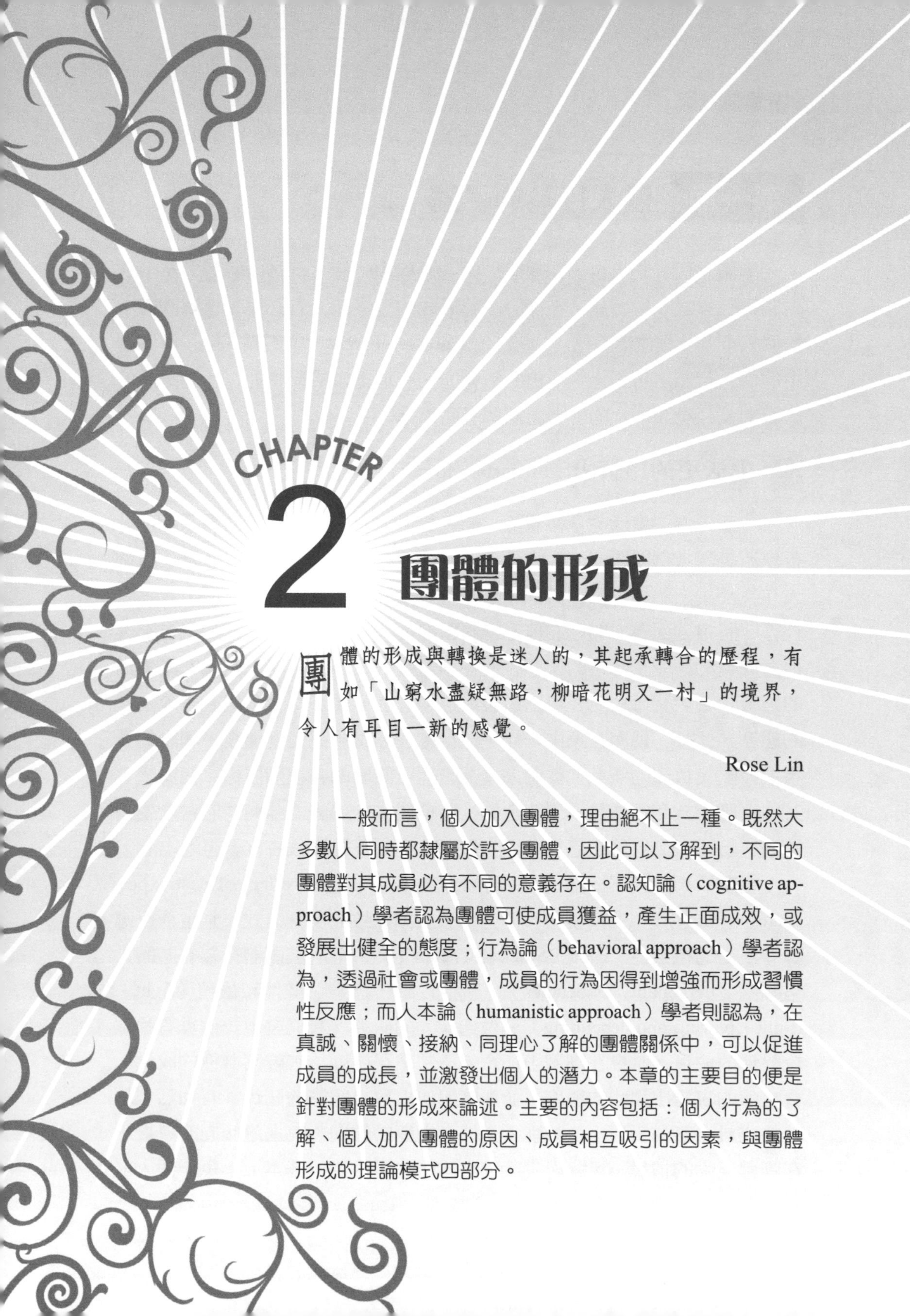

CHAPTER

2 團體的形成

團體的形成與轉換是迷人的，其起承轉合的歷程，有如「山窮水盡疑無路，柳暗花明又一村」的境界，令人有耳目一新的感覺。

Rose Lin

一般而言，個人加入團體，理由絕不止一種。既然大多數人同時都隸屬於許多團體，因此可以了解到，不同的團體對其成員必有不同的意義存在。認知論（cognitive approach）學者認為團體可使成員獲益，產生正面成效，或發展出健全的態度；行為論（behavioral approach）學者認為，透過社會或團體，成員的行為因得到增強而形成習慣性反應；而人本論（humanistic approach）學者則認為，在真誠、關懷、接納、同理心了解的團體關係中，可以促進成員的成長，並激發出個人的潛力。本章的主要目的便是針對團體的形成來論述。主要的內容包括：個人行為的了解、個人加入團體的原因、成員相互吸引的因素，與團體形成的理論模式四部分。

第一節 個人行為的了解

團體是個人的組合，在團體形成的過程中，個人行為的影響力為形成的關鍵因素之一。因此，在探討團體形成的因素時，有必要先了解團體中的個人行為。根據潘正德（1992）、Knowles（1972）的觀點，欲了解團體中的個人行為，可透過生活史的影響力、心理需求的影響力、所屬團體的影響力及目標和理念的影響力四個層面來進行。

一 生活史的影響力（life history forces）

一個人過去生活的各種體驗，究竟對個人有多大的影響力呢？心理分析學派曾對這個問題提出令人滿意的答案。心理分析學派的看法是：一個人在生活史上的第一個團體——家庭中，所發展出來的態度、價值觀、習性等，將會強而有力的左右他對團體領導者、權威的看法，同時也會影響他對成員的感受及行為的反應。他在團體裡的表現，可能正是其家庭生活的翻版，如對父母角色表現出馴服或叛逆；對兄弟姊妹表現出競爭或友愛的態度。此外，就和在家中一樣，他也會在團體中感受到溫暖、和諧的氣氛或冷酷、仇視的氣氛。從個人成長歷程所歸屬的各種團體中，個體學會某些反應方式和行為是一個特定的行為模式，在過去的團體中若曾產生愉快的經驗或得到舒適的感覺，那麼那個特定的行為模式將會一再地出現。

相關學術研究亦指出，過去經驗的效用之一（one effect of past experience），即在類似的情境中，個體會發展出一致的反應方式，且這種反應具有很高的穩定性。Bion、Stock和Thelen（1961）對與團體行為有關的人格傾向（personality tendencies），包括攻擊、逃避、群性和依賴（fight、flight、pairing and depending）等做過深入的研究。我們發現一個具有強烈攻擊性的成員，常會在團體中任意表達其敵視態度；有較高群性的成員，會自然的表達出溫暖的態度，並期望與他人建立親密的關係；有強烈依賴性的成員，容易表現出依賴別人支持、指導的傾向；有逃避傾向的成員，在團體互動的情境下，會產生某種方式的逃避行為。基本上，每一個人都擁有不同類型的人格特質，且在強弱程度上有所差異，因此形成了各樣的情緒組合。這些人格傾向蘊藏在個人內心深處，並在團體互動過程中，很自然地、穩定地表現出來。

當個人把過去原生家庭的生活經驗、行為習慣和態度帶入團體時，不論是加入團體前面對各種問題時的思考方式，或參加團體後的互動行為，均可看到過去生活史中各類經驗影響的影子。

二 心理需求的影響力（forces based on psychological needs）

人類的生物性需求如食物、水、休息、活動和性等，是一般人耳熟能詳的；但有關人性（human-beings）的心理需求，長久以來一直被忽略。雖然人們對於心理需求曾賦予各種不同的名稱，但它始終離不開：安全的需求、情愛或反應的需求、地位或認可的需求、歸屬感、新經驗的需求等。對人類而言，每個人不僅心理需求的強度不同，即使同一個人，在不同時間裡，他的需求亦會有變化。因此，我們可以說：每一個體在某一時期裡，有其獨特的需求組合。相反的，某一種需求也可能由不同的個體或同一個體在不同情境中，用不同的行為方式表達出來。例如當一個人初入新團體時，都會有安全感的需求，這種需求可能產生退縮或猶豫觀望的行為；但在同樣的情況下，也可能會有防衛性的喋喋不休等相對行為出現。

從有關心理需求的研究中，我們可以了解心理需求並不適合用一般的道德標準來判斷，此一狀況，就如同當一個人胃裡空無一物時，責怪他肚子餓是否合理的情形一樣。同樣的，在團體中，某一成員為求個人需求的滿足，獨占了團體討論的話題或成為注意的焦點而造成其他成員的不滿，這也不算是那位成員的過失。因為每個人的心理需求都必須有某種程度的滿足。事實上，問題出在那位成員並不知道應透過哪一種可被接受的方式來滿足自己的需求。這種需求能否滿足，會影響成員在團體形成過程中的參與行為。一旦成員的需求被滿足了，便產生有助於團體發展的有利行為；相反的，當需求不被滿足時，則可能產生逃避、破壞、旁觀、冷漠等不利團體發展的行為。

三 所屬團體的影響力（associational forces）

另一股影響個體行為的力量，是無形委員會（團體）（invisible committees）的力量。一般說來，每個人在有意、無意間，都會在心理上與多元的群體（a multiplicity of population groupings）聯結在一起。日常生活中，我們所接觸的團體，有些是無組織且範圍界定不清楚的團體，如商人、工人、家庭主婦、教師、黨派等。有些是組織具體而明確的團體，如家族、鄰居、學術團體、學校、公司、青年會等。就某種意義來看，當一個成員在團體中想有所改變時，他背後那些代表多重群己關係的無形團體會同時施加壓力進而左右他的決定。令人難以相信的是，在影響的過程中，幾乎都是以一種特定的衝突方式（conflicting ways）呈現出來。在團體中，無論成員扮演何種角色，他們的一舉一動都免不了受自己的參照團體（reference groups）所左右。且依這些參照團體的目的、標準、價值和目標來評價並取捨自己的行為。在此，團體的力量便清晰可見了。

四 目標和理念的力量（forces from goals and ideologies）

另一股影響個體行為的力量，與其說是推動（push）的力量，不如說是拉拔（pull）的力量。這股力量來自於個體本身的目標、標準和價值、對現實的知覺（perceptions of reality）、畏懼、自我概念以及改變的意願等。雖然，在每個人生命中，由於成長的某些因素影響這些力量，並使它們略具雛形，但當它們匯聚在一起時，便融合成一個獨特的型態（unique shape），這些力量的牽引和展現，是團體歷程中最吸引人（magnets）的部分，並可能成為決定個體行為的關鍵因素。相關研究指出：當團體情境允許一個人自由自在、完整一致地扮演他自己時，他的行為將具有最大的建設性和創造力。但是當一個人在團體的刺激壓力下（under goading pressures），扮演一個和自己疏離、不一致的角色時，他就有可能形成問題人格（problem personality）了。

由以上的分析，可以了解當一個人進入團體時，各種有形、無形的力量早已加諸在他身上直接或間接的影響他，同時也影響成員在團體的角色

與行為，當然也影響了團體的發展與形成。圖 2-1 可清楚了解各種力量對個人的影響。

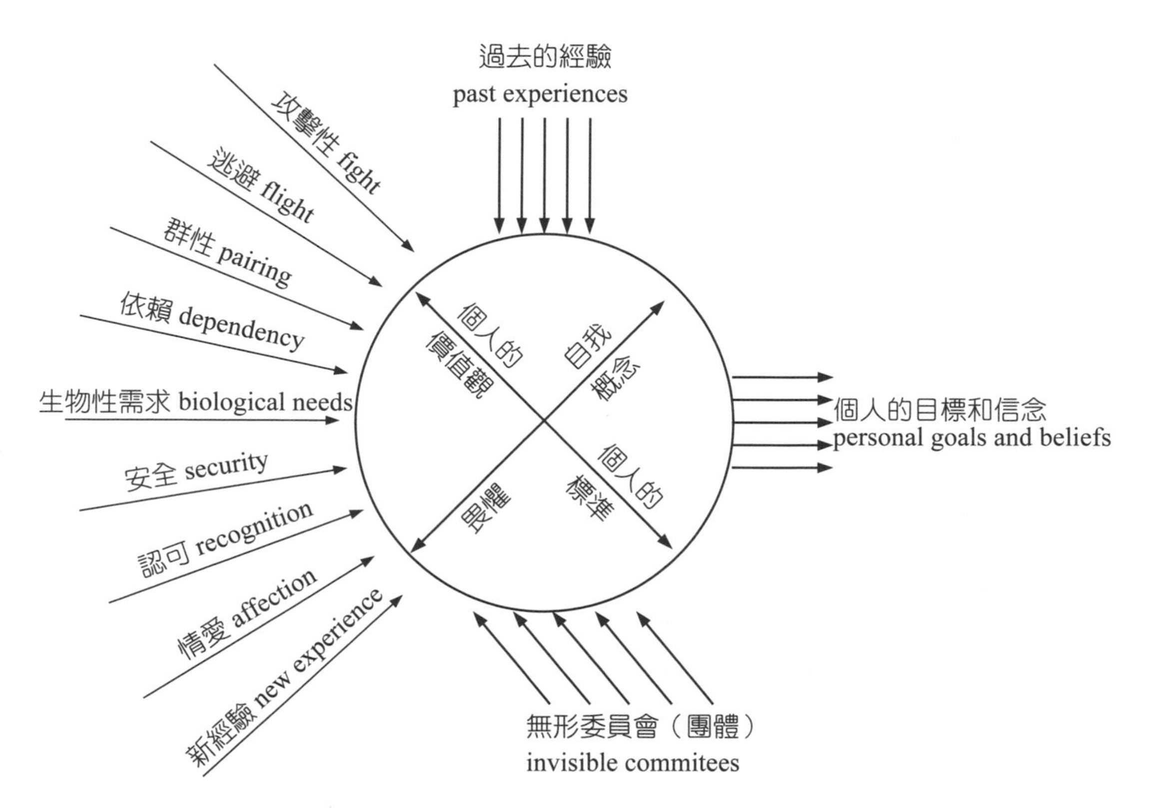

❖圖 2-1　各種力量對個人的影響

第二節　個人加入團體的原因

根據吳秉恩（1986）、Reitz（1981）的觀點，個人加入團體最常見的理由，不外乎為了滿足安全保障、親和、認同、權力、自尊、目標達成等需求。這種因加入團體而能滿足上述需求的情形，中外皆然，但在中國社會中尤其明顯。以下分別加以說明：

一 安全保障的需求

團結就是力量。個人加入團體，可以消除或減輕不安全與孤立的感覺，因而感到有靠山，不至於因為孤立而焦慮，可以有較大的勇氣去面對外在的威脅。學校的新生、公司中的新進員工，特別容易有孤立感，因此會積極尋求加入某些團體，以取得別人的協助和歸屬感。團體愈大，成員愈無法了解組織的運作，參與感也愈低；團體愈小，成員的參與愈多，就愈不會有孤單的感覺。

二 社會性親和的需求

團體可使成員有歸屬感，在團體中，能認識志同道合或趣味相投的成員，共享經驗、相互支持、接納，容易取得社交性親和的滿足。國內部分研究發現，現代人最要好的朋友，大多是辦公室裡的同事。此一發現，證明了個人與同事的互動關係是滿足社會性需求的主要來源。

三 認同的需求

從心理學的觀點來看，個體常將自己的某些特質投射在別人身上，藉此達到自我試探、自我了解的目的。因此，個人加入團體，可以達成下列四項功能：

1. 了解自身角色。
2. 更清楚別人行為的反應模式。
3. 讓別人更了解自己的行為與為人。
4. 可以獲得較多的資訊。

總而言之，個人加入團體，可以滿足認同的需求。

四 權力的需求

個人加入團體，可以透過兩種方式滿足權力的需求。一是聯合部分成員對抗團體內的其他成員、領導者，或團體外的上層管理者的權威。二是團體協助成員對抗團體外的要求或壓力。此兩種方式，均能使成員直接或

間接的感受到權力增加的滋味。倘若個人加入團體一段時日後，個人角色由成員轉變成領導者，則更可以滿足權力的慾望。

五 自尊的需求

團體除了可滿足成員的權力需求之外，還可增加成員的自我價值感。這種自我價值感，即是成員的自尊。一般而言，團員的自尊來自下列兩種方式：

1. 透過加入地位較高之團體，例如決策小組、核心小組、高層單位等，以獲得團體內、外的肯定。
2. 參與團體，成為團體中的成員，可獲得團體外人士的認同、讚許。

六 目標達成的需求

透過團體群策群力的方式，比個人單槍匹馬更能完成任務。隨著社會的快速變遷，社會上分工愈來愈細，如果不透過團體集合成員不同的專業知識與技能，將難以達成目標。因此，加入團體可以滿足目標達成的需求。

第三節 成員相互吸引的因素

個人一旦加入團體，便和團體產生關係，並和團體成員發生互動作用，互動作用的結果，便在成員間產生相互吸引或排斥的現象。造成這種相互吸引或排斥的現象，可能和互動機會、地位、相似論、互補論、人格特質、功成名就、團體活動與目標等因素有關。在這些因素的交互影響下，團體運作的過程亦直接受其影響。以下就成員相互吸引的因素加以分析：

一 互動機會

成員間能否相互吸引，首要的因素在於是否有互動機會。因為有了互動的機會，成員彼此間才可能由組織、相交、相熟，而達到相互了解。Reitz（1981）在組織行為的研究中指出，下列因素會影響組織中成員交談的機會：

(一)身體距離（physical distance）

相處一起或居住愈近者，愈有互動溝通之機會。一般而言，單位面積內之人口比例愈高，人與人的互動機會愈多。此一現象雖不是團體形成的主要因素，但卻是重要的條件。

(二)建築距離（architecture distance）

除身體距離外，建築方面的規劃，如社區住宅、公寓式房子或辦公室內之布置、空間利用等，亦會影響人際間的交往情形與交往次數。

(三)心理距離（psychological distance）

心理距離是指團體內之成員，因個人態度、觀念、興趣、人格等特質因素，影響與團體內其他成員互動的意願及需求的高低強弱，而產生親疏或趨近避離的心理感受。一般而言，心理距離因素對成員互動機會的影響，大於身體距離或建築距離的影響。

二 地位（status）

地位是吸引力的一種指標，地位愈高，職權愈大，便愈吸引人。長久以來，中外的研究似乎均同意地位較高者比地位中下者，不僅吸引力強，且吸引的人數多。其中的原因有二：一為地位高的人是平凡人投射、認同的對象；二為和地位高的人來往，可能可以獲得酬賞，而滿足個人的某些需要（Byrne, 1969）。

三 相似論（similarity theory）

相似論又稱為門當戶對論（homogamou theory）。西方的諺語說：「羽毛相似的鳥會飛在一起」，即是這個意思。此外，人們會喜歡那些喜歡他的人。這種「互相喜歡論」，說明了相似性成員相互吸引的基礎。一般而言，相似性有下列幾種類型：

(一)背景的相似

背景相似的人，容易聚集在一起，如性別、年齡、教育程度、教育背景、國籍、籍貫、社經地位、工作性質、職業類別等。針對背景相似的人，容易相互吸引而聚集的現象，「物以類聚」是最好的說明。

(二)態度、價值的相似

Byrne 和 Wong（1962）的研究支持相似論。他們的研究發現：在長時間的接觸下，態度相似的人比態度不同的人更能相互吸引。Byrne 的解釋是因為別人的態度和我們相似，意味著我們的態度是對的，因此我們喜歡和我們持同樣態度的人。另外，價值相似意味著兩人擁有共同的信念（believe），無論在私下省思或公開的言行舉止，都有相同的遵循規範或準繩。因此價值相似的人，在人生觀、道德規範、工作態度、管理行為……，均有較高的同質性。由此而產生相互的憐愛、欣羨等反應是可以理解的。

四 互補論（theory of complementary）

有些學者認為，人們相互吸引，是源於互補的原則。Winch 將互補分成兩類，第一類是兩人獲得滿足的是不同的需要。例如甲、丙具虐待傾向，乙具被虐待傾向，則甲較可能選擇乙而不選擇丙。第二類是兩人具有共同的需要，但是強度不同，以致於兩人的交往均能獲得滿足。例如甲支配別人的需求高，而乙支配他人的需求較低，並樂於接受別人的指揮，則甲乙兩人交往將使兩人皆獲得滿足。這種獲得滿足的經驗，又會影響以後的相互吸引強度。

五 人格特質（personality）

有些學者認為人格特質才是人際互動頻率及久暫的主要影響因素。因此，具備積極、正向的人格特質，如情緒穩定、個性開朗、自我概念清晰、自我肯定、活潑、熱心、果斷、獨立、真誠、溫暖、責任感等特質，是吸引人的，也是他人所樂於接受的；相反的，負向、消極的人格特質，如情緒不穩、憂鬱、自卑、缺乏信心、冷漠、自私、依賴、虛偽等特質，較不為人們所接受，也較不吸引人。

六 功成名就（success）

成功的人與地位高、職權大的人一樣容易成為焦點人物，因此吸引人的強度亦較大。在中國民間社會裡，家族或鄉里間出現的功成名就人物，不僅是茶餘飯後的主要話題，更是認同、學習的主要對象。此外，與功成名就的人交往，多少可以滿足某些酬賞的需求，亦是重要因素。自古以來，人們偏愛「錦上添花」的舉動，而較少「雪中送炭」的行為，即可說明功成名就對個人的吸引力和影響力了。

七 團體的活動與目標（group activities & goals）

成員為參與團體活動，或為達成某一共同目標而加入團體，則彼此的吸引力將大增。增加團體活動的趣味和意義，可以成為吸引成員的手段；而團體目標的達成，又可以成為成員努力的方向。二者的結合，有助於對團體產生「我們團體」（we-group）的歸屬感。成員對團體愈有歸屬感，則成員彼此之間亦愈有吸引力。

有關成員相互吸引的理論，將專章另加說明。

第四節 團體形成的理論模式

由上可知，個人加入團體的原因，不外乎個人因素與個人（成員）間的因素。有些學者為使上述觀念更具體，於是發展出四種理論加以說明。其主要內容分述如下：

一 結果比較論（outcome comparison theory）

許多研究如Thibaut和Kelley（1959）均支持個人相互吸引的強弱，受社會交換理論（social-exchange theory）的影響最大。根據該理論，人際吸引是人際交互作用中「酬賞—成本」比值的函數。換言之，人際吸引受個人相互結合的酬賞（reward）與成本（cost）所左右。個人衡量過的結果如低於比較水準（comparison level），則會不滿足而選擇疏遠或離開團體。

酬賞本身是一種很好的正增強。一般人加入團體，可以得到許多酬賞，但同時，亦需付出許多代價，這裡所謂代價，即成本的意思。例如時間付出、勞心勞力、成員排斥、衝突、焦慮、緊張、受傷害等。一般而言，對結果的比較受到下列三變項的影響：

1. **結果水準**（outcome level）

   人際吸引的酬賞及成本。

2. **比較水準**（comparison level）

   與個人關係滿足程度的比較標準。

3. **替代方案**（alternatives）

   成員相互吸引，至少獲得最低結果水準之替代方案。

二 工作需求論（demand of job theory）

在一般性團體中，為達成組織目標，完成某些任務或績效，有賴全體團體成員上下團結一心，眾志成城，以完成階段性目標或任務。但在特殊性團體中，可能特別針對某些狀況，例如高難度任務，或緊急處置任務，而需要借助核心小組的力量，集思廣益，結合小組智慧經驗以任務組編方式履行特定之工作目標。不論在一般性團體或特殊性團體中，成員因工作需求而加入團體，成為組織成員之一，此即為「工作需求論」。任務完成後，小組成員即各自歸隊，回到原屬單位，發揮自己的角色功能。當小組成員把目標或任務的完成，當作是個人的榮譽與職志而全力以赴時，便形成成員相互吸引的基礎。

三 互動關係論（interaction theory）

Bales（1970）以場地論（field theory）為基礎發展出互動關係論。根據 Bales 的觀點，團體的形成主要是成員的互動溝通及共同活動之結果。因此互動機會愈多，成員的團體意識愈強，團體的組成也就愈緊密、愈持久。

四 相似論（similarity theory）

許多學者，如Lott、Byrne、Stock、Patterson等人皆認為團體的形成與維持，與成員彼此的相似程度有密切關係。相似的程度依成員在性別、年齡、教育、宗教、社經地位、人格、個性、文化、價值、態度與生活經驗等的同質性而定。相似性愈多（高），愈有利於團體的形成。反之，則愈不利於團體的形成。

上述四種理論，有時無法由單一的理論即可解釋個人加入團體的原因。事實上，當個人加入團體成為團體成員時，其中的因素可能不只一個，因此必須從不同層面來加以考量，如此雖使得團體形成的因素更多元、更複雜化，但對團體形成的理論，亦較能有全面性的觀點。

CHAPTER 3

團體的發展過程

由於團契（體）方式與性質的不同，演化的程序可能有先後的出入，而且心理的演變難以劃分明晰的界限。不過按概括的輪廓，似乎可以歸納為：迷惑、發掘、攤牌、團契四階段。

朱秉欣

團體的發展是個動態的過程，大多數的團體都處於一種持續改變的狀態中。從團體動力的觀點來看，團體可能永遠無法達到完全靜止不動的狀態。既然如此，團體的發展應該循著某種軌跡，一個階段接著一個階段的發展下去。由於學者專家在研究此一發展過程時，可能各著重在某一層面的現象描述和特徵說明，導致對團體發展有不同的觀點，而產生不同的理論模式。此一事實，亦足以說明團體發展過程的多樣性和多變性了。本章僅針對最常見的幾種理論模式，如Trotzer、Petrie、Bennis、Glueck、Bass、Mann、Thelen和Dickerman等人的觀點加以論述。上述學者有的是團體輔導的大師，有的是組織行為的巨匠，其理論自有其代表性。茲分別敘述如下：

第一節 Trotzer 的理論模式

根據 Trotzer（1977）的觀點，團體是一個連續性的發展過程，不僅同一學者所劃分的階段有重疊的現象，就是不同學者所劃分的各個階段，亦有雷同之處。以Trotzer的理論來看，團體發展過程中，各個階段的特徵與處置的方式為：

一 安全與信任期

團體初期，成（團）員常呈現緊張、不安、懷疑、抗拒、退縮或不知所措的情形。因此，團體裡的氣氛是尷尬、焦慮、疏離、僵化、不安全感的。此時團體領導者若能將自己的感受和成員分享，並進一步提供若干有利因素，如表現溫暖、同理心，將可使成員對團體領導者產生信任感，進而信任其他成員，並逐漸卸除其防衛心理。

二 接受期

成員逐漸克服初期的緊張、不安情緒，開始能接受團體與領導者。此時，成員不一定能明確了解團體未來的發展方向，但已開始習慣並接受團體的方式，願意參與團體而成為團體的一份子，進而接受其他成員、自我及所面臨的問題。此時領導者的主要任務，在提供一種接受的氣氛，使成員能體會到被他人接受的經驗。領導者若對成員表達出真誠、了解與接受的態度，將促使成員做出更多的自我開放。

三 責任期

責任期的重點，在強調成員的個別化，由個人獨特的人格特質出發，探索自己的優缺點，表達自己的感受，並決定自己解決問題的方法。本階段以「問題」為團體的核心，其焦點集中在成員此時此地所存有的問題。此時團體領導者成為模仿的主要對象，若能藉活動引導成員去體驗、了解負責與不負責的行為結果，即能促使成員產生更負責的態度。

四 工作期

此階段的主要任務為：(1)檢討自我的問題；(2)探尋解決問題的方法；(3)在實際解決問題之前，於團體中先學習有助於問題解決的行為或態度。此時成員的角色既是協助者，又是被協助者；而領導者的角色既是催化員，又是輔導者，藉回饋、澄清、資料提供、同理心、問題解決（problem-solving）等策略，完成上述的任務。

五 結束期

團體最後一個階段的重點，在於鼓勵和支持。此時團體的重心移至成員未來在團體外的行為表現上。在此一階段中，藉成員經驗、感受的分享，及團體的支持、了解與鼓勵，以增強成員自我的力量，去適應未來的生活。

第二節 Petrie 的理論模式

Petrie（1987）曾綜合各家的理論與學說，歸納出幾個主要的發展階段為：形成期、激盪期（風暴期）、規範期、運作期四階段。各階段的特點與任務如下：

一 形成期（forming）

形成期的特點是，團體存在的目標、結構與指揮的從屬關係相當不穩定。成員們還在試探哪些行為是團體一致認可的。當團體成員開始認為自己是團體的一份子時，這個階段就算完成。

二 激盪期（storming）

激盪期是團體內普遍存在著衝突的階段。成員雖然接受團體的存在，但仍會抗拒團體對個人所施予的約束。此外，對誰來領導整個團體，還存在著爭議。當激盪期完成時，團體中的從屬關係已經相當明確。

三 規範期（norming）

規範期的特徵在於團體凝聚力的增強。成員對團體的認同感加深，成員間的情誼也隨之轉濃。當這個階段完成時，團體的結構大致成形，而成員的行為表現，也會有共同遵守的規範。

四 運作期（performing）

運作期是團體發展最後的階段，此時團體的結構開始發揮作用，而且成員們也能一致地接受。團體的動力從成員彼此結識轉移至團體外，專注於工作任務的績效上。

由圖 3-1 可看出各階段的特色與任務：

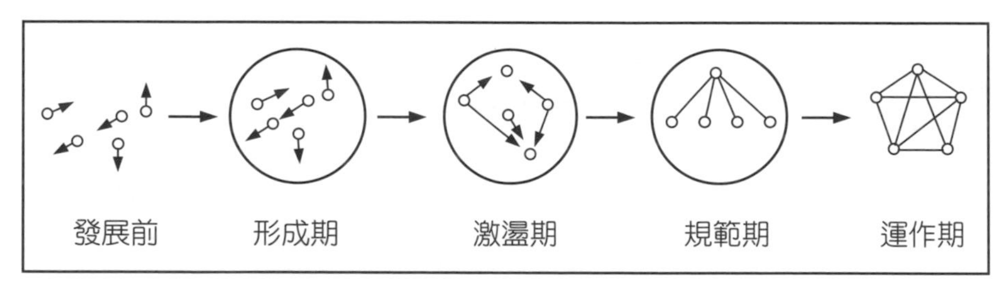

❖圖 3-1　團體發展的階段

第三節 Bennis 的理論模式

Bennis 和 Shepard（1965）認為團體發展的歷程，是由不成熟、不確定到成熟、確定的演變與轉化過程。在此過程中，先是權力結構的處理，再進入人際關係問題的處理。就整體而言，團體發展的過程包括六個階段：定向（orientation）→衝突（conflict）→凝聚（cohesion）→迷惑（delusion）→醒悟（disillusion）→接受（acceptance）。此六階段還可分成前三階段與後三階段兩部分。

一 前三階段

基本上，前三階段是因成員剛加入團體，對成員權利不清楚、不確定而造成的現象。

(一)定向階段

由於有許多不確定因素存在，成員急著想知道團體的目標與自己的角色為何，因此花費很多時間在探討及界定團體目標上。此時成員對團體領導者的依賴程度較大，急需領導者的指導與定位。

(二)衝突階段

在團體發展過程中，有些成員不遵守團體規範，或以挑戰權威的姿態出現，或採對抗的角色，或以攻擊的手段傷人。上述行為均會引發直接或間接的衝突，造成團體發展的不利影響。

(三)凝聚階段

大多數的團體發展會經過前兩階段，但有些則直接進入凝聚階段。一般團體在歷經對抗、排斥、冷漠、言辭激辯、權位爭奪、相互傷害或摩擦一陣後，開始接納團體與團體成員，產生某些合作的行為，於是便進入凝聚的階段。

二 後三階段

團體在前三階段之後，部分阻礙團體發展的因素已被克服。換言之，有關權力結構的問題已被解決，接著便是成員間人際關係的處理了。

(四)迷惑階段

團體發展至此，成員間的差異仍然存在，成員間的爭執、衝突仍有可能再發生，但為了整體大局著想，成員開始學習妥協、退讓，甚至犧牲個人換取團體的和諧。

(五)醒悟階段

在此一階段中，成員醒悟了，了解到根本的問題、相互間的差異及個別差異。但有關人際關係的問題，仍需依賴團體領導者的協助以化解問題。

(六)接受階段

經過漫長的發展過程，成員學習、溝通、合作而接納全體成員，並接受團體，於是團體的發展臻於成熟。

第四節 Glueck 的理論模式

Glueck認為團體的形成與發展，主要包括四個階段，即初步形成（initial formation）、目標設定（elaboration of objectives）、結構制定（elaboration of structure）與非正式領導者產生（emergence of informal leader）。在團體發展過程中，每一階段的長短不一，有些團體在某一階段停留的時間較長，相對的，在另外的階段停留的時間短些。但基本上，大多數的團體均循著上述四個階段逐漸形成並發展。

一 初步形成的階段

團體是由一群具有共同意願，為達成某些共同目標而努力的成員所組成，在團體剛形成的階段中，成員雖表現出短暫的不安、焦慮、迷惑，但隨即表現出親和、樂意、善良、熱忱的正向人際交往行為，以爭取好感、支持與友誼。

二 目標設定的階段

在此一階段中，成員對團體目標逐漸認同，取得共識，並表現出願意為團體目標之達成而全力以赴的意願。

三 結構制定的階段

在此一階段中，成員建立彼此分工合作的職責，及相互協調的工作關係，此外，並推派出團體的領導者，團體的組織逐漸成形，組織內的權利與義務愈來愈清晰，領導者的角色亦發揮其應有的功能。

四 非正式領導者產生的階段

在團體發展的過程中，非正式領導者的產生，有其正面的意義。基本上，非正式領導者的出現，是為了彌補正式領導者在領導行為，如溝通、協調、親和力，或個人特質，如年齡、資歷、經驗等的不足。正式領導者與非正式領導者在角色功能上最大的差別，在於正式領導者專注在團體目標、任務的完成；而非正式階段者則專注在團體組織氣氛的經營及成員人際關係的維持。換言之，正式領導者的角色功能是以目標或任務為導向；而非正式領導者的角色功能則以關係為導向。兩者分工合作而相輔相成。

第五節 Bass 的理論模式

Bass（1965）在其《組織心理學》一書中，將團體的成長與發展分成四個階段。每一個階段均有其獨特的特徵，分述如下：

一 環境適應的階段

在此一階段中，由於團體剛形成，個人在團體中容易感到孤單、寂寞、不安與疏離。因此，成員對人、事、物均有不信任的感覺，團體對成員產生一股無形的壓力，在此一壓力下，成員會自動尋找與自己有同樣問題的成員，傾心吐意，互訴衷曲。久而久之，由於相互支持，同病相憐，便相互產生認同、聯結，而形成緊密的結合，此一現象，即是成員對團體環境的適應。在此階段中，團體主要的活動有四種：

1. 澄清團體成員的關係，並建立相互的信任感。
2. 制定團體結構、規範，及形成溝通網路。

3. 確定領導者角色，澄清權責的關係。
4. 擬定完成目標的計劃。

二 問題解決的階段

成員與成員間相互交換意見，討論團體內問題的處理方式，此時，團體的主要活動為：

1. 形成人際衝突的解決模式。
2. 進一步再澄清團體規範、團體目標與組織結構等問題。
3. 在團體中，成員發展出主動參與的氣氛。

三 激發績效的階段

在此一階段中，團體運作日趨成熟。成員與成員間信任感增加，合作關係加強，團體凝聚力增加。此時，成員大多能在團體中滿足經濟或心理的需求。在此階段中，團體主要的活動有：

1. 團體活動朝向目標的完成。
2. 發展出與執行任務或達成目標有關之資訊流通及回饋系統。
3. 團體成員凝聚力增加。

四 後續評估的階段

團體發展完成之後，自然產生評估的理念。此一理念促使團體循著一定目標運作，同時，促使團體成員依團體規範行事。此時團體活動主要包括：

1. 領導者的角色著重在對成員的協助、評估與回饋。
2. 適時調整、修正並強化成員角色與團體組織之分工。
3. 團體運作顯示出完成目標、任務之強烈動機。

第六節 Mann 的理論模式

Mann、Gibbard 和 Hartman（1967）的團體功能分析是採 Parsons 的功能學說來描述團體。其中包括潛在的模式維持與緊張之處理（latent pattern-maintenance and tension management）、適應（adaptation）、整合（integration）及目標達成（goal-attainment）等四個功能。根據Mann的觀點，團體發展可分成五個階段：

一 第一階段——初期的抱怨

此階段會產生一些次團體，並有對依賴的抱怨、忠實的順從、抗拒依賴的誇張行為等特性。基本上是「模式維持」的功能，換言之，成員在尋求對情境的定義。

二 第二階段——早熟的行爲

此階段反應出成員想利用新的技巧去處理人際行為，其有些操之過急而成為「敏感的人」、「屈服者」、「英雄」、「退縮或否認者」。此和功能論的「適應」相接近。

三 第三階段——面質

此階段成員會反抗和抱怨，有時亦有焦慮和退縮，但成員漸獨立；團體也重新組織，使成員學到新的技巧，而不致太依賴領導者，此類似Parsons的「整合」功能。

四 第四階段——內化

此階段成員開始工作、執行計劃，這是「目標達成」的功能。

五 第五階段——分離和結束的回顧

此階段中成員參與度高，有時亦會抱怨別人放棄責任。經過成員的互動，團體可能會回到第一階段，成員再對彼此間的關係重新審慎的下定義。在一般的情況下，團體進入到分離和結束階段時，分離的焦慮、對團體的依賴及成員的需求均達到最高峰。因此，在結束階段中，領導者亦須注意成員間情感因素，及未來發展方向的處理。

第七節 Thelen、Dickerman 的理論模式

Thelen、Dickerman 提出四階段的理論架構。

一 第一階段——個人中心（individually centered）

在此一階段中，團體中的個人為了營造一個他們能夠習慣且覺得舒適的團體，而做種種的努力。例如迫切的期待一個強有力的領導者出現，渴望每個人的參與；期望能盡速掌握他們的資料；希望自己能有所作為等。但在這過程中，較少有真實感受的表白，每個成員都會把過去參與團體的經驗帶進溝通的話題中。

二 第二階段——挫折和衝突（frustration and conflict）

此一階段的挫折和衝突來自團體內部地位的不穩定，一方面成員期待領導者負起責任；另一方面則盼望自己也能處在領導地位，以便讓事情得以進展，故產生兩極化情感的衝突。

三 第三階段——試圖鞏固團體的和諧（attempted consolidation of group harmony）

團體發展出一種一致且不計代價避免衝突的意願，和一味的傾向安定和諧的氣氛，而使得團體變成靜態的、缺乏團體衝突所產生的成長動力。

四 第四階段——團體歷程的彈性及強調問題的解決（flexibility of group process, emphasis upon productivity problem solving）

此時成員較成熟的以團體為中心，且意識到團體中他人的權利，團體

進入相互影響的過程。此時，團體強調的重點以任務達成及解決問題為主。

綜合上述七家團體發展過程的理論模式，可發現各家理論各有其特色，例如 Trotzer 是以成員的「角色責任」觀點為理論依據；Petrie 是以團體的「任務取向」為理論基礎；Thelen 和 Dickerman 以「四階段」為架構；Bennis 是以成員的「心路歷程」為出發點；Glueck 是以團體的「運作程序」為重點；Bass 則以「後續評估」為其特色；而 Mann 則以「團體功能分析」為內涵。不論各家理論的依據為何，立論基礎為何，重點與特色何在，團體的動態發展過程，大多循著上述的發展過程運作著。當然，發展過程速度的快慢，及產生的績效如何，雖仍有太多的影響變數（variable）存在，有待進一步的探討，但這已不屬本章論述的範圍。

了解上述團體發展的過程有兩個目的：第一，可以協助初入團體的成員了解團體發展中的各種現象，俾能及早調適以發揮個人潛力；第二，可以協助團體的領導者在熟悉團體發展的各個階段後，盡快掌握團體，擴大團體內的助力，並減少阻力，以達成團體的最佳績效。有關各家理論模式的團體發展階段及其運作的特徵摘要，如表 3-1。

❖ 表 3-1　各階段團體運作摘要表

<table>
<tr><td rowspan="1">Thelen & Dickermen (1949)</td><td colspan="3">階段 1：個人中心
individually centered</td><td colspan="3">階段 2：挫折與衝突
frustration and confict</td><td colspan="3">階段 3：團體和諧的鞏固
atlempted consolidation of group harmony</td><td colspan="3">階段 4：團體自我評量、團體歷程的彈性、強調問題的解決
individual self － assessment, flexibility of group process, emphasis upon productivity problem solving</td></tr>
<tr><td>Miles (1953)</td><td colspan="4">階段 1：未定向的，難駕御的，談論不相干的事
unoriented, restive, talking about irrelevant matters</td><td colspan="4">階段 2：抽象的談論領導與權限
abstract “talking about” leadership and permissiveness</td><td colspan="4">階段 3：工作的層次——對此時、此地的討論與分析
“doing level” － discussion and analysis of here and now</td></tr>
<tr><td rowspan="2">Bennis & Shepard (1956)</td><td colspan="2">次階段 1：依賴－順從
dependence submission</td><td colspan="2">次階段 2：反依賴
counterdependence</td><td colspan="2">次階段 3：決心
resolution</td><td colspan="2">次階段 4：迷惑
enchantment</td><td colspan="2">次階段 5：醒悟
disenchantment</td><td colspan="2">次階段 6：概念的正確
conceptual vaidation</td></tr>
<tr><td colspan="6">階段 1：依賴 dependence</td><td colspan="6">階段 2：相互依賴 interdependence</td></tr>
<tr><td>Scutz (1958)</td><td colspan="4">階段 1：納入
inclusion</td><td colspan="4">階段 2：控制
control</td><td colspan="4">階段 3：融洽
affection</td></tr>
<tr><td>Bion (1961)</td><td colspan="4">階段 1：逃避
flight</td><td colspan="4">階段 2：攻擊
fight</td><td colspan="4">階段 3：團結合一
unite</td></tr>
<tr><td>Golembiewski (1962)</td><td colspan="3">階段 1：建立權力組織
establishing the hierarchy</td><td colspan="3">階段 2：衝突與挫折
conflict and frustration</td><td colspan="3">階段 3：安全與自治的成長
growth of security and autonomy</td><td colspan="3">階段 4：透過工作－作業的結構方式
structuring in terms of work-task</td></tr>
<tr><td>Bradford (1964)</td><td colspan="2">階段 1：曖昧
ambiguity</td><td colspan="2">階段 2：自我投資、參與
self-investment participation</td><td colspan="2">階段 3：合作和同儕學習
collaboration and learning from peers</td><td colspan="2">階段 4：學習的動機
motivation for learning</td><td colspan="2">階段 5：經驗性行為和回饋
expericnced behavior and feedback</td><td colspan="2">階段 6：團體的成長與發展
group growth and development</td></tr>
</table>

❖ 表 3-1　各階段團體運作摘要表（續）

Mills (1964)	階段 1：邂逅 the enconter	階段 2：考驗界線並塑造行為 testing boundaries and modeling behavior	階段 3：協商一個標準系統 negotiating and indigenous normative system	階段 4：生產 production	階段 5：告別 separation
Tuckman (1965)	階段 1：形成——考驗和依順 forming − testing and dependence	階段 2：風暴——團體內部衝突 storming − intragroup conflict	階段 3：協商一個標準系統 negotiating an boundaries and modeling behavior	階段 4：執行——功能性角色及其相關事宜 performing − functional role − relatedness	
Bass (1965)	階段 1：環境適應	階段 2：問題解決	階段 3：激發績效	階段 4：後續評估	
Mann (1967)	階段 1：最初的抱怨 initial complaining	階段 2：早熟的規定 premature emctment	階段 3：對質 confrontation	階段 4：內化 internalization	階段 5： 分離和結束的回顧 separation and terminal review
Dunphy (1968)	階段 1、2、3：人際的對立和否定 counterpersonal and negative		階段 4：過渡期的否定會員 transitional − negativity membership	階段 5、階段 6 情感的關懷 emotional concerns	
	外在標準的維持 maIntenance of external-normative standard	個人的對抗和攻擊 individual kivalry and aggression		烏托邦理想的實現 reallzation of unattainable Utopian ideals	團體結束 end of group
Trotzer (1977)	階段 1：安全與信任	階段 2：接受	階段 3：責任	階段 4：工作	階段 5：結束
Petrie (1987)	階段 1：形成 forming	階段 2：激盪 storming	階段 3：規範 norming	階段 4：運作 performing	

CHAPTER

4 團體的組織結構

從團體組織結構的複雜化來看，我無法教導任何人，我所能做的，只是催化成員的學習。

C. R. R.

團體是個體的組合，個體來自不同的環境，具備不同的屬性或特質，因此形成團體特有的組織結構。

一般而言，團體的組織結構，是指團體構成的特徵。表面上，每個團體均有其獨特的構成特徵，但若從團體動力的觀點來看，這些特徵又可歸納成九個共同的特徵：團體組合（group composition）、團體規範（norms）、角色（roles）、地位（status）、凝聚力（cohesiveness）、領導者（leader）、團體大小（grouposize）、性別（gender）、年齡（age）等九項。團體的組織結構對團體的影響是直接且深遠的。以下分別就此九項特徵來論述。

第一節 團體組合

所謂團體組合，是指團體的組成同質（homogeneity）或異質（heterogeneity）而言。

一 同質與異質團體的定義

同質與異質的差異，在於團體成員本身條件是否一致或相類似（洪有義，1981）。異質變項包括問題類別、人格類型、性別、年齡、智慧、教育背景、社經地位、文化等。凡成（團）員中有一項異質變項，即屬異質團體；反之，若條件相類似，即屬同質團體（吳淑敏，1986）。關於同質與異質，謝水南（1984）有不同的看法。他認為在生理特質方面，如性別、種族等確有同質團體；但由於個人身心特質各有其獨特性，因此並無所謂同質團體（潘正德，1990b）。

二 同質與異質團體的效果

到底團體的組合是同質效果佳或異質效果佳呢？根據一般的研究結果來看，目前仍無定論，以下分別就輔導與組織行為的觀點加以說明：

(一)從輔導的觀點來看

Joel 贊成有相似問題的成員組成的團體效果較佳。Winder 也主張團員應具有同質性背景（何長珠，1979）。Patterson 認為凡屬溝通問題，同質團體較好，因為彼此之間較能互相了解、接納、溝通，而且也較容易形成凝聚力（吳淑敏，1986）。Stock 亦認為同質團體較能促進彼此的溝通及同理的了解，學習氣氛較佳，因而輔導的效果較佳（Cooper, 1987）。

然而 Lakin 認為為促使團員能有較多的互動機會，應採異質性設計；Slavson 認為男女兩性混合的異質性團體較佳（何長珠，1979）。Furst 和 Yalom 也同意基於一般治療的觀點，在密集互動團體治療上，異質團體的輔導效果優於同質團體（Patterson, 1983）。Benjamin 認為異質團體對於增進種族了解的效果優於同質團體（Benjamin, 1978）。Hoffman（1961）發現由人格結構不同的團員組成的異質團體，解決問題的能力較佳。

(二)從組織行為的觀點來看

同質團體適於處理簡單例行的任務，因成員容易合作、溝通方便、人際困擾較少，因此團體績效較佳；但因為易流於固定化、形式化，較難處理非例行性工作。

相反的，異質團體對處理複雜及需要創造或革新的任務較有效，因成員的背景、訓練均有所不同，可相互幫補；而人格特質互異，相互激盪，易有突破性看法，不過也因此產生較多的衝突。

因此，銀行、保險公司及公用事業的業務，由同質團體來執行較有效；開發新產品、高科技研究發展等業務，則較適於異質團體來處理。

第二節 團體規範

所謂團體規範，是指團體中成員行為的準則。一般而言，所有的團體都會建立起規範，也就是建立可被接受的行為準繩，以供團體成員一致遵守。規範告訴成員們，在特定的場合裡，哪些行為是對的，以及哪些行為是不對的。從個體的立場來說，規範就是在特定的場合中，對其行為的期望。當全體同意且接受之後，規範就會產生影響團體成員行為的作用。不同的團體、不同的社區及不同的社會，所制定出來的規範或許不同，但每個團體都一定會有規範，且有一定的影響力。

正式的規範，通常以文字的方式出現在組織的員工手冊上，其中有各種規定與處理流程，以供員工遵守。但組織中絕大多數的規範，都屬於非正式的規範。只要進入團體，入境隨俗便是每一位成員首要學習的功課。

行為科學家普遍認為，一直到 1930 年代初期，「規範」才被視為對行為有相當重要的影響力。這歸功於哈佛心理學家 Eltan Mayo 於 1927 至 1932 年間，在西部電氣公司所從事的霍桑研究（Hawthorne Study）。該研究得到四個重要結論：(1)成員的行為與情緒有密切的關係；(2)團體的影響力會顯著的左右員工的行為；(3)團體的規範對於員工個人的生產力有很大的影響力；(4)金錢對員工個人生產力的影響力，不如團體標準、情緒及安全感的影響。從霍桑研究中，可引申出下面三個問題：

一 團體規範的建立管道

大多數的規範都是透過下列四種途徑建立起來：

(一)某成員明白的表示

這位成員通常是團體的領導人或有力份子。例如，團體領導人可能公開的表示，在上班期間不可打私人電話，或休息時間不超過十分鐘。

(二)團體在過去發生過重大的特殊事件

例如曾有參觀者因太靠近機器而遭致傷害，從此，團體成員就會不時的彼此監督提醒，以確保沒有其他閒雜人員靠近任何機器五英尺以內。

(三)首例

首次出現在團體中的行為型態，常會形成日後團體的慣例。例如學生所組成的友誼性團體，在第一次聚會時，會選定一個彼此相鄰的座位區域，若以後有其他同學誤坐上「他們的」位子，他們就會感到不舒服。

(四)新成員的衝擊

新成員加入團體時，自身會帶著一些期望，畢竟他以前也是隸屬於某一團體的成員。這說明了為什麼工作團體在補充新人時，通常較歡迎那些在背景和經驗上相似的新人。因此背景和經驗相類似的新人，在期望上較容易配合團體既有的期望。

二 團體規範的適用程度

一般而言，團體規範的適用程度有以下四種：

1. 無法建立適合各種情況的規範，僅能建立具有意義、象徵性，或適用於某一個團體的規範。

2. 有些規範可適用於團體中的每個成員。
3. 團體中成員接受規範的程度因人而異。大多數成員能接受較多規範，僅少數人不當一回事，較不易遵守。
4. 團體規範可在某種情況下允許彈性空間的存在，亦即可做適度的調整。

三 影響成員遵守規範的因素

影響團體成員認同規範，進而服務、遵守規範的因素有下列三點：

(一)個人因素（personal factors）

指年齡、性別、智力及權威等因素。

1. 13 至 15 歲最易於認同規範，15 歲以上則認同程度減少。
2. 女性較男性易於認同規範。
3. 智力高者較不易認同規範。
4. 非權威觀念者較不易認同規範。

(二)明確程度（specificity）

指目標、制度及任務之明確性。一般而言，不清楚的指示或方案，較難遵守。

(三)情境因素（situational factors）

團體大小、團體結構方式等均是情境因素。研究顯示：

1. 團體小，團體行為愈一致，愈容易維持穩定。
2. 各人的反應不盡相同，會影響團體的一致性；若無異議，則行為較易趨於一致，且認同規範。
3. 分權團體中，團體行為較一致；集團團體的行為較不一致。
4. 團體內關係（intragroup relationship）：團體內之個人關係，如壓力、性質、完成目標之方式及認同團體之程度均會影響團體行為之一致性。

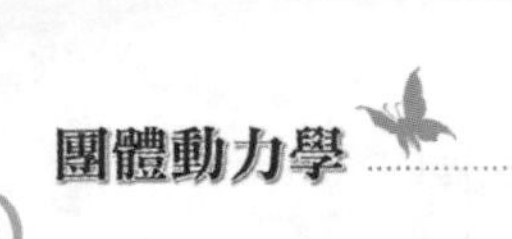

第三節 角色

所謂角色，是指人們在社會單位中，由於擔任某種職位，而有一組預期的行為型態。如果我們自始至終只選定一種角色，且只扮演那種角色的話，那麼我們對角色行為的了解，將會變得單純化。但事實上，我們每個人都必須同時扮演許多不同的角色，於是角色行為的了解，便顯得複雜而又困難。

一般而言，影響角色行為的因素很多，不過基本上仍脫離不了下列數種因素：

一 角色認同（role identify）

個人的態度與行為能跟角色一致，謂之角色認同。當人們發現情境的要求起了變化之後，他們有迅速更換角色的能力。例如從作業員升任為領班，我們會發現在幾個月之後，他的態度會從傾向於工會轉為傾向於管理當局。如果後來公司由於財務上的困難，把他從領班又降回作業員，我們會發現他的態度又會變為傾向工會。

當情境比較模糊，而且需要扮演的角色也不太清楚時，人們往往會傾向於認同舊有的角色。一項針對「高中同學會」的調查研究，結果證實此一看法，在同學會中，不管他們已經畢業了五年、十年或二十年，參加聚會的人都會重拾他們在高中時期的角色；而從前沒沒無聞的人，不管現在多麼發達成功，也還是扮演追隨者的角色。

二 角色知覺（role perception）

一個人認為自己在某特定的場合中該扮演什麼角色，這種覺知稱為角色知覺。由於有此知覺，我們自然會表現出相對應的行為。

這種知覺，從何處得來呢？答案是從我們四周的朋友、書籍、電視、電影等而來。例如中學的老師從電影「吾愛吾師」（To Sir With Love）中體會出不少老師應有的風範。此外，學徒制在專業人員的養成過程中為何會如此盛行，其中的一個原因是學徒可以藉觀察「師傅」的各種行為，而學到他們以後也應該如此表現。

三 角色期望（role expectation）

所謂角色期望，是指別人認為你在某一特定場合中，應該有何種行為表現。例如我們認為國會議員應該品行端正、具有尊嚴；而認為橄欖球教練應該精力充沛、富有侵略性，並能鼓舞球員。當角色期望趨於一致時，我們就容易有角色的刻板印象（stereotypes）。

在過去幾十年中，我們對「婦女」的刻板印象，起了重大的變化。在1950年代裡，我們認為婦女的角色是：待在家裡、照顧小孩、整理家務，以及服侍丈夫，到了今天，大多數的人不再持有這種刻板印象。除了男孩可以玩洋娃娃，女孩可以玩玩具手槍之外，女孩長大之後，也可以立志當醫生、律師和太空人，不再侷限於當護士、老師、秘書或家庭主婦。換句話說，許多人已經改變對婦女的角色期望，而且許多婦女也逐漸抱持著嶄新的角色知覺。

四 角色衝突（role conflict）

每個人都同時扮演許多種的角色，當個體無法同時滿足不同角色的要求時，便會造成角色的衝突。換句話說，角色衝突出現在當個體發現自己如果順從某個角色的要求，就很難順從另一個角色的要求。

很多學者認為，對於行為的解釋，角色衝突有正面的意義存在。在1960 年代裡，美國大學校長所面臨的困境是最典型的實例。在那個時代裡，大學校長的角色必須掙扎於各股勢力的期望，這些勢力包括教職員、學生、董事、校友及其他行政機關。校長的行為如果被某個團體認可，則常常不為其他團體所接受。儘管如此，校長的角色衝突，卻仍帶來建設性措施與團體的活動力。

第四節 地位

所謂地位，是指個人於團體中的相對階段。一般而言，地位高，易受尊重；地位低，則受控制。從團體動力的觀點來看，有兩個問題值得深入了解。

一 地位的決定因素

1. 繼承而來（ascribed）或努力獲得（achieved）。
2. 因階級權位（scalar）而來或專業功能而得（functional）。
3. 因正式職位（positional）而來或個人特質而來（personal）。
4. 積極性地位（active）或隱藏性地位（latent）。

由上所述，來自繼承、職位或階級而來的地位較正式、明顯，但其被接受程度不一定較高；努力而得及來自專業、個人特質之地位，較非正式，但具持久性，雖有時隱而不顯，但被接受性有時反而較高。

二 地位的困境

團體當中，常因地位的不同而造成某些困境，此一困境將直接或間接影響團體的行為。最常見的問題有：

1. **地位不一致**（status incongruency）

如有名無實、有實無名，造成「名不正而言不順」的現象。

2. **地位衝突**（status discrepancy）

如不在其位不謀其政，占著茅坑不拉屎，此一空占職位，而毫無建樹的狀況，在團體中往往使人難以信服。

第五節 凝聚力

凝聚力是指團體中，成員彼此親近及相互吸引的程度。

一 凝聚力的定義

凝聚力是有關團體動力研究的熱門主題，但學者們的定義不盡相同。一般而言，有關凝聚力的意義，根據駱芳美（1984）綜合各家學者們的觀點為：

1. 凝聚力是團體的吸引力。
2. 凝聚力是團體的士氣，成員極明顯的參與動機。
3. 凝聚力是團體成員的合作及努力。
4. 凝聚力是成員為能留在團體內，所以表現出來一切行動力量的總和（Shaw, 1981）。
5. 凝聚力是成員期待能留在團體內的程度（Cartwright & Zander, 1968）。

二 影響團體凝聚力的因素

根據 Cartwright 和 Zander（1968）的觀點，影響團體凝聚力的因素包括：

1. 成員間的吸引力。
2. 成員間的相似性。
3. 團體目標。
4. 成員間相互依賴的型態及溝通方式。
5. 團體的活動性質、方式與計劃。
6. 領導者參與的程度及領導的型態。
7. 團體的氣氛。
8. 團體的人數。

三 團體凝聚力的重要性

團體凝聚力的重要性，可由下列四個向度來了解：

(一)凝聚力與互動

互動的方式有語言、非語言。不管何種互動方式，互動的質與量均與

團體凝聚力有關，即與互動機會的多寡有關 Lott 和 Lott 以肯塔基大學學生為對象，求得凝聚力與溝通的相關為.42。此外，隨著凝聚力的強弱，成員的互動方式也不同。Shaw 和 Shaw（1962）觀察學習拼音的學童團體，發現在團體氣氛方面：高凝聚力團體較為合作、友善、相互悅納；低凝聚力的團體較有敵對性、攻擊性、且嫉妒他人的成就。

可見凝聚力與互動的質與量有關，高凝聚力團體互相溝通的範圍較廣，且是正向的；低凝聚力團體中成員溝通較少，且是負面的。前者的成員較合作、友善；後者的成員較依賴、自私（Shaw, 1981）。

(二)凝聚力與社會影響

理論上凝聚力強的團體，其成員較順從團體規範，表現正向反應行為，並企圖影響其他成員。Beck 認為高凝聚力的團體比低凝聚力的團體容易因對方的意見而改變自己的看法。理由是因前者比後者更易受社會溝通的影響（Shaw, 1981）。Bovard 的研究發現：凝聚力與一致性有正相關（Shaw, 1981）。

由上可知，團體的凝聚力與社會影響力的關係是很明顯的。當成員被一個團體吸引時，他會順著成員的共同願望，以有助於團體發揮其功能的方式來表現其行為。且其表現與團體的要求、規範、標準是一致的。但應注意的是，在某些情況下，有些與社會化過程有關的因素若很強烈，亦會將凝聚力的影響力抵消掉。例如：因利益分配不均，或理論不同，而分黨、分派。

(三)凝聚力與團體績效

成員若被團體吸引，一定會盡全力貢獻自己的力量，並期望團體能成功的達到預期的目標。研究指出，凝聚力對團體的生產力（productivity）有影響（Carron, 1982），且生產力較高、獲利較多的團體凝聚力亦較大。Van Zelst 以木匠和磚匠為對象，實驗組由成員自己組隊選擇組員，控制組則被動分組，在工作了五個月和九個月後做比較，結果發現實驗組在整個建築費用上省了 5%。可見，凝聚力的高低確實會影響團體或成員的生產力與表現（駱芳美，1984）。

(四)凝聚力與滿意度

理論上，高凝聚力團體的成員對團體的滿意度應高於低凝聚力的團體，且團體能因成員的滿意度增加而使團體的凝聚力增加。Shaw（1981）的研究均獲得同樣的結果，且發現團體凝聚力與成員滿意度有正相關存在（駱芳美，1984）。

第六節　領導者

在人類社會的發展過程中，似乎有團體即有領導者的存在。根據Shaw的觀點，領導者通常代表某一職位（position）或指位居該團體結構中某一職位者（邱麒忠，1986）。

一　領導者的定義

(一)Gibb 的觀點

1. 領導者是實際對別人具有影響力的人。在社會上採取率先行動者，或擬定行動計劃者，或有組織能力者，即為領導者。
2. 領導者是持有特權者。

(二)Carter 的觀點

1. 領導者是團體行為的焦點人物，對團體決定具影響力。
2. 領導者是能領導成員朝團體目標邁進者。
3. 領導者是由團體成員所指定的領導人物。
4. 領導者是能影響或改變團體性格（group syntality）的人。
5. 領導者是能表現（負起）領導行為（責任）的人。

二 有效的團體領導者

(一)領導者的角色與功能

一般而言，領導者在團體中所扮演的角色與其領導型態有關，不同的領導型態常導致不同的領導者角色。歷來國內外學者對領導者的角色與功能也有不同的看法。Yalom（1970）認為領導者有兩個基本角色：技術專家（technical expert）和示範參與者（model-setting participant）；Hollander（1978）則認為領導者的主要角色為行政官、經理、督導或其他如問題解決者、裁決者和倡導者。Trotzer（1977）認為領導者在團體中有五種角色：引導者、催化者、參與者、觀察者與專家。另外，有些學者認為領導者的角色不外有二：(1)團體的建立與維持；(2)團體任務——協助團體去做它的工作。其他有關領導者的角色，尚有設計者、提供資料者、團體對外的代表、團體的榜樣、父母、精神領袖、典範等等（邱麒忠，1986）。

另外，夏林清（1980）認為團體領導者扮演五個重要的角色與功能：

1. 刺激的給予、經驗的引發者

領導者要適時的說明、引導以激發成員參與的動機，並使成員了解學習的方向。其次，領導者亦要設計活動，藉此引發成員參與感受、經驗的分享。

2. 溝通者

藉反映、澄清、面質等溝通的技術，幫助成員探索自我和了解別人。

3. 成員經驗的歸納、整理者

在團體進行過程中，配合成員的分享與討論，提示一些主要概念，並對成員的經驗予以適當的解釋和歸納，藉此幫助成員得到更多的領悟。

4. 鼓勵者、支持者

領導者有責任建立一個溫暖、接納及開放的團體氣氛，尤其要敏感的去處理成員間因內心深層的情緒引發出來的種種問題。

5. 規範的執行者

團體進行的規範、活動的規劃、時間的掌握、團體進行的理想速度等，這些都是領導者的職責（潘正德，1990b）。

上述領導者角色的發揮，與領導力的功能有密切關係，何長珠（1980）認為團體領導者具有下列功能：增進交互作用、調停、統合、規劃的保存、加強溝通、解決衝突和流通團體資源等。Hollander（1978）認為領導力功能為：(1)組織、引導和綜合；(2)維持團體、界定情境和設置目標；(3)協調團體內在與外在的關係。Dinkmeyer 和 Muro（1971）則認為：提升凝聚力、摘要及解決衝突是領導的主要功能。

(二)領導者的人格特質

領導者的人格特質是影響領導能力及團體成敗的重要因素之一，也是決定領導型態的核心。由於個人人格特質傾向的差異，相對的也就增加或阻礙了協助的效果。因此欲有效的領導團體，對領導者的人格特質就應有所了解。有關領導者人格特質的研究，學者之觀點亦不盡相同，以下分別說明：

1. Corey、Corey 和 Russell（1982）認為有效的領導者的人格特質為：勇氣、願意帶頭示範、全心投入、真摯的關懷、對團體過程的信念、開放自己、能面對別人攻擊、自我強度高、充沛的精力、體會生活的意願、自我覺知、幽默感和創造力等。
2. Trotzer（1977）認為領導者應具有自覺、開放與有彈性、容忍不明確、積極、具有人性、人格成熟與統整等六項人格特質。
3. Carkhuff（1969）根據 Rogers 等人的研究結果，認為有效的領導者必須具備同理心、溫和、尊重、誠懇、具體、適當的自我開放、直接和勇於冷靜對質等條件。
4. 吳秀碧（1985）將領導者應具備的人格特質分為兩大類：其一為與「人」（as a person）有關的：如精神平衡、成熟、強健的自我、積極及人格統整等。其二為人際能力有關的：如同理心、誠懇、溫和、尊重、自我開放、具體、彈性、容忍、助人的意願、與人交往的興趣及關心等特質。

(三)領導者的技巧

具有良好的人格特質固然是成為有效領導者的重要條件，但卻未必一定能成為有效的領導者，一個優秀的團體領導者還必須具備並熟練一些基本的溝通技巧。一般常用的技巧包括：

1. 主動傾聽

指集中注意去聽取別人所表達之訊息，藉以了解其內在的活動，此傾聽包括語文與非語文的傾聽。

2. 反映

主要靠領導者的傾聽而來，其目的是將對方所提供的訊息傳遞回去，使對方能清楚地知道自己所溝通的內容。此包括字義的解釋與情緒感受的反映。

3. 澄清

其目的是針對一個主要的訊息，將互相衝突混淆的情緒加以重組，使整個訊息變得清楚。

4. 催化

其目的是推動團體的進行，促進成員的溝通及互動，使團體達到預期的效果。

5. 連結

指領導者對成員所說的話及表現的行為加以統整，進而促進成員互動及形成團體的凝聚力。運用此技巧時，領導者必須對成員的訊息敏感，並注意可供運用的線索（邱麒忠，1986）。

第七節 團體大小

團體的大小會不會影響團體的行為呢？答案是肯定的。但影響的效果則視變項（variable）而定。到底多少個成員才算合適呢？這是值得探討的問題。

一 團體大小

1. 何長珠（1980）的觀點：大團體以不超過班級大小為原則，小團體以8至12人為宜。
2. Shertzer和Stone（1974）的觀點：工作團體最合適人數為5至15人，輔導團體12至25人，學習團體8至12人，團體諮商6至12人，成長團體8至12人，治療團體4至10人。
3. Heap（1979）認為：4至12人最合適。
4. Benjamin（1978）認為：10至15人均可，但以12人最佳。
5. Coeser認為：4至8人最理想（謝水南，1984）。

二 團體大小與各因素的關係

(一)團體大小與成員參與的關係

團體愈大，成員能參與團體的機會就愈少。Indik發現團體人數增加，溝通比例減少，因而人際吸引愈少，自然導致人際溝通的減少。Norbert和Steven（1981）發現團體愈大，成員愈容易將自己隱藏而不必表達，而且如此可能就吸引他們喜歡參加這個團體（駱芳美，1983）。

(二)團體大小與一致性（consensus）的關係

Shaw（1981）認為團體目標之一是一致性的獲得。一般說來，在大團體中一致性的獲得較困難；但Gerard、Wilhelmy和Conolley（1968）則發現一致性與團體人數的增加呈直線性的關係。可見，團體大小與一致性的關係是不明確的。儘管如此，至少在某種情境下，隨著安排贊同人數的增加，一致性仍有增加的趨勢。而在小團體中，當成員為爭取某項榮譽時，團體的一致性就明顯提高。

(三)團體大小與領導的關係

團體愈大，團體的領導者發言愈多，成員多半保持沉默，較多的成員會發現參與團體有威脅感及壓迫感。大團體中提供資料和建議的比率增加，但成員表達意見的機會減少，成員對團體領導者表現較多的依賴、歸屬感。Hemphill 和 Coons（1950）發現，團體愈大，愈需要領導者（駱芳美，1983）。

(四)團體大小與成員的親密關係

約 4 至 8 人或 5 至 7 人的小團體，在互動過程中比大團體更親密。在小團體中成員較能積極參與，而且因成員間有親密交往，一旦有一、兩位缺席，則整個團體都會受影響。在大團體中，因成員多，個別成員無法得到每個成員的支持。在大團體中，成員無法忍受領導者把所有時間集中在一人身上，但如果同一活動期間，很多人都能接受到幫助，他們就會願意花一點時間集中在某人身上。

(五)團體大小與成員反應的關係

團體的大小會影響成員對團體的反應，團體的人數愈多，團體對成員的吸引力就愈小；成員在大團體中比在小團體中經驗到較多的緊張及較少的滿足；人數太多，使大部分成員沒有機會參與團體的活動及表現；成員與成員的溝通較困難。此種種因素，極易造成成員對團體消極否定的感覺。

(六)團體大小與團體績效（performance）的關係

Shaw（1981）認為增加團體人數，會阻礙成員的表現及團體的生產力，產生組織問題，抑制成員貢獻己力的衝動。但另一方面，大團體會增加許多的有用資源（能力、知識、意見等），若能集思廣益，對團體反而有助益。團體大小與團體績效受此兩方面的影響，若能在大團體中，善用團體資源，則能產生正面效果；反之，在大團體中，若不能好好利用團體資源，又受到負向力量的阻礙，就會造成負向的效果。

三 大小團體的比較

從上述的探討分析中，我們可以了解，大小團體各有其長短處（表 4-1）。因此從事以團體動力為基礎的團體工作者（group worker），應對各個團體的大小情況有所了解，然後才能運用本身敏銳的觀察力及專業的素養，有效的從事團體工作，激發團體生產力。

❖ 表 4-1　大團體與小團體的比較

小團體	大團體
1. 較能自我管理。 2. 較少提供知識性的概念。 3. 態度上的改變較小幅度。 4. 很容易能感到團體的成就感。 5. 成員間易有視覺上的接觸。 6. 有較大的凝聚力。 7. 成員獲得較大的滿足。 8. 增加親密性與互動性。 9. 資源較少。	1. 較強調領導者的統合力。 2. 提供較多的知識概念，但無暇思考。 3. 成員獲得較小的滿足。 4. 參與感較小。 5. 活動期間成員所分配的時間少。 6. 易形成附屬團體。 7. 溝通上產生較多的問題。 8. 人際關係之互動機會較多。 9. 成員愈能積極參與，溝通就愈增加。 10. 資源較多。 11. 較難取得一致同意。 12. 做決定時較獨裁。 13. 可能有較多的衝突。 14. 較有空間隱藏自己。

第八節　性別

男女在團體中為何會表現出不同的行為方式呢？個人以為，傳統文化對性別角色行為的影響應該是最主要的因素。傳統上對男性角色的要求是主動、支配、工作取向，具備工作性特質；而對女性角色的要求是被動、服從、感情取向，具備情感性特質。當成員分別帶著各自的性別角色來到團體之後，其性別角色行為便在團體中自然的展現出來。以下僅從性別與互動行為的關係及性別與服從的關係來加以說明。

一 性別與互動行為的關係

(一)人際距離（interpersonal distance）

根據 Wills 的研究指出，女性與他人互動時，其人際距離較男性近；女性平均為 21.58 英寸，男性平均為 24.46 英寸。Dennis 和 Dabbis 觀察不同的團體，亦有同樣的發現。這可能與女性被教導應表現溫暖、合作、服從等特質有關（Shaw, 1981）。

(二)攻擊性（aggressive）

McGuire 以時間取樣方式進行觀察，發現男性較女性表現較多的攻擊性與積極性，並且較富攻擊性與積極性的男性比較少攻擊性與不積極的男性受歡迎。Green 從小孩子的研究中發現男孩較女孩易表現怒氣衝動（quarrelsome），而女孩的內心衝動較男孩早些達到頂點，然後消失。Stewart 指出，男性在表現富攻擊性的積極專斷（aggressive-assertive）行為時，較女性易受其所處的團體所影響（Shaw, 1981）。

(三)主權（ascendancy）

在團體裡男性較有權力慾望；女性則反對競爭，較顧及每個成員的利益。Uesugi 和 Vincke（1963）指出女性喜歡採依次輪流的方式讓每個人都有參與機會；而男性則喜歡支配人及環境。Black 和 Higbee（1973）發現男性對於相當有能力的對手，會無條件與之合作；而女性則較關心沒有能力的人。

(四)對威脅的反應

當面臨威脅情境時，通常男性會視威脅情況的程度做不同層次的反應；而女性則不管威脅的程度如何，皆採服從的姿態。

(五)眼神接觸（eyes contact）

眼神接觸是人與人互動時重要的非語言行為之一。Exline 觀察一個由三個 16 歲男性與三個 16 歲女性組成的團體，該團體目標是為一個新的肥皂產品命名。為使成員入會動機不同，因此入會時一半設計競爭氣氛，一半設計合作氣氛，然後觀察。結果發現無論何種情況，女性皆較男性有較多的眼神接觸，不會因對方之性別而有所影響（Exline, Gray, & Schuette, 1965）。

(六)說話次數

一般認為女性比男性說較多的話，以下的研究亦證實此觀點：Lckes 和 Barnes 以錄影帶記錄受試者等待進入實驗室的情形，然後分析其與他人的互動行為。結果發現：女性說話的平均次數較男性多（女性平均 26.9 次，男性平均 14.7 次），且時間亦較長（女性平均 97.1 秒，男性平均 39.2 秒）。Wright 的研究發現，當團體領導者表現較熱絡（即與成員有較多的眼神接觸，面部較有表情，說話較風趣），則男性較女性多話，約 55%的時間是男性在說話，女性說話時間則約占 45%；反之，則女性說話的時間較多（Shaw, 1981）。

二 性別與服從性的關係

一般來說，男性較女性具有支配性且自我肯定，女生則扮演服從的角色。Constanzo 和 Shaw（1966）以 7 至 21 歲之男女為對象，將其分成四組，即 7 至 9 歲、11 至 13 歲、15 至 17 歲、19 至 21 歲，並分派受試者到一個隔離的房間，但他們可以獲知他人的選擇結果。然後向受試者呈現 Asch 所設計的實驗情境，即有兩張圖表，表 A 為三條線，表 B 為一條線，要受試者選擇表 A 的哪條線段和表 B 一樣長，每個受試者可選六次。結果如圖 4-1，顯示女性較男性的服從性高；年齡方面，則 11 至 13 歲組服從性高，13 歲以後，服從性則漸減。

上述性別與服從性的關係，屬於一般情況，但在下列的情況下，男女

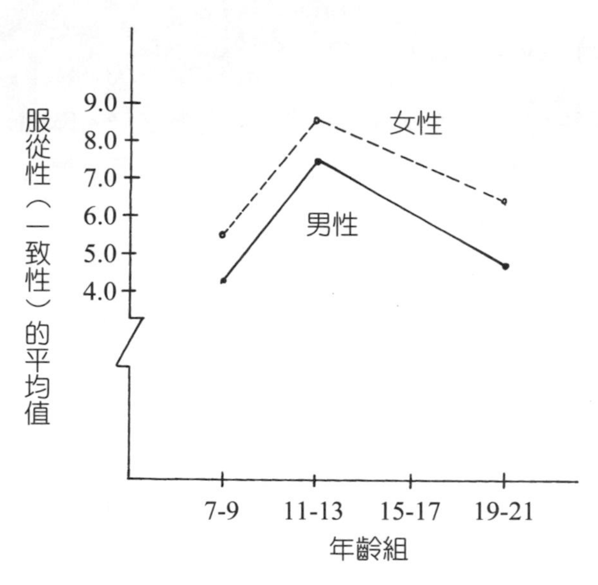

❖圖 4-1　各年齡組的服從性平均值

資料來源：引自 Shaw（1981: 182）

的服從性則會有不同的表現：

(一)取向不同

Tuddenham 指出女性較不希望自己的答案與眾不同，所以通常會服從他人的意見，而男性則對於能促使其任務盡快完成的意見較會順從。因此 Berg 和 Bass 以大學生為對象進行研究，指出大學男生較注重工作取向，及如何使工作完成，這方面其服從性較高；女性較注重互動取向，即著重與他人關係的建立，這方面其服從性較高（Shaw, 1981）。

(二)工作的適合性

Sistruck 和 McDavid 指出工作的適合性對服從性亦有影響，若工作性質較適合男性角色，則女性較男性服從；反之，若工作性質較適合女性角色，則男性較女性服從（Shaw, 1981）。

雖然 Kramer（1978）的研究指出，男女性的覺察深度是相同的。吳秀碧（1985）的研究亦發現，性別因素不會影響成員的自我開放。但前面的諸多研究則顯示男女性在團體互動服從性方面表現差異，因此在組成團體時，性別因素對團體互動可能帶來的影響是不可忽視的。

第九節 年齡

不同年齡層有不同的行為表現方式。在一般生活情況中如此，在團體中也是如此。因此，年齡與團體互動是有重要關係的。其間的關係如何，將分別在本節中加以論述。

一 年齡與互動行爲的關係

(一)互動距離（interaction distance）

在一般人的觀念中，隨著年齡漸長，社會經驗愈豐富，人與人的互動距離應該愈來愈近。但 Meisels 和 Grardo 的研究卻得到不同的結果。他們以兩組學生分別是 3 至 10 年級及 3 至 8 年級進行研究，以兩個圖像（silhouette figures）讓他們表示其與他人（如最好的朋友、認識的人、陌生人）之距離，結果發現隨著年齡增加，人與人間的互動距離卻愈形疏遠。另 Tennis 和 Dabbs 以 1 至 12 年級學生為對象，要求他們想像正站在一端，而距離 80 公分遠的另一端正有一人要慢慢接近，當對方接近至受試者認為最適當的溝通距離（comfortable conversational distance）即要求其停止，此研究並未發現年齡與互動距離的關係。但 Tennis 等另再要求兩人一組，令其中一人站在房間的角落或中間，要求另一人走近，當走到認為最適當的溝通距離時，即要求其停止，此研究則發現隨著年齡增加，人際距離也跟著增加。Baxter 研究在美國的墨西哥人、黑人、白人三個團體，都發現人與人間的互動距離隨著年齡增長而加大（Shaw, 1981）。

(二)互動的質與量

從質來看，隨著年齡的增加，人們漸漸會隨著自己的意願固定的與某一類的人以某一種方式接觸，而互動形式也漸趨複雜。

從量來看，由學者的研究證實，隨著年齡增加，與他人互動的量亦跟著增加。如Beaver指出，隨著年齡增加，人們的社會接觸跟著增加。Parten提出隨著年齡增加，學生參與學校的活動量也增加。Green 的研究顯示團體遊戲的量隨著年齡而增加。Bass、Wurster、Doll和Clair研究七個婦女聯誼會，發現年齡較大的婦女比年輕的婦女參與較多的休閒活動，但其冒險性則較低（Shaw, 1981）。

(三)對團體的敏感性

一般認為，年齡增加，對團體的敏感性也應增加。Dymond、Hugles和Rabbe測量兩個年齡組的團體，發現 11 歲組的知覺能力較 7 歲組強，證實年齡較大的小孩其知覺的敏銳性較年齡小的孩子強，所以其受歡迎的程度也不同。Leuba研究 2 至 6 歲的小孩，讓他們單獨或一起玩釘釘子的遊戲，要求他們盡快的將釘子釘入洞裡，結果明顯的發現小孩在 5 歲以前沒有競爭的表現，即對他人的行為較不敏感。Anderson 研究托兒所及幼稚園的小孩，發現隨著年齡增加，兒童受支配的行為減少，而統整性的行為增加，且行為的形式也趨向複雜（Shaw, 1981）。

(四)對人際關係的發展

Newman（1976）研究人類從幼年時期至青少年時期人際關係的發展，發現當人們語言能力發展至能理解事物的規則後，其自我中心的行為則開始減弱，行為漸趨向統整性。但當人們嘗試去建立自己的獨立性及權威性時，其自我中心又會增加。在青少年時期之後，人們會開始去整理自己的人際關係型態，對自己與他人互動的情形會有所覺察（駱芳美，1985）。

二 年齡與服從性關係

通常我們認為服從、一致性的行為是團體發展過程的結果，也就是說人們隨著不斷的社會化，也隨著年齡的增加，應該學到更多的團體規範，因而服從性會增加。Piaget 分析小孩子對遊戲規則的學習，發現較小的孩子並不受規則的影響，到 11 至 12 歲則對規則的服從性增加。不過服從性的發展與年齡的增加並非呈直線關係，而是曲線，12 歲時服從性發展到最大，之後則漸減少（Shaw, 1981）。Iscoe、Williams 和 Harvey（1963）擴大年齡範圍，研究 7、9、12、15 歲四個年齡層，發現女生從 7 至 12 歲服從性增加，12 至 15 歲服從性漸減；男生 7 至 12 歲服從性增加，但 12 至 15 歲並未明顯改變。Constanzo 和 Shaw（1966）亦發現 7 至 13 歲服從性增加，之後則減少。Berenda 則指出 7 至 10 歲組較 10 至 13 歲組增加（駱芳美，1985）。

以青少年後期的團體為對象，Marple 發現高中學生較大學生或成人更服從專家的意見。Patel 和 Gordon 對 10 至 12 年級的研究發現，隨年齡增加，服從性漸減（Shaw, 1981）。

根據上述研究可以明顯看出，年齡與團體互動是有關的。隨著年齡增加，與他人之互動距離漸遠，互動的量增加，形式漸趨複雜，對他人也漸具敏感性。服從性方面則發現約在 12 歲左右最具服從性，之後則漸減。

CHAPTER 5

團體動力的意義、內涵與源起

團體動力是在團體成員間流通並持續前進的互動。

Yalom

團體動力學是社會心理學領域中頗為重要的一環。自 Kurt Lewin 於 1930 年代末期創始於美國，歷經半世紀的發展，團體動力學已有長足的進步，不僅在理論架構上更周全、更完整，其應用範圍也日趨擴大。但儘管如此，一般人對團體動力仍普遍存在似是而非的觀點。因此，本章擬先提出團體動力的意義，接著探討團體動力的歷史觀點與近代發展，最後對國內團體工作的發展做簡單的回顧，以期收到正本清源的效果。

第一節 團體動力的意義

一 團體動力的迷思與正思

(一)不正確的團體動力觀點

一般人對團體動力最常見的誤解，包括下列三種觀點：

第一個不正確的觀念認為團體動力是一門組織嚴密的思想或信仰的學派，擁有特定的會員和一套社會行動方案（a program of social action）。

第二個不正確的觀念認為團體動力是做事的一種技巧或方法。因此像「團體動力的方法」這類無意義的名詞，便經常被誤解和濫用。

第三個不正確的觀念認為團體動力是社會組織裡的一個教條式理論，強調團體思考比個人的思考更重要。

以上三個觀念雖然和團體動力真正的涵義大相逕庭，但卻是最普遍、最常聽到的說法。倘若進一步由團體的意義、團體動力的性質與發展來看，則有下列的迷思與正思（賈樂安，1988）：

(二)團體動力的迷思

迷思之一：團體是一群人的集合，人數多寡是區分大、小團體的依據。即使是臨時聚集，毫無共同理念、目標的烏合之眾，也是團體。在此觀點下，可說：「人生到處不團體，你我皆是團體人。」

迷思之二：視團體動力為組織團體並運用團體以推動民主政治的意識型態。

迷思之三：視團體動力為一套應用的技術。

迷思之四：視團體動力的研究有下列六種缺失：

1. 過度重視實驗室的研究，忽略自然情境的影響因素。
2. 偏向特殊團體的研究，忽略對傳統或一般性團體的研究。
3. 過度依賴統計學的評估驗證。

4. 研究發現對當代社會缺乏實用性。
5. 一般研究多侷限在團體內部歷程，忽略對團體外部或團體間關係的深入探討。
6. 未能建立完整的理論體系（Shaw, 1981）。

迷思之五：團體動力的研究方法雖多，但未能與理論取向（theoritical orientations）做緊密的結合，其研究結果及推論常被過度使用。如實驗室之研究為最精密客觀的方法，唯因實驗情境與外界之自然情境有別，使得外在效度偏低，解釋上不可不慎。又如「正式的模式取向」（formal model orientation）盛行於 1950 年代，運用嚴謹的數學模式以建立有關團體行為的正式模式。此法著重模式內部的一致性，卻忽略模式與自然情境配合的一致程度。嚴格來說，此類研究對團體動力的理論及應用助益有限，但過度推論的流弊，卻值得注意。

迷思之六：過度強調「群性」，貶抑「個性」。

為維持團體特有的價值標準和行為規範，對違反眾意者採取排斥或敵視的態度。

迷思之七：視團體中的領袖為睿智的領導者，其能力足以決定團體方向和目標。

迷思之八：盲目參加團體，認定自己的問題可透過團體得到紓解和改善，只見團體助力而不見阻力，忽視團體可能帶來的傷害和挫敗感。

(三)團體動力的正思

正思之一：團體的定義雖因觀點不同而有差別，但一般而言，可歸納出六大類：

1. 團體著重成員對團體的知覺與認知。
2. 團體著重動機與需要（求）的滿足。
3. 團體著重目標的達成。
4. 團體著重組織的現象。
5. 團體著重成員的相互依賴。
6. 團體著重互動作用。

換言之，團體不同於烏合之眾，或其他無組織、無秩序、無規範的人群組合；它是有組織、有秩序、成員相互依存、有歸屬感和認同感，並持續互動的兩人以上之結合體（詳見第一章）。

正思之二：團體動力是探討團體結構及團體與成員間相互動力關係的應用科學。

正思之三：團體動力的發展與研究，過去半世紀以來在團體互動與團體功能方面已有良好成就。

但其缺失正如迷思之四所述，目前最需要努力的方向是，擴大研究範圍及應用的可行性，並據此建立一實用性之理論，以解決社會團體中之種種問題。

正思之四：團體動力的研究方法，言人人殊，各種研究方法各有長短；研究者對於團體動力有關之研究所採用的方法及理論依據，應有全盤認識與了解，以免誤用。

正思之五：認識團體思考（group thinking）可能的缺失，減少因團體從眾壓力及成員不當期望產生的偏誤。尊重成員的理性思考和小我的權利，參酌團體的目標和規範，以求團體中人際關係之和諧並順利完成團體任務。

正思之六：團體動力是一相當年輕的研究領域，其內涵與範疇雖未臻理想，但應用價值卻不容抹殺。近幾年來，團體動力已被廣泛應用到下列三個領域中：

1. 團體諮商、社會團體工作、團體心理治療等助人的專業團體工作。
2. 教學情境、改良班級氣氛、增進教學效果。
3. 工商企業機構、軍公教機關之人事管理、訓練及行政領導效率之提高。

二 團體動力的四種意義

(一)第一種意義

就最基本的意義來說，團體動力是指在任何時間內，發生在團體裡，包括被覺察到或未被覺察到的一些現象。換言之，團體動力乃指團體中各種存在著的動力。由於這些動力的存在，團體的運作才得以開始並持續下去。一般團體都普遍具有靜態與動態兩面。靜態方面包括：團體名稱、組織結構、最終目標及某些固定不變的特質等。此外，團體亦具有動態的一面，如正在進行（ongoing）的運作、改變、互動、反應等。這些團體運作的方式和方向，是由各種力量（forces）和其他因素所決定。團體動力便是由這些力量的互動關係（interaction）及其在團體中產生的影響效果所組成的。因此團體動力與團體的關係，有如人格動力（personality dynamics）與個體的關係一般都是自然發生的一種現象，非由某一個人加以發明或創造。

(二)第二種意義

團體動力是社會科學研究的一個領域。主要是利用科學的方法來辨別團體運作的方式。在一般研究領域中，團體動力亦提供有關社會科學研究的一些原理原則，其中包括社會心理學、臨床心理學、精神病學、社會學、人類學及教育學等。在許多大學研究機構中，團體動力也是很好的研究主題，其範圍涵蓋了工業團體、軍隊、教育機構、義工組織、社會福利機構和社區裡發生的種種現象等。一般的研究步驟是先有假設，再以實驗室觀察、面談、問卷及測驗等方法來驗證假設。最後從實際的研究結果中，再將所獲得有關團體的各種現象、原理和原則加以整理分析，並分門別類的彙集成一套理論。

(三)第三種意義

團體動力是用來說明團體行為的一套基本知識。這些知識是由過去的許多研究累積而成。由於團體動力曾經是那麼的膾炙人口，以致獲得許多博（碩）士論文、社會科學期刊、學術性專論或專業性書籍作者們的青睞，而使讀者們經常可以看到「團體動力的成果」（the findings of group dynamics）這個名詞。從上述的專論、報告中可發現，團體動力正是在解釋團體內各類行為的轉化、演變及相互影響的一套知識。

(四)第四種意義

最後，團體動力是一套正在興起的實用性知識（applied knowledge）或專業性理論。其主要的研究方向是，把基本的知識經過驗證，變成實用的原則和方法。基於這個觀念，我們才會使用「團體動力原則」或「團體動力技術」（techniques based on group dynamics）這些名稱。雖然如此，我們仍不能稱它為「團體動力的方法」（the group dynamics method）。當然，在基本知識與應用知識之間，是有某種密切關係存在著的。正如 Lewin（1944）所說的：團體動力的理論和實際的配合，比其他任何一種心理學領域都來得有組織、有秩序。在這觀念下，如能有系統的對團體動力做深入的研究，便能對理論性的問題提供一些答案；同時，對實際社會問題，亦能提出基本的解決方案。

第二節 團體動力的歷史觀點

一 歷史的觀點（historical perspective）

長久以來，在人類追求慾望滿足的過程中，團體始終扮演一個相當重要的角色。人類最早的團體關係首先發生在家庭，爾後擴大到家族、部落、同業公會、社區和國家。在政府部門、工作場所、教會、娛樂和教育方面，團體一直被視為是一種工具。由於早期嘗試錯誤（trial and error）的結果，男人們開始發現在團體中處理某些事物，要比在團體以外的其他場合順利得多。於是，人們開始注意到團體領導者的選擇、勞力分配、抉擇過程以及有關團體技術等問題。在人類對抗大自然的奮鬥過程中，對於訓練人們服從於領袖領導的關切，遠超過要求社會大眾更創新、更努力於工作，以達到改善生計的關切。

令人訝異不解的是，雖然人們在小團體裡生活了半輩子以上，但是直到最近，團體才真正的吸引學術界的注意。嚴格地說，早期有關團體的文獻中，只有粗淺團體概念的描述，及團體領導者規範的說明而已。人類自始並未認真地去研究自己最熟悉、最基本的小團體生活，直到費盡心思地鑽研另一個既陌生又疏遠的社會組織之後，才回過頭來重新研究團體裡的一些事物。就一般理論的發展而言，這幾乎是本末倒置的。古老中國和希臘文化的先聖先哲們，他們始終關切人類行為的一些現象。到了 17 世紀，一股關切人類社會本質及個體與群體關係的思潮才醞釀成型，這股本為對抗專制政府而形成的革命思潮，傳遍了歐洲及美國。它先後影響了歷史上的許多名人，如：Hobbes、Locke、Hume、Mill、Smith、Montesquien、Rousseau 以及美國的 Madison、Painel、Jefferson、John、Samuel 和 Adams 等人。

19 世紀的社會學家們，從 Comte、Spencer 到他們的學生們，對這股思潮的研究均著重於群眾運動的主題上。他們對群眾的習性、喜好、作風和從眾行為有深入而精闢的見解。其中，最具影響力的，首推 19 世紀末法國社會學家 Emile Durkheim。Emile 對互動歷程（the process of interaction）和個人觀念在團體的「心靈—社會化統整」（psyche-social synthesis）歷程中受到的改變尤有興趣。他認為團體孕育並產生的現象（group product emerges），不能被完全解釋成個體的心路歷程（individual mental process），而應該還包含了其他因素才對。

20 世紀初期，Cooley、Mead 和 Simmel 對於有促使個體動機發展的社會性條件（the social conditions）特別感興趣，因此，他們曾對小團體裡的社會性控制因素（the element of social control）深入研究。Hare、Borgatta 和 Bales 指出行為的社會性控制之類的題材，在較早的實驗研究中曾占有最大的篇幅。對於這類研究，他們曾有以下的結論：

1898 年 Tripplett 針對團體中出現的神奇催化效果或動力效果（dynamogenic effect）之研究，可以說是以實驗研究團體動力的開山鼻祖。爾後，F. H. Allport 的實驗又對團體與個體的關係有進一步探討；直到今天，類似的研究仍然持續著。此外，以第一手觀察（first-hand observation）兒童發展的研究，如：1904 年 Terman 對兒童所做的「領導的心理學與教育學」（Psychologyand Pedagogy of Leadership），可說是小團體研究的另一個重要創作。其研究主題與方法，被公認具有前瞻性與開創性的水準。後來在 Goodenough、Anderson、D. S. Thoms 和 Pigors 等人的論著中，小團體研究不斷地被發揚光大。另外，Piaget 對兒童遊戲理論的的論著，亦算得上是小團體研究的一種範例。

二 實證主義的觀點（empirical perspective）

在 1920 年代初期，Eduard Lindeman 對團體社會學研究（sociological studies）的特質提出挑戰，他建議採用實證主義法（empirical method）來研究團體。在Lindeman的倡導下，一個針對團體歷程，號稱「調查」（inquiry）的大規模研究便開始進行了。研究的結果曾刊登在Lindeman的《社會教育》一書中。這個研究的特色，主要在團體歷程方面，其中並使用小組審議委員會及小組討論的方式來解決社交上的問題。

Benne 和 Levit 曾為 1920 年代的研究提出簡要的說明：在 Deway 實驗性思想（experimental thought）的影響下，透過團體討論的方式，發展出一套經由團體歷程以解決問題的觀念。在這個重要的觀念下，有效的團體歷程（effective group procedure）所應具備的原理、原則也同時成形了。Elliott 和 Sheffield 是這類觀念的代表人物。

在心理學、邏輯學潮流的推動與刺激下，Follet根據其處理現代人在政治、社會福利及就業安置（industrial settings）方面的工作經驗，發現團體參與者的品質、特性和條件的重要性，並以此做為團體歷程、經驗研究的重要內容。他強調以功能性的領導（leadership of function）取代職位或個人化的領導（leadership of position or personality）；此外團體中個人行為的統整，是解決衝突、矛盾的最好方法。多年來，Follet的觀念已大大的影響了與團體有關的研究及團體實務的運作。

在 1920 年代，除了邏輯學、心理學對團體的研究有深厚的影響外，Freud 也開始研究團體的形成和控制（group formation and control）。他的主要觀念奠基在家庭團體裡的親密關係，以及凝聚力與控制（cohesion and control）的潛意識作用。因此，佛氏強調團體領導和團體形成的情感因素，重於意識層面上團員的組織因素。

除了理論的再定向（reorientations）外，1920 年代有關團體實證性的研究（empirical studies）仍然繼續進行著，然而這些研究往往忽略了理論與觀念的創新。Kolb 曾嘗試著從社會的角度去探討早期實證性團體研究的特徵，Watson 也證明了使用團體方式來處理某些特定型態的問題會比其他方式更有效些。這種從不同學科（門）角度完成的研究，為早期團體研究樹立了很好的典範。

此外，對領導的特質理論（trait theory of leadership）之研究，也加速了實證主義時代的來臨，許多研究者努力去尋找支持理論的一些證據。例如從研究中發現所有成功的領導者（leaders）都具備了自我控制、常識豐富、判斷力、公正、熱忱、機敏、堅毅、勇氣與果斷等特定的人格特質。從這一系列的研究中，雖得到許多寶貴的資料，但卻少有具體的結論，因為只有少數的研究得到相同的結果。Charles Bird針對上述有關領導特質論的一百個研究做過分析，發現大約只有四個研究得到約 5%的相同結果而已。其他的研究者，則使用社會學研究為工具，嘗試著在不同情境或社會結構中，去探討團體領導者的理想類型。這些研究雖確立了情境因素（situational factors）的重要性，但仍未能得到令人滿意的結果。

三 基本的理論架構

在第二次世界大戰的兩個世紀中，有關團體研究更清楚的理論架構出現了。在我們回顧這個時期發展出來的幾個主要理論之後，對團體動力將會有更深入的了解。

(一)場地論（the field theoretical approach）

有關團體行為場地論的理論基礎，是Kurt Lewin所建立。Lewin於 1932 年抵達美國，以客座教授的身分任教於史丹佛大學後，後因納粹執政，使他無法回到柏林。1935 年，Lewin 和一群研究生開始在艾荷華大學兒童福利研究中心，進行一系列團體行為的學術研究。在四○年代中期，這個團體轉移到麻省理工學院，並且正式成立團體動力研究中心，後又轉移陣地到密西根大學。在這裡，該中心著手進行一個以場地論為架構，且對團體動力影響深遠的研究。

場地論是物理學上的產物。它的理論假設是：在任何時間裡，團體存在一個心理場地（psychological field），場地內的運作就像物理上電磁波運作的情形一樣。場地係由一些力量或變項組成，這些力量或變項是影響團體行為的重要因素。例如力量運作的方向和強弱，決定團體運作的方向和速度。團體動力學者嘗試去發展一套觀察和評估的技術，期使能對團體內的力量或變項加以分析，同時也對運作的規則，做客觀而具體的說明。

根據 Lewin 的觀點：對團體進行分析，是場地的重要觀念。為了避免在某一情境中對偶發單一事件驟下結論，場地論主張把情境視為一個整體（as a whole），並以此做為考慮和判斷的依據，如此我們才能對有關情境的各種層面以及情境的某些部分採取較明確而詳細的分析。很顯然的，這個觀念對於避免對單一事件（要素）造成錯誤的推論，算得上是最有效的措施了。

Lewin 認為若能將心理情境以數學公式呈現（mathematical representations），即能確保邏輯的嚴謹、分析能力以及概念的準確性。因此在Lewin 及其研究小組的研究中，我們可以找出許許多多的公式和數字。

(二)因素分析論（the factor analysis approach）

由於 Raymond Cattell 和他的工作夥伴在伊利諾大學的努力，因素分析理論才逐漸被發揚光大。因為分析理論強調：在決定團體的主要內容（major dimensions）之前，必須先了解團體的關鍵要素。根據 Cattell 的觀念，任何型態的團體之所以能在最經濟、最有效的情況下界定其定義，都是對團體的眾多屬性先做一番評量，並以此做為團體隸屬範疇的依據。Cattell 用特質（syntality）來說明團體的現象；同時用人格來解釋個體的性質。他特別關切活力、能力和領導對團體產生的影響。

(三)正式組織論（the formal organization approach）

正式組織論旨在發展一個滿意的組織概念，及了解組織內的領導本質。有關正式組織的研究，是由C. L. Shartle領導的俄亥俄州立大學領導力研究中心來推展。在技術上，強調組織系統互動的觀察與結構的了解。

(四)社會計量理論（the sociometric approach）

社會計量理論是由美國精神病學家 J. L. Moreno 和他早期的工作夥伴

Helen Jennings所創立。社會計量理論的重點是，重視團體生活中的社交狀況，特別是團員人際關係中的情感因素。其使用的主要測量工具是社交關係測驗。透過測驗，團員能在特殊的情境中挑選或排斥團體中的任何一個人。而從社會計量中所獲取的資料，亦能得到團體心理結構（the psychological structure of groups）的發展概況。

(五)互動分析論（the interaction approach）

互動分析理論是 Robert F. Bales 和他的夥伴在哈佛大學社會關係研究中心所建立。互動分析論確立個體的外顯行為（overt behavior）和他人以及環境的互動，是研究主要內涵（ultimate stuff）的觀念。因此這個理論使用錄音、錄影來記錄互動的過程，同時也使用單面鏡的實驗室，在不受干擾的情況下，觀察團體的進行。到如今，這套方法（設備）仍被用來評量小團體的互動過程。

(六)精神分析論（the psychoanalytic approach）

精神分析論強調與團體歷程有關的情感因素（emotional elements），特別是潛意識的層面；同時也強調情感因素對人格的影響。處理的方式主要是透過對過去經驗及個案記錄的分析解釋，且大多在治療性團體中使用。

(七)社會團體工作論（the social group work approach）

傳統上，社會團體工作論是由團體工作者的敘述性記錄（narrative records），加上一連串團體個案史（case history of group）的分析所組成。社會團體工作雖不做治療性服務，但長久以來，它一直著重在團體經驗後的人格發展。過去由於團體工作者對團體實務的興趣高於對團體的研究，因此，有關的研究便相對的減少了。然而，這種情況在最近幾年有了改變，其中最明顯的改變是，團體研究由描述研究（descriptive research）進入行動研究（action-research）。研究的主要趨勢在探討團體領導行為和其他條件，對團體互動及團員人格成長的影響。

第三節 團體動力在近代的發展

一 第二次世界大戰後十年

第二次世界大戰後十年，團體動力的發展有下列三個特色：

第一，大學中研究團體現象（group phenomena）的機構快速增加。其中包括波士頓大學、芝加哥大學、哥倫比亞大學、伊利諾大學、紐約大學和天普（Temple）大學等。多年來，這些學術機構相繼在理論方面有深入的探討和研究。

第二，團體動力發展史上最重要的里程碑，是 1947 年設立的美國國家訓練實驗室（National Training Laboratories, NTL）。後來改名為應用行為科學院（Institute of Applied Behavorial Science）。這個機構是由 Lewin、Kenneth Benne、Leland Bradford 和 Ronald Lippitt 等人創設並負責。其經費部分由國家教育學會支助。在戰後的 20 年，國家訓練實驗室成為團體動力研究和訓練的主要機構。由於國家訓練實驗室設置的「夏季實驗室」遍及全美各地，很自然的便形成一個訓練網。提供人際關係訓練最重要的資源。於是新的領域不斷地被開拓，類似的訓練開始進入工商機構、政府部門、教育單位和社會團體。在同一時期，英國倫敦的 Tavistock Institute，也扮演一個類似的角色。

第三，在這期間，幾種專門報導團體動力的期刊也出版了。其中較著名的有：《人際關係》（*Human Relation*）、《社交問題》（*The Journal of Social Issues*）、《社交測量》（*Sociometry*）與《成人領導》（*Adult Leadership*）等刊物。這些專業性、學術性的期刊，在數量與篇幅方面都與時俱增。此外，與團體動力有關的理論，也發展到百家爭鳴的地步，其盛況可由下列主要書籍的出版，而窺其一端：Bales 的《互動歷程分析》（*Interaction Process Analysis*）（1950）；Cartwright 和 Zander 的《團體動力研究和理論》（1953）；Alvin Gouldner 的《領導力研究》（1950）；Harold Guetzkow 的《團體、領導力和人》（1951）；Hare、Borgatta 和 Bales 的

《小團體——社會互動研究》（*Small Groups: Studies in Social Interaction*）（1955）；Lippitt、Watson 和 Westley《計劃改變的動力》（*The Dynamics of Planned Change*）（1958）；及 Stock 和 Thelen 的《情感動力和團體文化》（*Emotional Dynamics and Group Culture*）（1958）等。

二 1960 至 1970 年代的發展

團體動力在 1960 至 1970 年代的發展，呈現出混亂、快速擴展及爭議最多的局面。眾多理論的相繼興起，是本時期的一大特色。

(一)研究單位快速擴展

這個時期最顯著的特色是，在形形色色的學術機構和訓練單位裡，充滿熱絡的研究風氣。在 1959 年，能提出大量研究報告的大學研究中心不到 12 個。但到了 1970 年代，行為科學家們卻在大多數大學的心理、社會、教育、社會工作、精神病學、人類學、商業行政及溝通等系所，進行有關團體的一系列研究且成果豐碩，其他如公司行號、行政機構、醫院、心理衛生中心、諮詢單位和獨立的研究中心等也一樣具有能力從事這方面的研究。

此時，兩個新興的潮流，使得由來已久的研究方向有關鍵性的改變。

一是方法學（methodology）。強調量化評量的準確性和統計學的運用，摒棄過去支離破碎的研究。主張以一個更全人化（more holistic）、更有創造力、主觀的、價值取向的理論來研究人類的行為。

二是現象本質（nature of the phenomena）的研究。由於過去特別強調的小團體行為，已被個體動力和人類潛能（包括人際潛能）的觀念所取代；因此，便傾向於對較大的社會制度（larger social systems）和社交問題（societal issues）（特別強調在改變的動力和策略上）的探討。

(二)專業文獻急速增加

近代發展第二個主要特色是，團體動力的專業文獻有了急速的增加。例如：Hare 曾經分析並統計自 1900 年至 1953 年之間，已出版的小團體研究報告。他發現其中的成長率為：最初十年，每一年的成長率是 1.5；第二個十年的成長率是 1.3；第三個十年的成長率是 11.2；第四個十年的成長率是 21；而從 1940 年至 1944 年間，成長率是 31.2；1945 年至 1949 年之間，年成長率為 55.2；在 1950 至 1953 年間，每年成長率為 152。在有關小團體的出版書目方面，Raven 於 1965 年編列出 3,137 篇論文和書籍，到了 1969 年則增加到 5,156 篇論文和書籍。而在期刊方面，也有顯著的增加。

(三)大眾傳播媒體的重視

此一時期大眾傳播媒體對團體動力以及各家理論愈來愈重視。例如我們曾看到許多這方面的文章出現在《新聞週刊》、《時代雜誌》、《十七》（*Seventeen*）、《財星》（*Fortune*）、《花花公子》、《華爾街日報》、《紐約時報》、《魅力》（*Glamour*）及《週六評論》（*Saturday Review*）等刊物上面。雖然其內容良莠不齊，但由此可證明團體動力被重視的程度。此外，最少有一部商業電影和一打以上的教育影片在介紹、說明會心團體（encounter group）。有關敏感性訓練（sensitive training）或其他類似的訓練，也開始在商業電視台的連續劇及商業機構中出現。國家教育電視台亦製作兩齣連續劇，介紹同樣的題材。有三本這方面的書籍也幾乎全進入最佳銷售的排行榜，這三本書是 William Schutz 的《喜樂——拓展人類的覺知》（*Joy: Expanding Human Awareness*）（1967）、Rasa Gustaiti 的《開啟》（*Turning On*）（1969）和 Jane Howard 的《歡愉的接觸》（*Please Touch*）（1970）。雖然，我們了解到有些人如 John Birth 等，長久以來對人際關係訓練抱著懷疑的立場和態度；然而許多基督教教會卻把這種訓練當作領導力訓練的重要內容。

(四)技術的不斷創新與廣泛應用

有關團體的技術，在近十年來不斷的推陳出新並廣泛地被應用在教育及一般的訓練上。雖然，長久以來團體討論一直是教育過程中最重要的一種技術；但隨著團體動力的盛行，致使團體有多種不同型態的發展，例如：訓練團體、會心團體、馬拉松團體、敏感訓練、人際關係實驗室、人類潛能中心、成長中心（growth centers）、完形治療團體（Gestalt therapy groups）、感覺覺知團體（sensory awareness group）、生活動力學（bio-dynamics）、整合的教育（confluent education）、濃縮實驗室（microlabs）、組織發展課程（organizational development programs）等，最後通稱為團體工作（group work）（Knowles, 1972）。

多年來，這種透過團體中人與人的交互作用以產生各樣效果（outcome）的活動方式，已至少吸引 500 萬以上的美國人積極的參與並支持（Verny, 1974）。由上可知，團體工作對美國社會大眾的影響力，不僅沒有衰退，反而有繼續上升的趨勢。難怪美國學者Knowles會認為：「團體」經驗是美國人的生活方式之一；而「團體」也成為美國文化的一部分，而獨具特色了（潘正德，1990b）。

第四節 國內團體工作的發展

一 團體工作的發展過程

國內團體工作的發展，和美國有許多相似之處。其中的發展情形為：1960 年 9 月，台北市東門國小得到台大醫院的支援，籌辦並展開學童心理衛生工作，由精神科學醫師兼兒童心理衛生中心主任林宗義指導，發掘並矯治情緒困擾及行為異常之兒童。1963 年開始，由陳珠璋醫師繼續指導，實施適應欠佳兒童的團體諮商實驗研究工作。這是國內團體工作由醫療機構推廣到學校的開始。

在 1971 年左右，天主教與基督教在團體工作的推動可謂不遺餘力。在天主教方面，首推領導人才的訓練活動，其中的代表人為：朱秉欣神父、丁松筠神父、黑幼龍先生。在他們有系統的推動下，出了一系列的領導人才訓練叢書，如《團體組織的真相》、《團體討論》、《角色扮演》、《怎樣改善人際關係》等；此外，接受過領導人才訓練的教內青年及社會大眾不計其數，對團體工作的發展可謂助益良多。在基督教方面，首推校園團契和長老會謝禧明牧師。校園團契採用「坦誠團契」的方式促進團員與神的契合，共進而促進成員與成員的契合（肢體相交）。這種透過坦誠契合的團體輔導方式，頗能迎合大專學生的需要，使得校園團契多年來從未間斷，且歷久不衰，對青年學子的影響既深且遠。而謝禧明牧師則在國外接受坦誠會心團體的訓練後，將之引進國內，並在長老會青年事工上大力推動「信仰愛團契」。幫助青年人認識自己、接納自己，進而認識別人、疼惜別人，在團體中體驗坦誠、會心、相愛的生活。

在同一時期中，由國外學成歸國的學者，劉焜輝、鄭心雄、朱秉欣、欣清泰、吳武典等人陸續在大學心理、輔導、教心等相關科系教授團體相關課程，團體的理論與觀念逐漸在國內萌芽、成長（朱進財，1987）。

1979 年 3 月，中國青年服務社首先開辦「人際關係訓練」課程，招收一般適應正常之在學學生及社會青年。這是團體相關技術正式被推廣應用到一般正常人的自我成長方面（林家興，1978）。

綜合以上的敘述，團體工作在推廣應用的過程中，有幾個特點：

1. 在先後的順序上

團體工作是在個別輔導發展到相當程度後，才產生的輔導技術。

2. 在使用的對象上

團體工作是先由精神科醫師在醫療機構中對精神病患治療，而後推廣至教會團契活動、學校及青少年犯罪矯治機構的學生和青少年，最後才推廣到社會大眾。

3. 在團體的名稱上

由早期壁壘分明的團體名稱可得知團體的性質與功能，到現在團體名稱五花八門、團體理論相互整合在一起，也是一大特色。

4. 在團體的目標上

團體目標多元化。隨著時代的改變與需求，團體的目標也有所不同，如低成就的改善、學習障礙的消除、情緒困擾的增進、適應不佳的輔導、未婚懷孕的處置、戒菸、減肥、焦慮減低、自我肯定、人際關係的培育、生計發展的探討等（潘正德，1985c）。

二 團體工作的論述

目前，國內與團體工作相關的碩、博士論文、研究報告已不下百篇（詳見第十章團體動力的研究），而與團體工作有關的專論著作，亦為數不少。資料的累積極為豐富，為我國團體工作的推動提供有利的資源與活力。

在專書方面，其成果亦值得重視。有關團體工作方面的重要參考書籍有《團體輔導講義彙編》（台北市教師研習中心，1986）、《怎樣改善人際關係》（朱秉欣，1973）、《小型團體輔導在課堂上的應用》（朱進財、陳嘉皇，1986）、《成長團體的理論與實際》（呂勝瑛，1981）、《諮商員與團體》（何長珠，1980）、《團體輔導工作》（林振春、王秋絨，1992）、《團體治療與敏感度訓練／歷史、概念與方法》（夏林清、麥麗蓉，1987）、《如何進行團體諮商》（吳武典、洪有義，1984）、《團體諮商實務》（吳秀碧，1985）、《青年同輩團體輔導計劃》（夏林清，1980）、《團體領導者訓練實務》（王慧君等，1982）、《團體技巧》（曾華源譯，1990）、《團體動力》（潘正德，1990b）、《團體輔導研究》（劉焜輝，1973）、《領導與情境》（鄭伯壎，1990）、《團體諮商》（黃月霞，1991）、《團體輔導工作概論》（黃惠惠，1993）、《團體診療的過程與實際》（呂勝瑛，1981）、《讓我們更親近——靈活運用團體技巧》（曾麗娟譯，1989）、《成長的足跡》（台北市教師研習中心，1991）等。

CHAPTER

6 團體內行為與團體間行為

團體是一個動力的有機體，時時在變動中。它不僅是一個完整單位的移動而已，團體內部各個變項更是持續不斷的交互影響。

P. P.

前一章針對團體動力的意義、內涵與源起做說明，本章擬由團體動力的觀點，進一步說明團體內行為（intra-group behavior）及團體間行為（inter-group behavior）。本章共有五節，第一節為團體與個體行為的關係；第二節為團體行為的分析方法；第三節為團體內行為的分析；第四節為團體間行為的分析；第五節為團體內的人際吸引理論。

第一節 團體與個體行為的關係

一 團體行爲影響個人行爲

中國人自古以來即有「近朱者赤，近墨者黑」與「入境隨俗」的觀念。此一理念說明了個體行為直接或間接的受到團體行為的影響。例如當新手工作員，或新成員進入團體後，他必須遵守團體的規範與約束力。久而久之，不僅在行為上以團體為依歸，其價值觀、態度、需求等個人特質亦會感染明顯的團體色彩。團體行為對個體行為的影響，有時是透過正式的管道如：團體目標、績效水準、團體規範、組織運作、正式會議、團體決策等方式；有時則透過非正式的管道如：工作夥伴的聯誼、組織成員的感情、團體的凝聚力、組織氣氛等方式。總之，團體行為對個體行為的影響是有目共睹的事實，至於影響力的大小，則要看個體對團體的認同、接納程度、進入團體時間的長短、團體吸引力的強弱而定。

二 個體行爲影響團體行爲

除了團體行為會影響個體行為外，同樣的，個體行為亦會影響團體行為。當一個個體進入團體時，事實上，這個個體是帶著他獨特的個人特質、生活經驗、成長的歷程而來的。基本上，這些個人因素會直接影響個體在團體的行為表現，當然，最後也會影響整個團體。綜合一般學者（陳秉華，1990；陳若璋、李瑞玲，1987；吳秉恩，1986；吳秀碧，1985；潘正德，1990b）的觀點，個體的影響因素包括：

(一)個人背景與身體特徵

個人的年齡、學歷、性別、體重、身高及體格等均屬個人背景或身體特徵。研究中發現：年齡愈大，愈易與人互動溝通，但超過某一年齡以上則不易與人互動，且認同團體規範的程度明顯減少；女性易認同團體，且易引導、催化團體產生溫馨的感覺；學歷愈高者，愈容易成為焦點人物；

身體體重占優勢者，較有機會成為領袖人物。

(二)能力與智商

一般而言，智商高者能力亦強。智商高者較有主見，較清楚團體的動向，較積極、較易影響團體的決策，但不易認同團體。有時且不免流於曲高和寡的現象而導致抑鬱不得志。不過一般智商高者如適應得宜，較容易成為領袖人物，其績效亦較高。智商低者不僅不易從團體人際互動中體會其中意義，工作的表現亦較差。

(三)人格特質

Mitchell（1975）認為有責任感、有成就感、富創造力、精力旺盛者，最容易在團體中有良好的表現。此外，人格特質會影響個體與其他成員互動的意願和方式。例如內外向性。內向性的個體在團體人際互動中較畏縮、被動；外向性則較主動、積極、自我肯定。

三 人際關係影響個體行爲

基本人際關係取向（fundamental interpersonal relation orientation）是Schutz於 1985 年發展出來的理論。Schutz利用此理論來說明人際關係對團體行為的影響，他認為在團體中成員與成員的互動，必須考慮自己與他人的人際關係。在互動過程中，倘若彼此的需求都能得到滿足，和諧的關係即可建立，團體目標即可達成。反之，衝突必定增加，團體目標亦無法達成。

Schutz的基本人際關係取向理論，是以行為表現（behavior expression）及人際需求（interpersonal needs）為兩個基本概念。行為表現是指個人加諸於別人者，如：向別人學習、模仿或示範，及期望別人應如何表現等行為。人際需求則指個人需要別人加諸於我們的，如連成一體或互動的需求、友情、友誼的需求，及控制或影響力的需求。

Schutz 的理論主要在解釋個體在特定情境中的行為方式。例如歸屬感或互動需求強的團體，不喜歡在毫無社交機會的工作環境中工作；感性的人不喜歡在無人性的地方工作，亦不喜歡被孤立。上述的理論僅適用於兩人間的關係行為；至於兩人以上的行為，則較不適用，因此必須透過團體行為的分析來加以解釋。

第二節 團體行為的分析方法

由於團體是由許多成員組合而成，一旦成員與成員或成員與團體產生互動，即產生（出）互動後的行為反應。一般而言，團體行為較具複雜化與多元化，因此，分析團體行為不是一件容易的事。但系統化的分析比較團體行為，不僅有助於團體工作者及組織管理者對團體歷程的了解，更有助於團體的領導和統御。基本上，對團體行為的分析法有四種：一為社交關係計量法（sociometry）；二為互動分析法（interaction analysis）；三為口語互動矩陣（verbal interaction matrix）；四為系統分析法（systems analysis）。

一 社交關係計量法

根據吳武典（1983）的觀點，社交關係計量法是社會心理學和社會學中頗為獨特的研究方法。表面上它包含所有測量人際關係的技術；而實際應用上，通常是指美國精神病學家 J. L. Moreno 在 1930 年間發展出來的社交關係計量技術，及其衍生的相關理論而言。

肇始於 Moreno 的社交關係計量測驗（sociometric test）是被公認的主要社會關係計量技術。這類測驗係用以決定個人在團體中受歡迎並被接納的程度，發現團體成員間現存的親疏關係，並揭露團體本身的結構之工具。許多學者如：G. Lindzey、D. Byrne、吳武典、黃堅厚等人，均屬為這類測驗在心理測驗工作中，屬於評定量表（rating scale）的一種變形，但它具有下列若干特性：

1. 涉及的變項是純「社會性的」。
2. 特別適合填補科技研究的空隙。
3. 能明確指出個體在小團體內的人際地位。

4. 容易實施，且無須太多時間與經費。
5. 符合行為研究的精神，研究結果可做具體應用。
6. 可喚起受試者的強烈興趣與動機。
7. 對於偏見、士氣、社會地位、吸引與排斥等抽象性概念，能以具體的指數加以說明。

社交關係計量測驗的設計，最主要的工作是確定「規準」（criterion）。所謂規準，指的是受試者做選擇的依據。通常它是以一個問題的形式出現，如：放假時，你希望誰陪伴著你？確定規準時，需考慮三個問題：

1. 使用何種規準？
2. 使用多少規準？
3. 准許多少選擇？

規準的選擇，通常視團體的性質或施測的目的而定，但一般而言，有兩類基本的規準：一是休閒規準，涉及心理團體（psychological group），強調人際親密的需求；另一種是工作規準，涉及社會團體（social group），強調達成團體目標所扮演的角色。前一類的問題如：你喜歡誰坐在你旁邊？後一類問題如：你喜歡和誰一起念書？無論是休閒規準或工作規準，你具體可行的原則有二：一是為受試者所了解；二是具體而切實。例如當你問：你喜歡的人是誰？就失之於抽象；如果改成：你喜歡和誰一起工作？就具體些了；如果改成：你喜歡和誰一起討論感情問題？就更具體了。

社交關係計量資料蒐集後，通常有表列法又稱社會矩陣（sociomatrix），如圖示法又稱社會圖（sociogram）兩種方法來整理資料。從實務的觀點來看，社交圖的圖示法是最簡易可行的一套方法，因此我們僅就此一部分來說明。

社會圖是以圖形來綜合並呈現在某一特定情境下的人際選擇。自Morenon於 1934 年公開其第一幅社會圖以來，社會圖的繪製並無一定的標準程序，全視研究者的偏好而定。不過，通常的程序是這樣：每一個成員用一個幾何圖形代表，圖形中寫上姓名或代號，通常以圓形代表女性，以三角形代表男性，以缺口圖形或顏色圖形代表缺席者。通常把男女兩組中受選數最多的放在各組鄰近中間的位置，次多的置於其周圍，受選極少或無人選的置於最外圍。然後用線連接選者與被選者。如果是單選者，用單箭矢指向被選者；如果是互選，則用雙箭矢，並在中間畫一黑點或短線。如果是拒斥，以虛線表示之。圖 6-1 為一純女性的簡單社交。

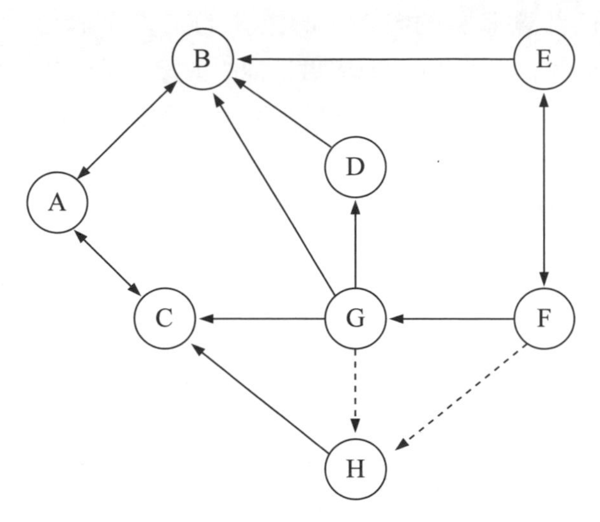

❖圖 6-1　女性社交簡圖

圖 6-2 為一男女兩性較複雜的社交圖，由圖中可清楚看出其基本結構中的八種型態，分別為孤立（不選人，也無人選者）、被拒（被拒斥數很多）、對偶（兩兩互選）、互拒（互相拒斥的一對成員）、串聯（三人以上的連續關係）、小團體（三人組成的次團體，每位成員至少選擇次團體中的一位成員）、明星（被選數特別多的成員）、領袖（被選票數不一定高，但大多來自團體中最孚眾望的人數）。

一般而言，社會關係計量法在教育輔導上最早且最廣泛的被應用著，例如教育分組、診斷、治療、評鑑等。近年來，此一方法亦被廣泛地應用在軍事上、工業上及社區服務上。這些應用，主要包括領導才能的評鑑、工作的分配、士氣的考察、團體組織結構的分析等。

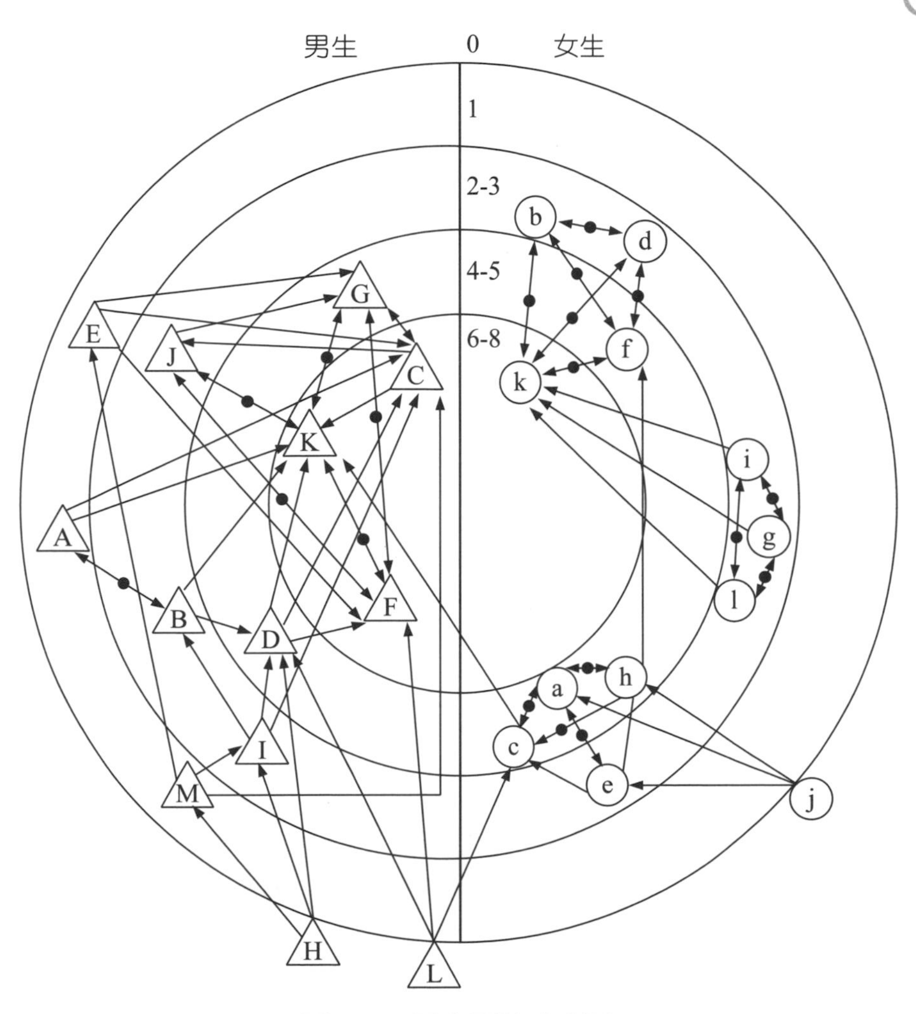

❖圖 6-2 男女兩性社交圖

二 互動分析法

互動過程分析的理論，是由 R. F. Bales 率先提出的。此一理論是根據場地論（field theory）為基礎而發展出來。互動分析理論專門用來觀察、分析團體發展歷程中成員間互動的口語暨非口語行為。

最初，Bales 是以大學生組成的「問題解決」（problem solving）團體為研究對象。這些團體均賦予一定的問題解決時間，但並未指派團體的領導者。在整個研究過程中，Bales詳細觀察、記錄團體的每一個會期的溝通狀況。在團體會期結束後，分別詢問成員對所屬團體、其他成員的感受，藉以深入了解各團體的互動狀況。Bales將蒐集到的資料繪製成成員的互動側面圖（interaction profiles），並進一步分析、了解各團體中可能遭遇的問題。成員的互動側面圖可做為團體互動、溝通狀況及活動的參考。

根據 Bales 的研究指出，每一個小團體必須努力四個主要的問題。這四個問題包括：

1. 順利適應團體外的影響因素，如完成上級交付的任務。
2. 有效控制與任務完成有關之因素，如決策、工作士氣、團體凝聚力、組織氣氛等。
3. 成員能適當表達其情感、情緒，如疏導情緒的管道、被重視的感覺等。
4. 能調整並結合成員與團體的目標，使之趨於一致；如滿足感、歸屬感、認同感等。

上述四個問題若能順利解決，團體的發展將更快且順暢。Bales從上述四個問題的深入觀察和了解後，發展出用以觀察團體運作的「溝通行為模式」（a method of communication acts）。此一模式觀察的重點，是指團體中可以觀察到的開始與結局的成員口語及非口語行為，這些行為至少傳達到團體中的另一成員。根據 Bales 的觀點，此一行為應該可以清楚的涵蓋四個內容：

1. 由何人發動該行為？
2. 該項行為的性質為何？
3. 該項行為以誰為對象？
4. 該項行為何時開始？

為了幫助讀者進一步了解Bales的溝通行為模式，表 6-1 提供清楚的說明。

❖ 表 6-1　Bales 的溝通行為模式

行為類型	反應類別	行為	問題
社會情感性行為：（積極的）	A. 積極反應	1. 表現團結、肯定成員地位，給予支持、酬賞回報。	f. 重新整合問題
		2. 消除緊張、談吐幽默、顯示滿足。	e. 緊張消除問題
		3. 同意、消極接受、了解、同意贊成、順從。	d. 決策問題
工具性行為：（中性的）	B. 嘗試答覆	4. 提供建議、指示說明、接納他人意見。	c. 控制問題
		5. 提供意見、評估分析、表達感受、期望。	b. 評估問題
		6. 提供方向、資訊、重複澄清與強調。	a. 溝通問題
	C. 問題內涵	7. 請求提供方向、資訊、重複澄清與強調。	a. 溝通問題
		8. 請求提供意見、評估、表達感受。	b. 評估問題
		9. 請求建議、指示說明，行動方法。	c. 控制問題
社會情感性行為：（消極的）	D. 消極反應	10. 不同意、消極拒絕，表面遵守、服從、不願協助。	d. 決策問題
		11. 顯示緊張、請求協助、離開現場。	e. 緊張消除問題
		12. 顯示敵對、貶損成員地位、為自己辯、堅持己見。	f. 重新整合問題

資料來源：譯自 Bales（1950）

Bales 的互動分析主要是在研究大學生問題解決團體（problem solving group）裡的成員口語、非口語互動狀況。研究結果發現：大學生、銀行行員、工程師、護理人員，或其他問題解決團體，成員互動行為並無顯著的差異。內容方面：25%的互動行為屬於積極反應；56%是回答問題；7%是問題提出；12%是消極反應。整體而言，大約一半的溝通行為構成回答問題，而另一半的溝通行為，依次數多少排列依次為：積極反應、消極反應與問題提出。

Bales研究中，另一個有意義的發現是：典型的問題解決團體中，工具性行為（B 與 C）與社會情感性行為（A 與 D）的比率是 2：1。但這個比率的變異，和團體成員的意願、團體的規範、團體的目標及團體中間問題解決的時間分配有密切的關係。

Bales對小團體內成員互動行為的觀察與分類，有助於我們對團體行為的了解。在團體發展的過程中，由於成員相互的溝通、解決問題、完成團體目標，因而形成一個有效的團體。一般而言，在團體發展過程中，「工具性行為」（任務的達成）和「社會情感行為」（團體的發展）二者似乎是對立的，經過團體成員的互動，始能找到一個平衡點。事實上，若使用Bales的溝通行為模式來記錄整個團體發展過程的話，即可發現團體成員的互動行為在某些時期是偏向工具性行為，以達成任務為主要目的，而在另外的時期是偏向社會情感性行為，以利團體發展。

由上可知，Bales的互動分析法是非常實用的一種方法，經過詳細的記錄，成員的互動行為便有條不紊的呈現出來；因著對團體發展過程中成員互動行為的了解，團體的領導者或管理階層，將更能有效的領導團體、影響團體。

三 口語互動矩陣

口語互動矩陣是Hill和Coppl於1959年發展出來的評量工具。此一工具是用以評量團體歷程中口語互動行為，使用的範圍包括T-group、會心團體、討論團體、治療性團體及各別諮商的聚會活動（陳碧玲，1990；潘正德，1994；Hill, 1977b）。該架構是多向度的行為系統，將團體歷程的口語互動分為內容和工作兩向度，以評量成員和成員、領導者與成員的互動。

一般說來，用Hill口語互動矩陣來分析團體裡的口語行為具有以下優點：

1. 它具有很高的表面效度。
2. 它涵蓋了所有談話中所呈現出來的口語敘述；換言之，只要在團體過程中有意義的口語行為，均被記錄並分類。
3. 該矩陣很容易教導、學習。
4. 其主要焦點在溝通的過程，而非推論理論架構。

Hill 的口語互動矩陣包括兩個向度，一是內容向度，包括四大類，分別是主題、團體、個人、關係。所謂主題，是指一般感興趣的話題，如團體以外的時事、政治、天氣；團體是指團體進行中，成員之間此時此刻的反應及關係。二是工作向度，指的是團體工作的程度，亦即成員的口語型態，包括五大類，分別是反應式、傳統式、肯定式、推測式、面質式。所謂反應式，是指除了簡單的反應外，沒有與其他成員的互動出現；傳統式相當於日常生活團體中的行為，如社交性寒暄、聊天；肯定式代表成員反抗團體壓力的行為，如成員表達對團體的抗拒，對領導者的敵意，或以語言攻擊別人；推測式是指討論或推論問題，此時成員對改變產生責任感，團體中出現協助者及接受者的溝通模式；面質式是指成員真實介入、面質、攤牌及確實面對問題核心。

在內容與工作兩個向度交叉下，產生了表6-2的互動矩陣。

❖表 6-2　Hill 互動矩陣

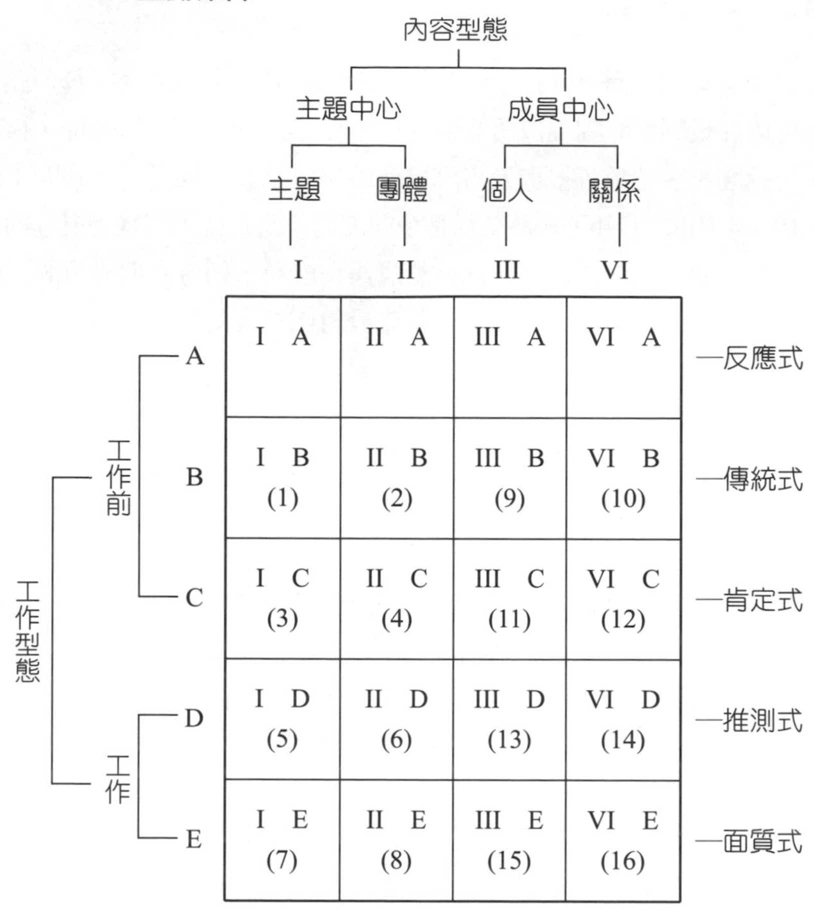

資料來源：引自陳碧玲（1990）、潘正德等（1994）

Hill 互動矩陣中具有治療價值的行為，是自左而右，由上而下移動。Hill 曾對其加以區分為 16 級，1 至 4 級被認為是很輕微的幫助（slighty helpful），5 至 8 級是指有點幫助（some what helpful），9 至 12 級是比較有幫助（more helpful），13 至 16 級是最有幫助（most helpful）。依此可將矩陣分成四個象限（quadrant），如表 6-3。

❖ **表 6-3　Hill 口語互動矩陣口語內容**

工作型態		
	主題中心 工作前 （第一象限）	成員中心 工作前 （第三象限）
	主題中心 工作 （第二象限）	成員中心 工作 （第四象限）

資料來源：引自陳碧玲（1990）、潘正德等（1994）

Hill 的分析單位（unit of analysis）採用內容改變與說話者改變兩者兼顧的原則，做為分析單位切割之依據。其主要原則如下：

1. 當說話者改變時，便獨立出一個分析單位。
2. 當資料中內容或工作向度的類別有了改變時，即予以切割，另外獨立一個分析單位。

凡遇到下列狀況時則不予考慮：

1. 口頭禪。
2. 話沒說完即被打斷，且無法判斷其類別時。
3. 成員私下小聲交談時。
4. 兩人對談或小組作業未達到團體互動時。

編碼（coding）的依據，主要參考Hill互動矩陣各類別的定義，及Hill互動矩陣量表的題目內容進行編碼。

就整體而言，Hill的口語互動矩陣，雖在1959年發展出來，至今已有30年以上的歷史，但在國內，仍然是相當陌生的名詞，正式嚴謹的研究報告僅有兩篇（陳碧玲，1990；潘正德等，1994）。相反的，本章所介紹的Bales 的互動分析法，卻是在小團體過程中使用最多的工具（陳若璋等，1987；潘正德，1993）。事實上，Bales的互動分析法較適用於強調理性問題解決的任務團體（task-oriented group），而不適合成長性與治療性團體。此外，Bales的互動分析法僅能呈現團體過程的互動方式，無法呈現互動的內容（王麗斐，1984），因而無從了解過程進行中討論的主題（陳碧玲，1990）。但基本上，以上兩種模式，均是立論嚴謹、架構清楚的分析工具，選擇使用之前，宜先考慮記錄分析的目的何在，再選用合適的工具，以免事倍功半。

四 系統分析法

系統分析法的理論，是由Homans（1950）在其名著《人類團體》（*The Human Group*）一書中率先提出的。透過Homans的系統理論，可以了解團體的行為，例如團體努力的結果、所達成的任務、內在的滿足或個人的成長等。其要素包括動作（activities）、情感（sentiments）、互動（interaction）、規範性行為（required behavior）、應變性行為（emergent behavior）等五部分。根據 Homans 的理論，可以用表 6-4 來說明團體行為的模式。

Homans的團體行為模式雖已發展了三十多年以上，但本模式在解釋團體行為上仍有很大的價值。此模式認為經由背景與個人人格的交互作用，在團體正式體系上形成一個影響鏈，而產生實際的行為，再產生團體行為的結果。在討論本模式之前，必須根據 Homans 的觀念，對幾個關鍵的概念下定義：

1. 動作

是指團體中個體身體的行為表現，任何可觀察到的個體活動均屬於動作。

2. 互動

是指團體中成員與成員間語言或非語言的溝通和接觸，經由人際關係行為，而促使兩人或兩人以上相互影響過程。一般觀察互動的重點是：互動次數、互動持續的時間、互動的順序、互動帶來的直接或間接影響等。

❖ 表 6-4　Homans 的團體行為模式

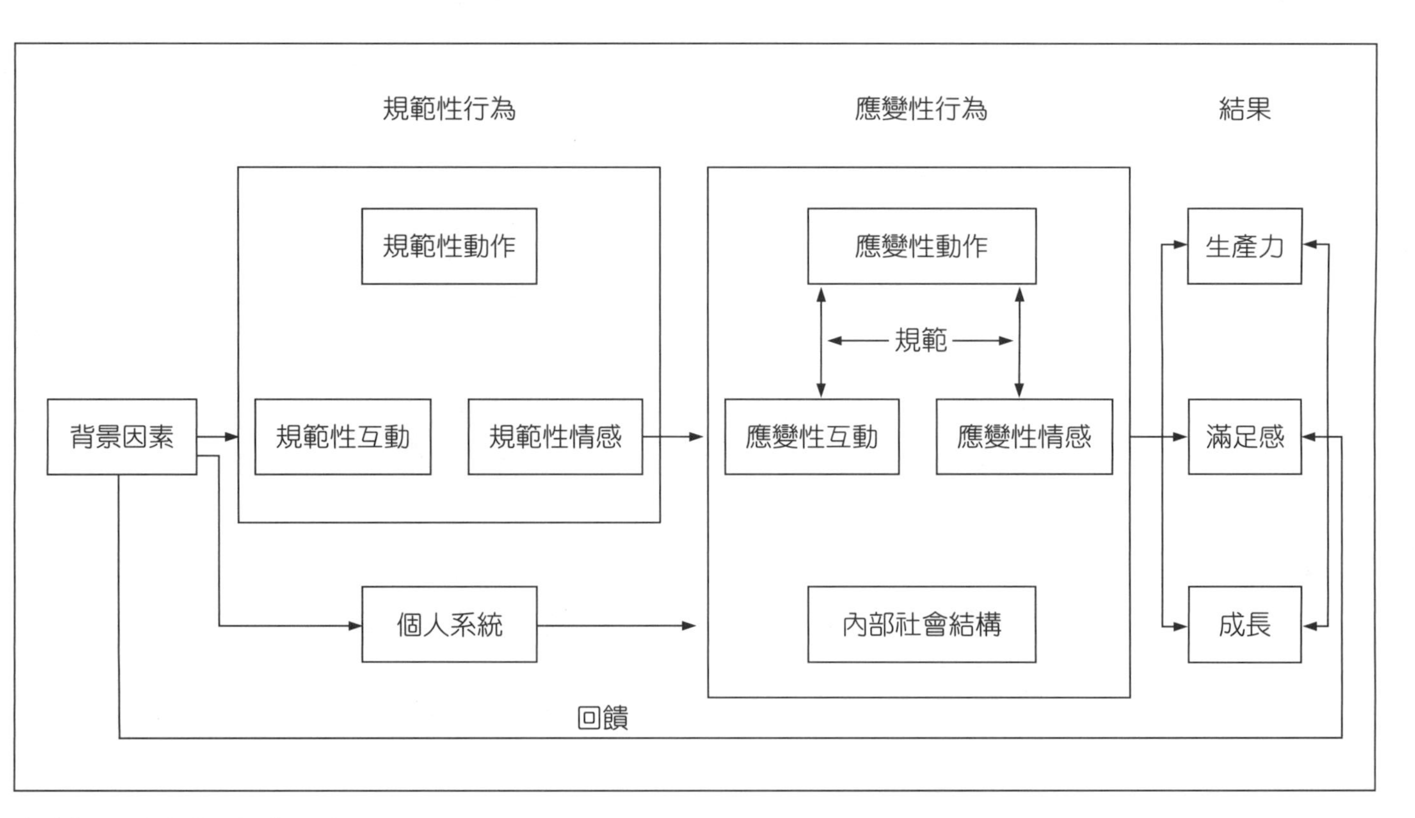

資料來源：引自蔡承志（1990）

3. 情感

指某一成員的價值觀、態度、信仰、情緒及團體成員對其正向或負向的感覺。

4. 規範性行爲

指由團體正式領導者所訂定，並要求團體成員表現或持有的動作、互動方式、感受等，而形成個別成員的角色。

5. 應變性行爲

指正式規範之外的行為。例如公司禁菸，癮君子便利用休息時間在辦公室外抽菸，一來提高工作情緒，二來紓解工作壓力。應變性行為與團體成員的個人需求有關。有時，應變性行為有助於規範性行為的達成，有時卻會妨礙規範性行為的效率與完成。

此外，背景因素會影響團體行為是有目共睹的事實。換言之，團體並非單獨的運作，所有團體周遭的人、事、物都會影響團體的運作，而團體本身的組織文化、工作設計、酬賞系統亦同樣的影響團體。組織文化代表組織內的氣氛、特質、做事方法與原則、穿著、人際關係、溝通方式等。工作設計與工作技術代表團體達到目標所使用的方法。酬賞系統意指組織內的獎勵制度、榮譽、別人認可的增強方式等。

上表中的個人系統顯示，個人特質會影響由規範系統引發的行為。團體中的成員一進入團體，係帶著既有的一套價值、態度與性格特質。個人早先由經驗學習來的東西，變成他在團體裡表現行為的主要依據。由表 6-4 可發現，個人系統會和規範系統互動而影響應變的行為。

基本上，規範與應變性行為彼此的關係至為密切，而且相互依存。在組織中，權威取向、專斷、主觀的主管，往往和屬下極少有平等式（水平式）的溝通；相反的，人性取向、尊重、溫暖、包容的主管，其與屬下溝通的管道是暢通的，情感交流多，且相互了解。上述例子，說明了屬下對主管的某種情感（觀感），引發了屬下的某種親近或疏離的行為（動作），最後決定互動的多寡。如此情感—行為—互動便形成密切關連的「鍵」。

由 Homans 的團體行為模式分析，可以預測情感（觀感）相似的人，互動頻率較一般人高，對彼此的觀點也較易接受；而工作地點相近，工作互動需求較高的人，其應變性互動也較多；應變性影響似乎與技術要求有關；而特定的情感，多少影響應變性的情感、動作與互動。

從 Homans 有關互動與人際間的情感是有密切關連的理論中，可歸納出三個原理：

1. 互動頻率高或互動喜歡的人，彼此會有較好的情感（觀點）。
2. 團體組織中領導者的情感，比成員的情感對團體更有影響力。
3. 互動作用愈多，成員之動作愈相似。

由上可知，Homans的團體行為模式對團體行為提供一些啟示，有助於解釋並預測團體互動的結果。

第三節 團體內行為的分析

影響團體內成員行為的因素很多，其中團體領導者或管理者的領導型態（leadership style）與團體結構式活動（structured-exercise）是兩大影響要素。在分析團體內行為時，此兩大要素宜優先考慮。以下僅就領導型態與團體結構式活動的意義及其對團體內行為的影響分別說明。

一 領導型態

領導型態又稱「領導行為論」或「行為取向」。是指用來檢查領導者或管理者行為類別的架構（Vander, 1985）。一般而言，領導型態大多從其功能、組織、型態及模式著手，以幫助成員了解領導者的行為。

領導型態是 Lewin（1944）首先提出的理論，他將領導型態分為權威式（authoritarian）、民主式（democratic）、放任式（laissez-faire）三類。Vander 曾指出：權威式領導是指領導者認為自己應具有團體的專門知識及能力，並為團體的過程負起全部責任。領導者認為成員需要協助，並期待領導者的引導，給予方向、解釋等，同時領導者很少做自我坦露（self-disclosure）。而民主式領導的領導者很少為團體負起全部責任，他們認為成員有足夠的訊息、專門知識及能力來面對團體的過程。他們主張領導者與成員應共同合作，共同分擔責任；大多數時間中他們只扮演催化的角色。

放任式領導的領導者將團體的責任完全交給成員，並期望成員自行設定目標、發展規範，與發現達到目標的方法，領導者既是成員也是觀察者。

Lewin 和 Lippitt（1938）及 Lewin、Lippitt 和 White（1939）的研究發現，權威式領導成員比較容易產生依賴、敵意與冷漠，但團體的輸出品質較高。而民主式領導的團體，成員比較不依賴領導者，對團體的活動比較滿意，對收穫也覺得品質較好。而放任式領導的成員比較不依賴領導者，但出現較多憤怒、攻擊的現象，且對團體的活動比較不滿意。

Shapiro（1978）將團體的領導型態分為「個人取向」（intrapersonally oriented）及「人際取向」（interpersonally oriented）兩種。所謂「人際取向」是以成員間的互動及團體中所形成的關係為主，強調此時此地、成員間的互動、團體的整體性、進行中的團體動力，以及阻礙團體中有效人際關係發展的因素。而所謂「個人取向」的領導者，傾向以一對一的態度來處理團體中的成員，類似在團體情境中進行個別晤談、接觸，其焦點主要是與心靈層面有關，或個人內在的衝突及動力。

Lieberman、Yalom 和 Miles（1973）將領導型態分成六種：提供者（providers）、社會工程師（social engineers）、激勵者（energizers）、非個人性者（impersonals）、放任者（laissez-faires）和管理者（managers）。此外，他們並依領導者的四類功能：意義歸屬（meaning attribution）、照顧（acring）、情緒刺激（emotional stimulation）、執行（excutive）的程度，分別以高、中、低三個層次加以歸類。根據他們的觀點，領導型態和領導功能的關係為表 6-5。

❖ 表 6-5　領導型態與領導功能的關係

領導功能／領導型態	意義歸屬	照顧	情緒刺激	執行
提供者	高	高	中	中
社會工程師	高	高	低	中
激勵者	低	高	高	高
放任者	中	低	低	低
非個人性者	低	低	高	低
管理者	低	低	高	高

綜合相關之研究，吳就君譯（1986）曾提出下列結論（陳碧玲，1990）：

1. 不同的領導型態可看出不同的團體功能。
2. 領導行為會影響團體中成員的行為表現。
3. 不同的團體氣氛會造成不同的團體功效。
4. 領導者行為的特性會受團體情境，如團體目標的特性、團體結構、成員的態度或需要，及外在環境所加諸團體的期待等影響。
5. 決定領導型態與團體效果的情境因素有團體任務、領導者的地位權力，及領導者與成員的關係等，其中以領導者與成員的關係最重要。

總之，領導者型態或領導行為對團體過程、團體效果的影響相當重要且複雜。值得探討團體內的行為時加以深入研究。

二　團體結構式活動

Yalom（1985）指出結構式活動最早出現在 1950 年的 T-group，到了 1960 至 1970 年之間，完形治療（Gestalt therapy）提供更多相關的結構式活動。所謂結構式活動是指領導者在團體過程的處理中，包含了一套特定順序、教導或規定（Anderson, 1984）；Yalom（1985）指出結構式活動意味著團體的活動擁有某些特定的次序，透過有秩序的活動，加速團體的互動，或加速團體的暖身（warm-up）（Anderson, 1984）。結構式活動的方式包括口語、非口語、紙筆作業、畫圖、肢體動作、座位安排等，可謂多采多姿，引人入勝。

團體結構式活動的有無，對團體互動、成員行為的影響是有目共睹的事實。Corey（1987）認為結構式活動是很有用的，特別是在團體開始及結束階段。團體中結構式活動做得多，即稱「高結構式團體」；用得少的團體即稱「非（低）結構式團體」。基本上，團體中使用結構式活動或非結構式活動，學者們的觀點不一。有學者直接表明不應使用結構式活動。Corey（1987）認為結構式活動的本質是幫助團體成員間的互動，然而使用太多易使成員產生過度依賴的現象，例如例行性的會議、結構化的過程，常使與會者保持沉默應付了事。雖然，學者們對於結構式活動的功能與使用觀點見解分歧，但可以肯定的是，每一個團體或多或少包含了某種程度的結構（陳碧玲，1990）。

Lieberman、Yalom 和 Miles（1973）「會心團體的研究」發現：

1. 大量使用結構式活動的領導者比較受成員歡迎，成員覺得他比較有能力，也比較有效。但高結構式團體的效果卻比低結構式團體的效果差。
2. 高結構式團體在過程中，幾乎集中在正、負感受的表達；而低結構式團體所關心的範圍比較寬廣，包括目標的設定、程序的建立、信任與不信任、真誠與虛偽、親密與距離、情感與疏離等主題之討論。這說明不同程度的團體結構確實會影響團體討論的主題。換言之，會影響團體內的某種行為。

Levin 和 Kurtz（1974）發現：結構式團體被成員認為比較有凝聚力、比較投入、比較滿意，且對人格的改變有顯著的正面影響。Dejulio（1981）的研究發現：高結構式團體在團體初期的確會造成較多的互動，但隨團體次數的增加，其有效互動逐漸降低。而低結構式團體恰好相反，初期互動較少，並隨團體次數遞增逐漸移動到高層次的團體功能。陳碧玲（1990）的團體互動行為研究中亦發現：團體結構的程度、成員的熟悉度、溝通內容的性質及成員的抗拒，都是影響團體互動的主要因素。潘正德等（1994）的團體諮商歷程口語互動行為研究則發現：低結構式團體的互動在團體初期及團體後期的總互動次數，均比結構式團體多，造成此一現象的原因，除結構式活動的因素外，團體領導者的領導風格是重要的因素。

Yalom（1985）指出：結構式活動並不能加速諮商的過程，因為領導者是利用結構式活動「繞過」（around）團體中的焦慮及窒礙難行的階段，而非修通（through）而過；「抗拒」並不阻礙團體效果，反而是影響效果的重要因素。Leiberman等人（1973）和Yalom（1985）指出團體結構式活動的多寡與團體效果呈一倒「U」字型關係，即過多或過少的結構都會妨礙團體的效果。

綜合上述觀點，團體結構的有無，對團體內行為的影響既深且遠，但至於對團體效果的影響則尚無定論，或者今後的焦點應該是從結構的有無，轉向「什麼程度的結構是最有用的」此一觀點上（陳碧玲，1990；Landreth, 1973）。如此，有興趣加入團體動力的管理者、領導者、輔導員、教師、訓練員、學者，在探討團體內的行為分析時，將有更寬廣的思考空間。

第四節 團體間行為的分析

兩個或兩個以上的團體，透過互動過程產生的行為，稱為團體間行為（inter-group behavior）。產生互動的兩個團體，可以分屬於不同的部門，他可以是同一部門內的不同單位團體。團體間的行為，可以用績效與權力兩者來加以分析。

一 團體間的績效分析（intergroup performance）

影響團體間績效的因素，通常包括：任務不確定性（task uncertainty）、時間與目標取向（time and goal orientation），與相互依存關係（interdependence）。分別說明如下：

(一)任務不確定性

一般而言，任務不確定性受到兩了因素的影響。

1. 任務明晰程度

指團體中的規定、活動程度、組織政策、責任說明與被了解的明確程度。Lorsch 和 Morse（1974）的研究中發現，明確程度愈高，團體績效愈好。

2. 任務環境

指組織內外與團體績效有關之因素。Dill（1958）指出：環境因素的穩定性愈高且容易掌握，則團體績效愈好。

(二)時間與目標取向

Lawrence 和 Lorsch（1969）認為，在特定類型之工作團體任職，對團體運作的方式較能預測、適應。因此，時間取向與目標取向兩個因素均能影響團體的績效。

1. 時間取向

指獲得與任務績效有關之資料或結果所需的時間長短。一般而言，團體的功能任務不同，所需的時間亦不相同。就產品的產銷系統作業來看，製造所需的時間最短，但發展、應用研究所需的時間最長。由下圖即可看出時間系列的長短。

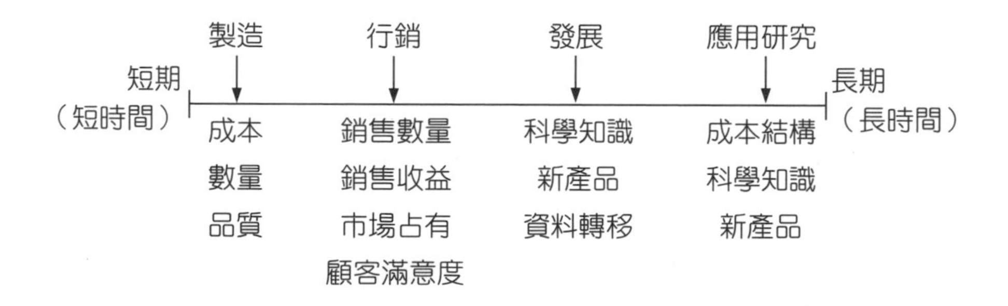

2. 目標取向

指以組織或團體中與成員有關之目標為焦點；團體的領導者或主管愈能注意團體目標的達成，則愈能影響團體成員朝向目標努力，團體的績效將愈好。

(三)相互依存關係

團體與團體之間的相互依存關係，是指兩團體的互動為了達到績效水準所必須協調合作的程度。一般團體間的相互依存關係有三種類型：聯營式（pooled）、連續式（sequential）、互惠式（reciprocal）。從表 6-6 可以清楚看出三類型的特色：

❖ 表 6-6　團體間相互依存程度表

類型	互依程度	說明	
聯營式	低	(A) → (B) → (C) →	三部門各自獨立，目標不盡相同，但對整體組織有貢獻。
連續式	小	(A) → (B) → (C)	一部門之產出，成為另一部門之投入，形成連續過程。
互惠式	高	(A) ↔(B) →(C)	每個部門之產出為其他部門之投入，反之亦然。

為達成團體間預期的績效，制定組織規則及運作程序，且有計劃地確定各團體在各階段的角色分工、責任分擔，對提高團體績效是有助益的。表 6-7 是各種影響團體績效因素的說明。

二　團體間的權力分析（intergroup power）

團體間的權力問題，受到上表之團體間績效有關的因素之影響外，同時亦受到地位因素與組織策略之影響。其影響的情況如下：

(一)地位因素

1. 團體吸收其他團體不確定性的能力：能力愈強，地位愈高，權力亦愈大。

❖ 表 6-7　團體發展階段的相互依存、任務不確定性、時間及目標取向關係表

團體	相互依存（實例）	任務不確定性	時間與目標取向
應用研究	互惠式：在早期階段與發展方面 連續式：在中期階段與發展方面 聯營式：在早期及中期階段與製造方面	高	時間：長期 目標：科學
發展	互惠式：在早期階段與研究方面 連續式：在中期階段與行銷方面 聯營式：在早期階段與製造方面	中至高	時間：長期 目標：科學與技術及經濟
行銷	互惠式：在後期階段與製造方面 連續式：在中期階段與研究方面 聯營式：在早期階段與製造方面	中	時間：短期 目標：市場
製造	互惠式：在後期階段與行銷方面 連續式：在中期階段與發展方面 聯營式：在早期階段與研究方面	低	時間：短期 目標：技術及經濟

資料來源：引自吳秉恩（1986）

2. 以替代資源取代其他團體投入因素的程度：取代能力愈強，地位愈高，權力亦愈大。
3. 整合其他團體的能力：整合能力愈強，地位愈高，權力亦愈大。

(二)組織策略

團體間的權力分配不平衡，而導致團體運作問題時，通常有下列的解決方式：

1. 訂定契約（contracting）

兩團體為未來的控制性交換（controlled exchange）及保證式互動（guaranteed interaction）所做之協議或同意書稱為訂定契約，例如勞資協議、成員出席同意書。

2. 延攬接受（coopting）

為避免團體和諧、穩定性被破壞，藉吸收異議者成為組織成員的手段，以達上述目的的稱延攬接受。此種方式，比訂定契約更具有約束力。例如異議份子被延攬成內閣閣員後，因角色的改變而有不同的角色行為，因此較約束自己的言論。

3. 聯合（coalescing）

兩個團體為了減少不確定性造成績效的無法達成，以共同聯合或經營的方式解決問題。例如國營事業的合併經營，以求突破瓶頸，再造新機。

第五節 團體內的人際吸引理論

一般而言，團體內的人際吸引均以兩人關係（dyadicrelation）為基礎，而兩人的特性、交往歷程或結果，則決定彼此關係的親疏遠近。從社會心理學的觀點來看，人際吸引理論包括相似論（similarity theory）和互補論（complementany theory）；而基於交往歷程或結果的人際吸引理論則包括互動關係論（interaction theory）和交換論（exchange theory）。本節有關人際吸引的吸引理論，可以用來補充說明團體間行為的不足，為團體成員個別行為的了解，提供更寬廣的認知基礎。

一 相似論

團體中的兩位成員，可能因具有相同或相似的口音、信仰、社經地位、能力、興趣、嗜好或價值等，而相互吸引。有關此一現象，學者專家們有三種解釋：

第一種解釋是以Newcomb（1961）為代表的平衡論（balance theory），或稱之為ABX吸引論。此一觀點的主要內容是，當兩個人（A與B）面對共同目的物或人（×），各自持有正向或負向態度的情況下，如果兩人彼此相悅，且對目的物具有相同（似）的態度，則出現平衡狀態。如果彼此相悅而態度相異，或彼此不悅而態度相同（似），便產生緊張或不平衡的狀態。為了恢復平衡狀態，當不平衡狀態發生時，可能導致其中的結構變化。這種平衡狀態或結構變化，可以圖 6-3 來說明。

第二種解釋是以 Byrne 和 Nelson（1965）為代表的交感效度（consensual validation）觀點。所謂交感效度乃是以他人為借鏡，進而確認自己形象的歷程。根據 Byrne 觀點，別人所持的態度或人格特質愈被我認為相同（似），則愈被我喜歡。換言之，當我覺得「英雄所見略同」時，焦點不是放在英雄角色，而放在觀點的一致或相似。

第三種解釋是以預期（anticipation）的心理作為相同（似）與吸引的中介變項。一個人對他人與我有相同（似）的態度，很可能下這樣的結論：兩情相悅。於是為了禮尚往來，我也悅納對方。換言之，相同（似）產生相悅的預期，於是產生因應性的悅納。

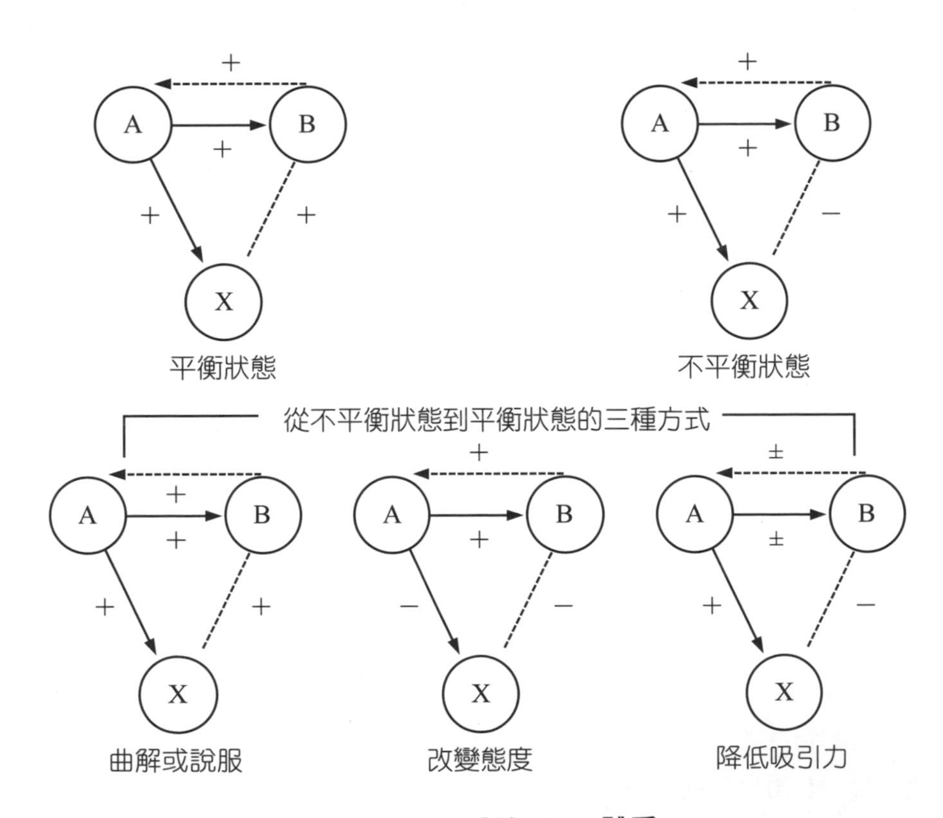

❖圖 6-3　A 個體的 ABX 體系

資料來源：引自吳武典（1983）

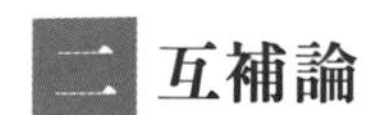

二 互補論

互補論與相似論相對立，認為互補的需要才是產生人際吸引的原因。此一理論是以 Winch（1958）為代表。Winch 研究過 25 對配偶，結果發現個性專斷者的結合對象大多是個性婉順者，反之亦然。此一發現支持了 Winch 的觀點，即兩人相互吸引的需求結構是互補而非一般人所稱的「物以類聚」的相似論。

Winch 進一步解釋為何需求不同，卻能發生相互吸引的作用。Winch 的理由是：

1. 需求相互的滿足：一個渴望扮演強者、照顧弱者的角色，配上另一個渴望扮演被保護、依賴的角色，則兩人的結合可以同時滿足雙方的需求。換言之，可以達到各取所需的目的。
2. 尋求自我的理想：對於一位充滿教育熱誠，渴望成為萬世師表的年輕人，在現實生活中苦於諸多限制而無法實現理想，作育英才，一旦碰到實際從事教職的人，心中萬般仰慕之情，是可以理解的。

一般的需求互補有兩種方式，一為兩人在同一需求上，一高一低，例如一位滔滔不絕的健談者和一位沉默寡言者成為知心好友；二為兩人在不同的需求上，例如甲渴望愛人，乙渴望被愛，兩人一拍即合。

三 互動關係論

社會學者Homans（1950）指出，人際互動愈頻繁，彼此喜愛愈增：反之，則喜愛愈減少。俗話說遠親不如近鄰。除了說明遠水救不了近火外，也支持了來往互動愈多，喜愛關係愈增加的觀點。

為何人際間的互動會產生吸引力呢？一般社會心理學家有下列四種解釋：

(一)交感效度的影響

交感效度產生人際吸引的作用，除相同（似）感為基礎外，還可以用一致性（congruency）來加以解釋。根據 Secord 和 Backman（1961）的觀點，在人際互動中，如果一個成員覺得另一成員的特質或某些行為肯定了自己的自我觀念，或因此而促使個人得以採取行動以肯定自我的話，另一個成員（他人）便變得非常貼心。前者如相見恨晚、惺惺相惜的際遇；後者如感恩圖報、發憤上進的行為。反之，如果他人的特質或某些行為否定了自己的自我觀念的話，便覺得其人面目可憎，或心懷不軌了。

(二)認知失調的解決

根據吳武典（1983）的觀點，在認知與行為失去協調的狀態中，喜惡之感扮演非常重要的角色。因此，消除失調的方法之一，便是改變這種喜惡的感受。例如一對交往多時的戀人，某日因細故爭吵（失調產生），女生憤怒的說：「我真是瞎了眼，看錯人」，男人即回嘴：「我才看錯人，犧牲這麼多，真不值得」此時宜改變彼此暫時性感受，以減少心中的傷痛（恢復協調狀態）。

(三)制約作用的影響

在人際交往中，有些人的出現會伴隨著愉快的經驗，使周遭的人感受到如沐春風，倍覺溫馨，且屢試不爽，久而久之，只要他一出現，便成了焦點人物，引發眾人的喜愛之情。相反的，有些人的出現，像刺蝟一般，令人感到不舒服，久而久之，只要他一出現，眾人便紛紛走避，避之猶恐不及。類似的制約作用，在日常生活中歷歷可見，不勝枚舉。制約的重要條件是酬賞，當酬賞帶來滿足感或愉快經驗時，制約作用便產生了。而所謂「意氣相投」、「情投意合」、「物以類聚」、「英雄所見略同」、「同羽毛的鳥飛在一起」等。亦說明了某些同質性因素會帶來較多的酬賞，而更增強此一行為或現象。在制約作用的理論中，心理學家亦發現接近（propinquity）因素可以成為有力的酬賞，而形成制約作用。國人所說的「近水樓台先得月」，即是最好的說明了。

(四)交換酬賞與代價的影響

此一理論應用至為廣泛，因此單獨列入人際吸引的第四個理論，專文加以說明。

四 交換論

在人際交往的過程中，相似、互補、互動均可能構成人際吸引的有利因素，但不可否認的是，人際交往是一個極其複雜的互動過程，因此有許多狀況不是單一因素能解釋周全的。換言之，有許多屬於正常性的例外。例如文人因相似（同質），而相輕；依附性的感情，因互補而絕裂；現代化小家庭成員互動頻繁，卻情感疏離等。交換論正好可彌補上述理論的缺失。

交換論是由 Thibaut 和 Kelley（1959）、Homans（1964）、Blau（1964）等人所倡導的。根據他們的觀念，交換論不但具有涵蓋性足以解釋各種事例，其理論的周全，亦是各種人際吸引理論中最為理想者（吳武典，1983）。

交換論學者借用經濟學上投資與回報（報酬）的理論，強調決定人際吸引的因素是個人間的報酬與代價關係，而不是成員個人本身擁有多少的條件。根據交換論，在甲乙兩人的互動過程中，甲是否喜歡乙，有幾個因素要考慮：

1. 甲獲得的報酬（reward）是否大於付出的代價（cost）。
2. 甲獲得的淨值（outcome）是否高於他預期的比較水準（comparison level）。

如果報酬減去代價為正值，且高於預期的水準，那麼乙便對甲產生了吸引作用。事實上，這裡所強調的是這種比較的歷程，完全是內在的心理歷程，而非具體的數據可計算出來的。

這裡所說的報酬，是指人際交往過程中，他人的某一活動或行為足以使個人感到滿足者；所謂代價，則包括在互動中個人感受到的不舒服，如：焦慮、不安、尷尬、厭煩、被冷落等及原來報酬的喪失；所謂淨值，是指報酬與代價的差值，差值為正數，則為得（有利），差值為負值，則為失（不利）；所謂比較水準，是一種相對的預期水準，此一水準受個人過去經驗，目前判斷與知覺的影響。而在一般的情況下，報酬、代價比較水準均非一成不變，在不同的情境下，將產生微妙的變化，而有升降起伏的現象。

依上述的觀點，交換論者認為友誼的形成需要經過三個階段：

1. 試探與估計得（有利）與失（不利）。
2. 選擇最多報酬、最低代價的關係加強深入。
3. 友誼關係變成制度化，如訂婚、同居、結婚。

最後再次評估得與失，使風險減至最低限度。

以上僅從相似論、互補論、交換論來說明人際吸引理論。本節所敘述的人際吸引理論，雖是以兩人關係為基礎，但這種關係的發展，卻可以影響甚至左右團體內的行為，因此此一理論的重要性不言可喻。

CHAPTER 7

領導的意義與內涵

領導是使人做他們不願意做的事，卻又喜歡它的影響歷程。

Truman

一位好的領導者，對任何一個團體組織而言，其重要性有如元首之於國家、家長之於家庭一般，得之，家國有幸；失之，家國有難。領導者的角色既是如此的重要，但領導者的領導是如何孕育而成的呢？領導的成分又是什麼？是天生的——英雄造時勢？是隨從大眾拱出來的？是情境醞釀的——時勢造英雄？也許最常見的答案是：平凡的隨從大眾在平淡的日子裡，拱出一些英雄人物以滿足自己的角色認同需求吧？！事實上，從領導的理論來看，問題可能更複雜些。為了解答上述問題，並協助讀者更具體了解領導的意義與內涵，本章擬從領導與權力的意義、權力與領導的關係、領導的理論類型、有效的領導原則來加以論述。

第一節　領導與權力的意義

一　領導的意義

領導是指影響團體達成目標的能力。此一領導者的影響力來自兩方面。一為正式職權（formal authority），即組織派予正式職位或賦予職務所規定之權力；二為非正式影響力，即非正式群體中自然醞釀而成的。有時非正式群體中自然形成的影響力，其重要性可能要超越正式職權的影響力。無論領導的基礎來自正式職權或非正式影響力，團體的領導者均依此基礎而發揮其對部屬、組織成員的影響力。

根據國內林至善（2006）的定義，領導應展現其影響力，例如帶領團隊展現績效、爭取認同，並且透過塑造願景、鼓舞激勵、開發成員潛能、個別關懷、適時指正、塑造溫馨的氛圍，不斷吸收新知的一種歷程。同國外 Yukl（2001）所說，領導是影響他人去了解且同意什麼必須去做，且能有效完成的過程，促進共同的努力以達成共享的目標。葛永光（2007）也指出領導是一種說服或示範的過程，領導能力是一種「影響力」，領導者有能力影響被領導者去追求或完成領導者所設定的目標。Northouse（2007）的定義亦指明是個人影響團體中的個體達成共同目標的過程。

根據 Stogdill（1974）的觀點，領導的定義為：在兩人以上之人際關係，其中一人試圖影響他人以達成既定目標之過程。由此一觀點來看，領導即是一種影響的過程；從狹義來看，是主管對部屬的影響；從廣義來看，團體中任何一位成員對另一位成員的影響都算是領導。

基於上述的定義，有四個重要的領導觀點值得深入加以探討：

1. 領導是兩個或兩個以上成員（人）的人際關係，其權利或影響力有分配不均的現象。
2. 領導蘊涵著領導者無法離群索居，而必須隨時隨處和成員產生互動關係，才能了解基層的需要和狀況，以發揮其影響力。
3. 領導為一影響的歷程，因此其成功與否，必須經過部屬的認定、接受，才能使團體團結一心，達成目標，獲得酬賞或心理之滿足感；領導者才能繼續以正式職權行使權力。

4. 領導者透過非正式影響力以影響團體及成員，即發揮個人魅力以影響成員朝向既定目標努力的過程。此一觀點不僅愈來愈受重視，甚至已成為領導者必備的領導才能之一。

二 權力的意義

根據吳秉恩（1986）的觀點，所謂權力，是指甲成員對乙成員的影響力。換言之，甲成員促使乙成員在某一時間內行使某項事項而不進行其他事項。由此一定義來看，蘊涵下列意義：

1. 未被實現的權力需求，具有影響力。權力可能存在但未被運用，因此永遠具有影響的潛力。例如水能載舟亦能覆舟。
2. 權力運作過程，具有依賴關係。權力的大小，受依賴程度高低之影響。例如甲成員對乙成員依賴愈高，則乙成員對甲成員愈具權力。換言之，權力本身具有一種誘導及影響能力，可促使別人因仰慕而屈從，因依賴而受制。
3. 被影響者，仍具有某種程度的自主性。例如因仰慕而屈從者，仍具有自主權；因依賴而受制者，仍具有選擇權。

由上可知，權力即是一種力量。有能力即可遂其心願，滿足各種需求慾望。這就是為什麼在古今中外人們追求權力的意志（the will to power）歷久不衰的原因。但絕對的權力帶來絕對的腐敗（absolute power; absolute corrosion）亦是不變的法則，值得終生追求權力慾之滿足者去省思。

根據上面的定義，權力具有三個特性：

1. 權力是社會名詞，亦即某人有權力，或某組織有權力，意味著人際互動中，社會關係良好。
2. 權力並非絕對或一成不變，而是一種變動的關係。換言之，權力結構將隨時間、空間、人為因素的改變而發生變動。中國歷史中改朝換代的權力傳承即是一例。

3. 權力和職權有關係，但意義不同。一般而言，職權是由法定、工作而來，且為部屬所接受；但權力可能來自個人屬性，或非正式法定成分，且不一定與工作有關。但職權通常帶來權力；權力不一定擁有職權。

三 權力的來源

根據French和Raven的觀點，從權力的基礎來看，領導者具有下列五項權力（吳秉恩，1986）：

(一)法定權力（legitimate power）

指由正式職位所賦予之職權。組織中一般以高層或層峰人士之認可。或經理、主任、課長、組長等職銜的任命來行使該職權的能力。

(二)酬賞權力（reward power）

是控制的一種策略，一般是指對順從者、屬下、員工的獎賞能力，如加薪、敘獎、晉升、嘉許，或相關的獎勵措施。

(三)強制權力（coercive power）

是控制的一種策略，一般是指對不順從者施予懲罰的能力，如口頭警告、書面警告、降薪、降級、停職或開除等方式。

(四)專家權力（expert power）

是以一個人所表現之特殊能力、專業知識為基礎，所發揮的功能性權力，如：諮詢、建議、顧問等。此一功能性權力，無法獨立行使命令指揮。

(五)認同權力（reference power）

是指以一個人的吸引力為基礎所發展出來的權力。如領導者的特殊才華、親和力或特殊異稟等。有時，此一權力和上述四種權力之一種有關係，共結合為一，發揮權力之影響力。

在上述的五種權力來源中，法定權、酬賞權、強制權是針對正式資源

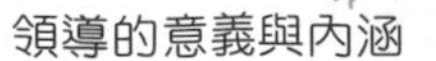

運用條件而來；專家權及認同權則是根據領導者個人特質及屬員（下）之動機而引發。表 7-1 即在說明此一影響關係之架構。

❖ 表 7-1　影響者與被影響者間影響關係之分析架構

	權力基礎	1.法定權	2.酬賞權	3.強制權	4.專家權	5.認同權
成員甲：運用影響力的人	特徵	占有法定職權的職位，以合法的方法得到職位	占有組織層級中重要的職位	占有組織層級中重要的職位	專門知能：特殊訓練、特殊經驗等	堅強的、成功的、具有吸引人的特質
	手段	合法的表徵，其他正確的標記	控制重大的酬賞（金錢、晉升等）	控制重大的處罰（罰款、降級等）	關於如何達成某些目標的知識	讚許
	對被影響者決策的角色關係	宣布決定，要求支持	提出要求，附以對順從者的酬賞承諾	發出命令，附以對不順從者懲罰的威脅	研究、試驗，供給另一資訊	陳述個人意見及愛好
成員乙：影響的目標（對象）	特徵	占有隸屬的職位，承認另一職位的合法性	占有組織層級上次要的職位	占有在組織層級上次要的職位	未具專家特徵	較欠堅強、較欠成功
	需要	希望履行道德義務	想要為影響者所控制的酬賞	想避免懲罰而維持自尊	想要找到達成目標的最好方法	希望與影響者相同並被其讚許
	對影響者決策的角色關係	接受權威方面的要求	決定是否答應另一人的要求	決定是否依從命令	檢閱專家所提出的資訊	聆聽影響者的意見及愛好
	影響者對被影響者的作用	視順從所要求的行動在道德上的正當性	視順從為獲得酬賞的手段	視順從為避免處罰的方法，但可視為對自尊的打擊	發現新的選擇，在各種行動之後發現新的有利或不利的結果	視順從為與影響者相同並被其讚許的手段

資源來源：Patchen（1974）

表 7-1 中成員甲是運用影響力的人，成員乙是被影響的對象。對影響者而言，其特徵、手段及對被影響者決策的角色關係，均詳列其中；對被影響的對象而言，其特徵、需要、對影響者決策的角色關係及影響者對被影響者的作用，亦依五種權力基礎分別說明。由表中，可以了解影響過程的效果，例如主管具有酬賞權，因此部屬為了避免懲罰並爭取加薪、晉升，就必須遵守規定，努力工作，接受並達成任務，方能如願。

此外，從權力的結構及情境因素來看，有下列四種權力型態：

(一)知識權力（knowledge as power）

團體中的個人，必須具備豐富知識才能運用資訊、專長，以理服人，而非狐假虎威或以威唬人。此外團體組織中，亦需具有專才者，才能有利於資訊的蒐集、轉換、處理，資源的取得，產品的產銷，技能的升級、研究與開發等。因此，從結構來看，知識亦是權力的來源。

(二)資源權力（resources as power）

組織中存在人力、資金、物料、機器、制度、時間、資訊、經驗、人脈等不同的資源，資源愈豐富，人際運作愈順利，競爭力愈強。因此，個人所擁有的資源愈豐裕，影響力愈大。此即為資源權力。

(三)決策權力（decision-making as power）

決策的良莠，影響組織至為深遠。好的決策帶來生機，失敗的決策錯失良機，轉盈為虧。具有決策權力者，即是擁有影響力的人。

(四)聯結權力（connection links as power）

爭取他人或其他單位合作完成任務，亦是提高權力的方法。根據 R. M. Kantor 的觀點，有三種聯結方式可產生生產力。一是資訊提供；二是資源供應；三是同事支持。

第二節 權力與領導的關係

權力與領導有密切的關係，中國自古以來即有「不在其位，不謀其政」的觀念；換言之，不在其位，即無領導的實質行為與職位，即沒有權力，就不該謀求政務的介入、干預。領導應伴隨著權力，領導才有實質的意義。現今社會中，虛位元首的內閣制，元首除代表國家外，並無太大的施政作為。當領導者具備某種權力時，領導者才能影響組織成員，達成組織的既定目標。

一 權力與領導的差異

權力與領導的關係雖然密切，但兩者之間亦有明顯的差異存在。其中主要的差異有：

1. 在目標一致性方面

權力不要求目標的「一致性」，而強調「依賴性（順從性）」；反之，領導要求達成目標的「一致性」。

2. 在實驗研究方面

領導強調領導型態之「適切性」；而權力之研究範圍更廣泛，但集中在如何使部屬提高其「順從性」。

二 領導者需要權力的原因

領導者需要權力的原因很多，例如需要權力以駕馭他人，肯定自己的角色，發揮角色的功能，完成組織階段性目標等。由管理學的觀點來看，領導者需要權力的目的，可歸納成：從事管理工作及克服依賴關係。

(一)從事管理工作

團體內的資源有限，在有限的資源下，必定面臨分配問題與競爭局面。為了達到公平的競爭與合理的分配，有效的管理是必要的。有效的管理包含權力的運作與規劃。因此，權力便成為資源分配、維持公平競爭、激發

潛力的必要工具。

(二)克服依賴關係

由於團體內人際互動作用，及團體成員相互依存的關係，領導者與一般成員一樣容易發展出一體感。有時為達成某些目標，相互的支持、鼓勵，亦是團體成員共同的需求。但此一相互聯結，甚至依賴的關係，有時卻會成為組織內的管理包袱，在此狀況下，權力的介入處理成為不可或缺的工具。

三 組織成員被影響的過程

根據 H. C. Helman 的觀點，團體成員被影響的過程包括下列三步驟：

(一)順從（compliance）

團體成員為了逃避處罰，追求獎賞，常常採取合作、順從的態度。影響者大多採取酬賞權及強制權，此亦增強了受影響者（成員）順從的特質。此為影響過程的第一步。

(二)認同（identification）

在團體酬賞制度建立後，影響者與被影響者之間的人際互動繼續發展著。此時影響者為了博取被影響者喜愛、認同，以便建立良好的人際關係，達成更好的生產力，影響者便積極的表現其親和力、果斷、有擔當、明智、抉擇、分層負責等特質。

(三)內化（internalization）

團體成員認同領導者後，接著影響者與被影響者內在價值體系便開始相互牽動著。最後兩者的價值體系趨於一致，產生實質的結合，此即為內化作用。在內化作用過程中，影響者的價值體系影響或改變了被影響者的價值體系。在此一步驟之中，影響者通常運用專家權力說服，或法定權力強制之。

若進一步從領導者的領導型態下成員的反應行為來分析的話，團體成員被影響的過程可細分為七個階段。

階段一：基於恐懼與希望

階段二：基於傳統的內化

階段三：基於盲目的信從

階段四：基於理智的信從

階段五：基於共同的協議

階段六：基於會商的決定

階段七：基於自我的決定

基於一般被影響者的反應影響，影響者（領導者）為滿足被影響者的心理需求，通常採取的領導型態及其權力基礎亦有所不同。換言之，影響者在影響組織成員的過程中，存在著領導型態、權力基礎與被影響者心理需求的「適配性」問題。從表 7-2 可看出影響過程中相關因素的關係。

❖ 表 7-2　影響過程中相關因素的關係

組織成員（被影響者）的需求層次	影響過程	領導型態	領導者（影響者）的權利基礎
生理的需求	恐懼／希望		
安全、保障的需求	傳統的內化	專制	酬賞 懲罰 強制
社交、安撫的需求	盲目的信從		法定、合法 崇拜、認同
自尊、名望的需求	理智的信從 共同的協議	勸說	崇拜、認同 專家、權威
自主權的需求	會商的決定	參與 授權	民主討論 全權代表
自我實現的需求	自我的決定		

資料來源：修訂自吳秉恩（1986）

四 權力的善用與誤用

在了解權力影響的過程之後，組織中的領導者對於權力的使用，應當抱持著更謹慎的態度，才不致使權力受到濫用、誤用，而造成損人不利己或誤己傷人。一般而言，要想成功地運用權力，領導者必須先具備「權力感」（sense of power）和「權力需求」（need of power）。權力感是對權力的基本觀點、態度與意願；而權力需求則是人們共同的需求，藉著「人同此心，心同此理」的自然反應，可以察覺人們在特定情境下的反應，並據以預測權力運作下可能遇到的困擾。領導者對權力感或權力需求不夠敏感，或抱持錯誤的態度、觀念，在權力的運作過程中，很容易產生過猶不及或失之偏頗，而導致權力的濫用、誤用。

(一)權力的善用

領導者若能考慮情境因素，及被影響者的特質，可採取直接或間接的方法，使團體組織內上下隸屬的關係、內外對立的關係獲得和諧、協調的均衡狀態，使組織成員的行為、態度、觀念趨於一致，順利執行職務，貢獻心力，朝向組織目標，以達到利人利己、成己達人的境界。

由表 7-3 顯示，權力運作使用直接的方式，包括施惠於人、良好的專業聲譽、讚許、認同、依賴程度等，係透過某種特定關係來進行，通常收效快速，且不需付出太多有形的資源；但若要求超出對方所能接受的範圍，則所使用的方法可能失效，甚至引起對抗，或形成不利的組織氣氛。為了避免不利因素的產生，特定方法的使用不宜一成不變，應該和其他方法交互使用，輪流出現，才能維持良好效果。

間接方法通常包括運用全部或部分面對面情境操縱對方，及協助處理對方的壓力等方式。使用間接方法較費時、費力，付出的有形資源亦較多，且風險較大。其使用的時機一般都是在其他方法無法順利運作時才使用，但其影響深遠，衝擊較大，必須謹慎使用。

❖ 表 7-3　權力的方法、影響及優缺點

使用方法	可能影響的標的和範圍	優點	缺點
甲、直接方法：針對某種關係而運用的「權力」			
・施惠於人（人家欠你一份人情債）	對方基於報恩報德的心理，只要認為行動是合法的，都願意被影響。	成效迅速，且無須付出任何有形資源。	假如你的要求超過他所能接受的範圍，此一方法可能失效。若遠超出此範圍，他將認其為不合法。
・良好的專業聲譽	在對方需要你的技能時，在其認可的範圍，其態度及行為受你的影響。	成效迅速，且無須付出任何有形資源。	假如你的要求超過他所能接受的範圍，此一方法可能失效。若遠超出此範圍，他將認其為不合法。
・讚許、認可	在不牴觸認同感的理想情況下，可影響對方的態度及行為。	成效迅速，且無須付出任何有形資源。	只能在不牴觸認同感的情況時方能有效。
・依賴程度	多種行為均被影響。	成效迅速，當其他方法失敗時，採用此法常可成功。	此法如經屢次使用，將引起對方採取對抗的威勢。
・基於依賴關係運用強制權力	多種行為均被影響。	成效迅速，當其他方法失敗時，採用此法常可成功。	常需冒引起對方反擊的風險。對方或雖表面遵循但未徹底履行。
・藉資訊的提供以勸服他人	多種態度行為均被影響。	能刺激對方的內在反應，此法無須運用威勢及輸出寶貴資源。	非常費時，且需對方注意傾聽你的勸說，方能有效。
・輸出資源換取對方順從	多種行為均被影響。	當運用勸說或他種權力無法成功時，此方法亦失效。	花費的人力、物力多，常被視為不合法。

❖ 表 7-3　權力的方法、影響及優缺點（續）

使用方法	可能影響的標的和範圍	優點	缺點
・上述方法之綜合使用	視方法的組合情況而定。	比使用單一方法應更有效，同時風險亦小。	比使用單一方法更多花費。
乙、間接方法：			
・運用部分或全部的面對面方法操縱對方	多種態度行為均被影響。	當面對面諸法均失敗，只剩操縱環境之一途。	非常費時，實施時亦甚複雜。冒巨大風險，尤其為屢次使用時，風險更大。
・對方經常接受壓力： 1. 正式組織結構 2. 社交安排 3. 技術 4. 供用的資源 5. 組織目標	多種態度行為均被影響。	具有強烈的衝擊及持續的影響力。	須借助大量的權力並付出相當大的代價方能成功。

資料來源：引用自吳秉恩（1986）

(二)權力的誤用

權力的誤用或錯用，可能導致不良結果。若因權力誤用導致政策失誤，其對整個國家乃至升斗小民的影響既深且遠。時下流行的官場用語：「錯誤的政策，遠比貪污更可怕！」即是一例。最常見的誤用權力，如玩弄、操控、利用、腐化、官僚作風等均是。一般而言，權力的誤用在下列情況中最容易發生：

1. 領導者的價值觀混淆，道德意識薄弱。
2. 領導者本身的領導能力、權力運作知能、獨立性不足（依賴屬下），造成為達目的不擇手段的現象。
3. 上樑不正，下樑歪。由於高階主管玩弄權術，上行下效，主管、屬下如出一轍。

第三節 領導的理論類型

有關領導的文獻很多，但大部分的觀點要不是混淆不清，便是相互矛盾。鑑於學者專家們的觀點不相一致，數十年來，領導的相關研究由重視領導者的人格特質之「特質論」（trait theory）開始，進而對領導者的行為表現之「行為論」（behavioral theory）提出探討，最後，整合過去分歧的理論，強調情境論或權變論（situational theory or contingency theory）。目前，領導理論有如鐘擺一般，由過度重視行為和情境（權變）因素，逐漸走回特質論——隱含性理論（implicit theory）；但卻從另一個角度來探討，研究者嘗試著找出領導者該具有的特性及有效領導的成因，並以此為研究重點。本節將分別說明上述四種理論。

一 特質論——英雄造時勢之觀點

特質論之興起，最主要有兩個原因，一為研究者想找出領導者需具備什麼樣的特質；二為想找出具備此特質的人來擔任領導。此一現象從相關的研究即可看出端倪。

在第二次世界大戰以前的心理學家們，大多以領導者的特質為其研究的主題，例如：智力、領導魅力、果斷、熱心、勇敢、正直、自信等。他們認為具有上述能力或特質者，即可成為優秀的領導者。換言之，早期研究領導行為的心理學家們，一直致力於尋找能區分領導者與非領導者的種種特徵。這類研究不計其數，有些研究強調心理特徵，如智力、信心、果斷等，但研究結果陳列的特質或條件不盡相同；有些重視生理特徵，如身高、體重、儀容等，但結論不一，能被廣泛接受的不多。

Ghiselli（1971）綜合 1940 年以前的 20 篇研究發現，這些研究總共羅列近 80 種領導特質，但其中僅有五種特質同時出現在大部分的研究中。這五種特質包括智力、支配性（dominance）、自信、精力充沛、豐富的專業知識等，和領導者有一致正相關的關係。其相關係數大約在 .25 至 .35 之間。此一相關結果說明，除了領導者的特質因素外，必定還有其他因素影響領導者的領導效能。換言之，「正相關」並不能解釋為「預測變項」。且中等相關顯示了特質論的有限性——忽略被領導者的需求，領導者與被領導者特質的適配性（matching），無法區分領導者本身特質的因果關係（例如自信的特質是領導者本來就具備的，或有效領導後建立自信），以及忽略情境因素的影響力。

事實上，根據Ghiselli（1971）的觀點，領袖特質如欲具有預測效力，應符合三個條件：

1. 領導者在上述五項特質的得分，應較其部屬得分高。
2. 領導者的成功與上述特質應具有實質的相關。
3. 領導者在工作成功與特質之間的關係程度，應比部屬為高。

若以此標準來衡量早期的領導特質相關研究，大多無法達到上述標準。因此，自 1940 年代開始，主要的研究方向轉移至領導者的領導行為。特質論的發展暫告一段落。

二 行爲論——領導者非天生之觀點

行為論學者認為，領導者的所有行為才是影響領導效能的真正原因，因此，他們希望在領導的本質上找出比特質論更明確、具體的答案。例如有效的領導者應具備的行為是什麼？領導者的領導行為是否具有獨特性？行為論者的觀點隱含的意義是：領導者並非天生，而是可經由後天培養。

有關行為論的研究，大部分肇始於 1940 年代後期的美國俄亥俄州立大學。在當時，主張行為的學者很多，參與的研究亦多，但最主要的仍集中在俄亥俄州立大學和密西根大學。其中，廣為人知又有代表性的理論分述如下：

(一)雙類型理論

雙類型理論以 Likert（1961）為代表人物。Likert 在密西根大學進行多年與工作績效有關之領導行為研究後，將領導者分為兩類型，一為員工導向（employee-oriented），一為生產導向（production-oriented）。員工導向的領導者較注重人際關係，他們較了解員工（部屬）的需要，較能接受員工的個別差異。換言之，他們重視員工的心理反應、參與感與自主性。而生產導向的領導者，較強調工作技巧、作業層面、任務結構化。換言之，他們最關心團體工作目標的達成，視團體成員為達成目標的工具而已。

Likert 的研究結論強烈支持領導者的員工導向行為。其中主要的觀點認為員工導向的領導行為與高團體生產力、高工作滿足感有正相關；而生產導向的領導行為則和低團體生產力、低工作滿足感有相關。

(二)雙層面理論

雙層面理論為俄亥俄州立大學的學者所提出。其研究主要是在發展領導行為之描述問卷及領導意見問卷，藉問卷調查所得，解釋部屬（員工）所描述的領導行為。研究中將領導行為區分為體恤（consideration）及主動結構（initiating structure）兩層面來說明，因此稱為「雙層面理論」。

主動結構是指領導者為了達成目標，在界定或建構自己與部屬的角色時所做之行為。這些行為包括組織工作任務、工作關係以及工作目標。高主動結構的領導者會指定團體成員從事特定的工作，要求工作者維持一定的工作及績效水準，強調工作期限的達成。

體恤是指領導者願意和部屬建立互相信任、尊重部屬構想、重視部屬感受的工作關係；領導者表現出關心部屬的舒適感、福利、地位和工作滿足感。高體恤的領導者會幫助部屬解決個人的問題，友善、易於親近，且對部屬一視同仁。

根據上述定義而做的許多研究都發現，高主動結構且高體恤的領導者比其他領導者（低主動結構或低體恤，或兩者都低），更能使部屬有較高的績效與工作滿足感。但是，這種高主動結構—高體恤的領導型態並不一定都可導致正向的結果。例如高主動結構的領導行為會使從事例行性事務的工作者有較多的抱怨、曠職、離職以及較低的工作滿足感。其他研究則發現，高體恤的領導行為會與上司對領導者的績效評估成負相關。此外，高主動結構—低體恤的領導效果較差。國內學者黃國隆（1982）的研究發現，公民營企業員工對高體恤之領導較易獲得員工之認同。總而言之，俄亥俄州立大學的研究結果，認為「高體恤—高主動結構」的領導風格通常有正向的結果，但是情境因素若能納入理論中加以整合，則應能使整個理論更周全、更完善。

(三)管理座標理論

管理座標理論是在 1964 年由 Black 及 Mouton 所提出。他們根據類似雙層面的分析方式，將領導者分為「關心生產」（concern for production）及「關心員工」（concern for people）兩類型，並以此為基本向度建構出領導風格理論來，稱為管理座標理論（managerial grid theory）。

座標的兩個軸，一為關心員工，一為關心產品，各有九個點，共可得出 81 種可能的領導方式。座標方格內並未指明確實狀況，僅呈現領導者思考的主要因素。表 7-4 可看出管理座標的整個輪廓。

❖ 表 7-4　管理座標

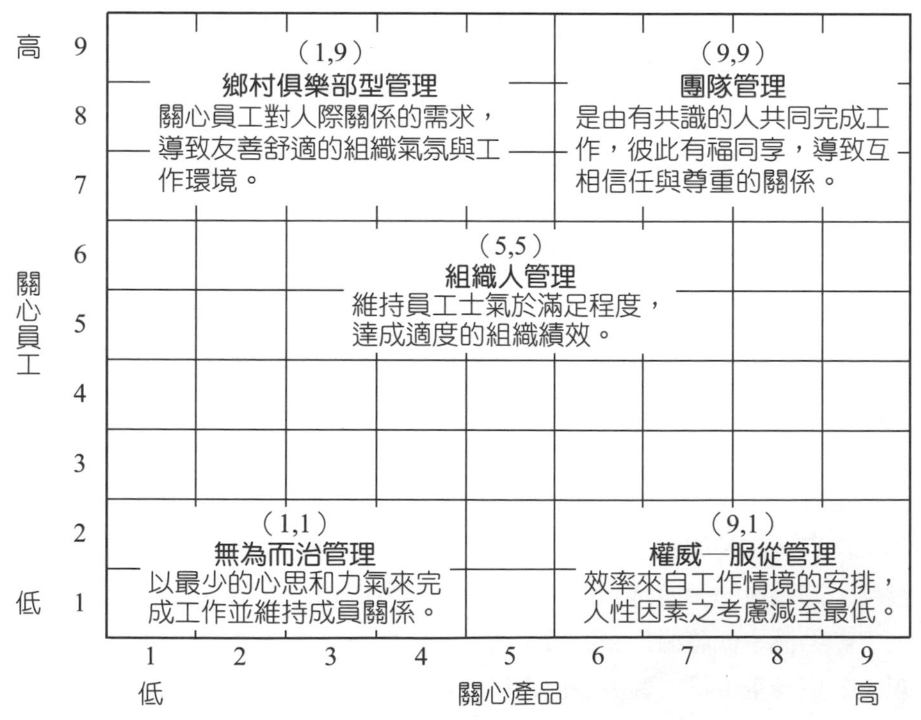

資料來源：引自蔡承志（1991）

根據 Blake 和 Mouton 的研究發現，在（9,9）位置的領導類型，管理者的績效最好；反之，（9,1）「權威型」（authority type）或（1,9）「鄉村俱樂部型」（country-club type）績效較差。可惜因為沒有明確的證據支持（9,9）型是在所有情境中最有效的領導方式，所以在解決領導的困境方面，此座標只為領導類型提供一個較佳的概念架構，而不代表任何實質上的新訊息。

綜合上述的理論，可以清楚發現，領導行為的類型和團體績效間並沒有一致性關係。因為環境不同，結果也會有所變異，因此無法得出一個通則。其中的原因，亦是上述理論不足之處，即忽略真正影響結果的情境因素所致。

三 權變論——時勢造英雄之觀點

1960 年代後期，研究者認識到行為理論對影響因素較複雜的行為難以解釋得很周全，同時，行為理論均藉由問卷的方式蒐集資料，進而衡量、探討領導行為理論亦有其限制，因此開始改進並發展領導之新研究途徑。部分特質論與行為論學者，均發現最有效之領導方法，可能是一種適應特定情境之動態而具有彈性的方法。這種重視情境因素的影響，而採取相對應的措施之理念，即為權變論的基本觀念。

以下僅針對幾個主要的理論加以說明：

(一)專制—民主式（authocratic-democratic continuum model）

如果專制與民主只是行為的兩個極端，則此模式可歸為行為論，但是事實上，它們是一個連續向度上無數個點中的兩點；其中一個極端點是：由領導者做決定，告知部屬，然後要求部屬實行這個決策；在另一個極端點是：領導者和部屬分享決策的權力，允許每個成員有相等的決定權。這兩個極端點之間還有許許多多的領導類型，要選擇哪一種類型則視領導者本身的權力、團體運作方式以及情境等因素而定。雖然此模式是一種權變理論，但在檢視其他權變取向之後，我們可以發現這只是一個初步的理論而已。

圖 7-1 顯示，做決策時領導者使用權威的程度和部屬擁有自由度的多寡呈一定的關係。此一連續向度是總和為零的關係，亦即「零和賽局」（zero-sum game），換言之，一方之所得，必為另一方之所失。

吳秉恩（1986）綜合 Hammer 和 Organ 的相關研究後得到下列結論：

一般而言，民主式或參與式的領導方式，其部屬成員將有較明顯的滿足感。但在生產力方面，卻較難下定論，有些研究發現民主式或參與式其生產力較高，但有些研究發現專制式或非參與式的團體較有效率；另有一小部分的研究認為專制式與民主式管理的工作團體在生產力上沒有顯著的差異。

由上可知，民主式或參與式的領導風格和工作滿足感之間有明顯的關係，但與生產力的關係則較不明顯。上述結果可以解釋成：人們喜歡民主，但民主不一定會導致高生產力。事實證明，極端民主或專制的領導風格，並非在所有的情境中全然有效。

(二)費氏權變模式（Fieldler model）

Fieldler於 1967 年發展出權變模式（contingency model）。根據Fieldler的觀點，團體績效受領導者與其部屬的互動類型，與情境給領導者控制權或影響壓力的配合是否適當之影響。Fieldler認為可以以三個權變向度界定主要影響領導效能的情境因素。此三個權變向度是：領導者與部屬關係、任務結構（task structure）以及職權（position power）。其定義如下：

1. 領導者與部屬關係：指部屬對領導者能信任、有信心和尊敬的程度。
2. 任務結構：指工作指派程序化的程度。
3. 職權：指領導者在甄選、解雇、訓練、升遷和調薪等方面影響力之大小。

Fieldler認為領導者與部屬的關係愈好，任務結構愈清楚，職權愈大，則領導者的影響力與控制力也愈大。例如：一個非常有利的情境（即領導者擁有極大的控制力）係包含管理者備受部屬尊敬，部屬信任他（即良好的上司與下屬關係），工作活動——如薪水計算、支配繕寫、報告歸檔等都有特定而明確的程度（即高度工作結構）；對部屬的獎懲有足夠的自由

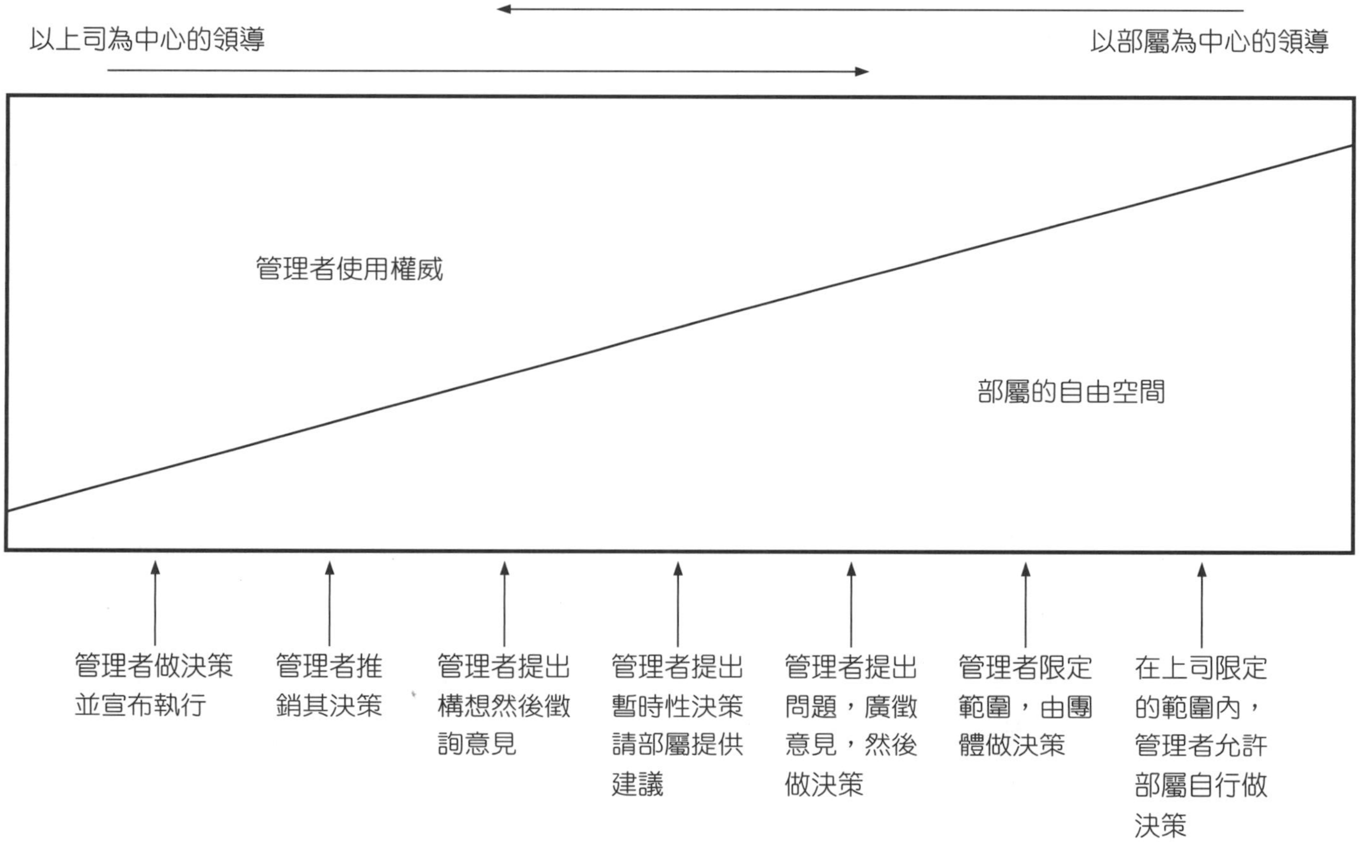

以上司為中心的領導

以部屬為中心的領導

管理者使用權威

部屬的自由空間

管理者做決策並宣布執行

管理者推銷其決策

管理者提出構想然後徵詢意見

管理者提出暫時性決策請部屬提供建議

管理者提出問題，廣徵意見，然後做決策

管理者限定範圍，由團體做決策

在上司限定的範圍內，管理者允許部屬自行做決策

❖圖 7-1　領導—行為連續向度

資料來源：引自蔡承志（1991）

度（即職權大）。相反的，不利的情境係指領導者不為工作團體成員所愛戴，在此情境下，領導者的控制力相當小，如果將三個權變變數加以搭配，可得八種情境（詳見表 7-5）。

此外，Fieldler 亦利用他所發展出來的最不喜歡的工作夥伴（the least-preferred coworker；簡稱 LPC 量表），測量團體成員是屬於工作取向或關係取向。Fieldler 的基本觀點認為影響領導成敗的主要因素是領導者的基本領導風格，而領導者的領導風格是固定不變的。因此 Fieldler 試圖抽離情境因素以超越特質論和行為論，並將性格因素和情境類型求相關，然後以此兩者的互動來預測領導效能。

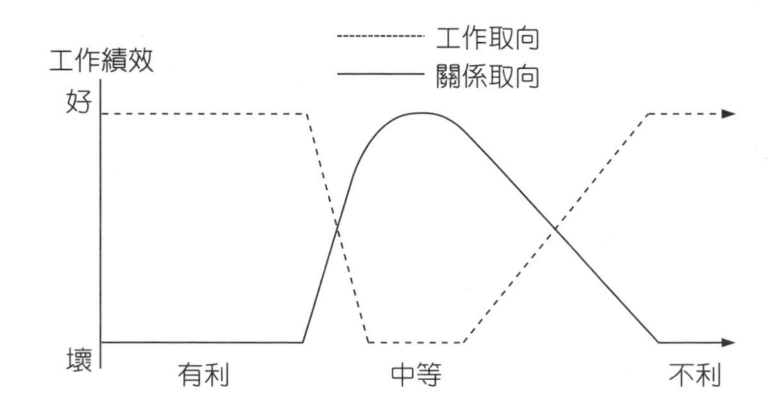

❖ 表 7-5　費氏權變模式

領導類型	一	二	三	四	五	六	七	八
領導者與成員關係	好	好	好	好	壞	壞	壞	壞
任務結構	高	高	低	低	高	高	低	低
職權	強	弱	強	弱	強	弱	強	弱

資料來源：引自吳秉恩（1986）

在獲知個人的LPC分數和衡鑑出三個權變變數之後，費氏權變模式更將其與領導績效做一聯結。Fieldler 在研究 1,200 個以上的團體，比較八種情境下的關係取向或工作取向的領導者之後，所得的結論是：工作取向的領導者在非常有利和非常不利的情境下表現較好，如表 7-5。因此費氏預測，在預別一、二、三，或七、八的情境下，工作取向的領導者績效較好，而關係取向的領導者在中等有利的情境下——亦即類別四、五、六——表現較好。

整體而言，大部分的研究結果都支持費氏模式的預測，為了使此模式更臻於完善，添加一些其他變項，更是勢在必行。況且LPC量表本身問題很多，以致在實務上應用時備感困難，因為LPC的邏輯基礎不易了解，個人的LPC分數也不穩定；情境變數複雜且難以衡量，實際上要決定此三變項的大小值是非常困難的。

綜合上述的觀點，Fieldler對領導績效的了解方面確有重大的貢獻，但該模式所引發的爭議仍持續不斷。雖然 Fieldler 的研究並未獲得完全的支持，其模式也需要添加其他中介變項以利運用；但是，費氏的研究對領導績效權變理論的發展仍具有舉足輕重之影響。

(三)賀—布氏情境理論（Hersey & Blanchard situational leadership theory）

Hersey 和 Blanchard 所發展的情境領導理論，是應用較廣的領導模式之一。雖然從理論發展的觀點來看，賀—布氏情境理論並未獲得學院派研究人員的賞識，但美國《財星雜誌》所排名的五百大企業，如美商銀行、IBM、Mobil Oil、全錄等公司，均以它為訓練的主要教材。

賀—布氏情境理論的焦點放在被領導者。領導是否成功，在於是否選對領導風格，而如何選擇領導風格則視被領導者的成熟度而定。根據此一理論的觀點，無論領導者的作為如何，領導行為是由被領導者所肯定或拒絕而來；換言之，領導者領導效能的發揮，有賴被領導者的配合。至於成熟度，係指團體成員對其本身行為的負責能力與意願（willingness）。包括工作成熟度（job maturity）與心理成熟度（psychological maturity）。前者係指一個人的知識和技術水準。個體的工作成熟度愈高，則其執行工作任務的知識、能力及經驗愈強。心理成熟度係指一個人做事的意願或動機。心理成熟度愈高，愈能自動自發，而不需外在的催促鼓勵。

情境領導理論也認定領導有兩個向度：工作行為（task behavior）與關係行為（relationship behavior）。若依其程度上高低之不同可以配成四種領導風格，即告知式（telling）、推銷式（selling）、參與式（participating）以及授權式（delegation），詳細說明如下：

1. 告知式（高工作—低關係）

由領導者界定角色職責，並指示員工該做什麼，如何做，何時做，在哪裡做，亦即強調指導性行為（directive behavior）。

2. 推銷式（高工作—高關係）

領導者兼有指導性行為與支持性行為（supportive behavior）。

3. 參與式（低工作—高關係）

領導者與被領導者共同做決策，而領導者的主要任務是促成決策與介入溝通。

4. 授權式（低工作—低關係）

領導者既少指導又少支持。

情境領導理論又將成熟度界定為四種程度：

1. 低成熟度（M1）

個體既無能力又無意願對工作負責，他既不能勝任又缺乏信心。

2. 中度成熟（M2）

個體雖然能力不足，但有意願從事必要的工作任務。他需要激勵，但缺乏適當的技能。

3. 中度成熟（M3）

個體能力夠，但缺乏意願從事領導者要求的工作任務。

4. 高成熟度（M4）

個體有能力，又有意願從事工作任務。

圖 7-2 係整合各成分後的情境領導模式，由圖 7-2 可看出，隨著被領導者成熟度的逐漸提升，不但領導者的控制行為逐漸減少，而且關係行為也逐漸減少。在 M1 的階段，被領導者需要明確的指導。M2 的階段，指導

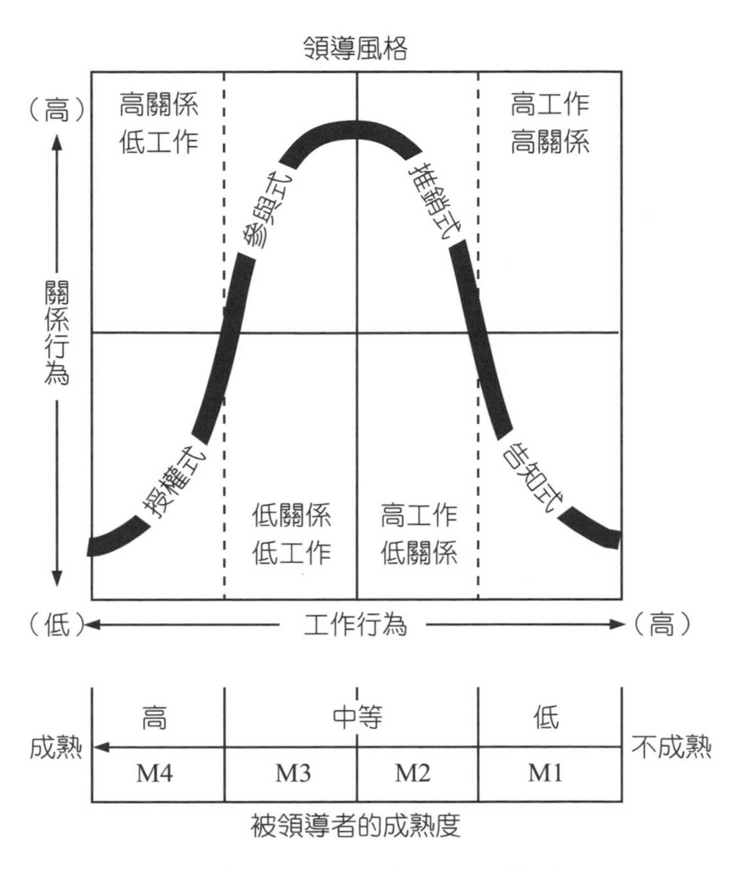

❖圖 7-2　賀—布氏情境理論模式

資料來源：引自蔡承志（1991）

與關懷都需要；多給予指導，以彌補其能力不足；多給予關懷，係收買人心之好方法。到了 M3 的階段，激勵變為核心問題，支持性的而非指導性的參與式作風最能解決問題。最後的階段 M4，領導者可以無為而治，因為被領導者已有能力也有意願承擔責任。

由於情境領導理論的實徵性研究不多，且研究結果不一致，因此有關理論的推論應加倍謹慎。但不可否認的，此一理論對低成熟度（M1）的被領導者，確實有極高的應用價值。此點亦足以肯定該理論對領導理論的貢獻了！

(四)領導者—成員交換理論（leader-member exchange theory，簡稱LMX）

大多數的領導理論都假設領導者是以相同、一致的領導風格對待其部屬，但事實上，領導者不僅會對不同的部屬表現不同的行為，領導者對其「自己人」更會表現較多「信任」、「親密」甚至「偏袒」的行為。George Graen 及其研究夥伴觀察到上述現象，而創立了領導者—成員交換理論。

LMX理論認為，由於時間壓力所迫，領導者會和某些部屬建立起特別的關係，這些人所形成的內團體因受到領導者的信賴，所以可得到較多的關注，並且擁有較多特權。那些落在外團體的部屬，領導者較少關注，來自領導者控制的酬賞也較少，和領導者的互動是建立在正式的權威關係上。

LMX理論也認為，在領導者與部屬互動的早期，領導者即私下將部屬歸為「自己人」或「外人」，而這種關係具有相當的穩定性。雖然，領導者如何挑選內團體成員的過程仍不為所知，但已有研究證據顯示，領導者會因為部屬的某些個人特性（例如年齡、性別、性格）足以與其搭配，或因為比外團體成員更具勝任能力而加以挑選（圖 7-3）。LMX 理論預測，屬於內團體的部屬，會獲得較高的績效評估，較少的離職率，並且對其上司有較大的滿意度。

LMX理論也獲得許多研究的支持。更特別的是，理論與研究均提供具體的證據顯示領導者對待部屬有差別待遇，這些差別待遇並非隨興而致，內團體與外團體是重要的差別待遇指標，同時也影響成員的工作績效與工作滿足感。

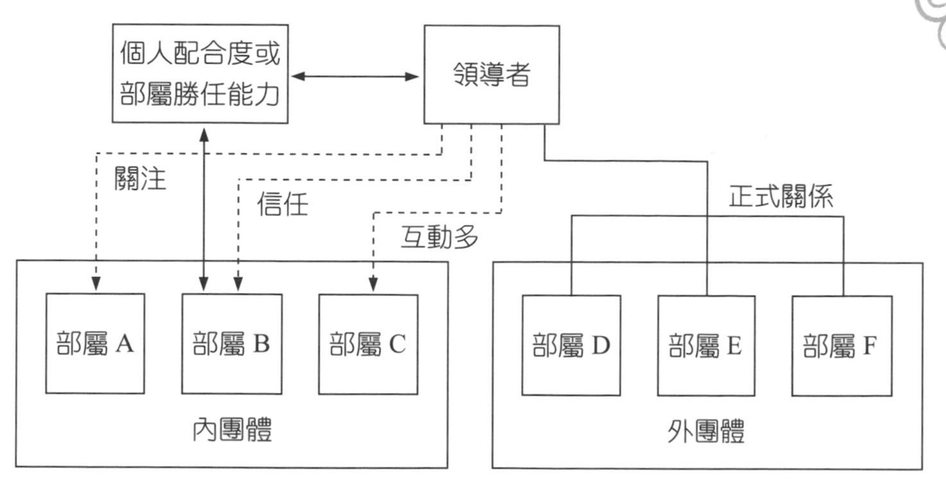

❖圖 7-3　領導者—成員交換理論

資料來源：引自蔡承志（1991）

(五)路徑—目標理論（path-goal theory）

路徑—目標理論是目前最受推崇的領導理論。此一理論由Robery House於 1971 年發展而成。House將激勵之「動機期望理論」與俄亥俄州立大學的「雙層面理論」（主動結構與體恤）結合而成路徑—目標理論。

路徑—目標理論認為，領導者的主要任務是幫助其部屬達到他們的目標，同時提供必要的指導或支持，以確保他們的目標可以和團體或組織的目標相配合。「路徑—目標」一詞意涵著，具效能的領導者應該幫助部屬澄清可以達成目標的途徑，並減少路徑中的障礙與危險，以利目標之達成。

根據路徑—目標理論，領導的行為若為可接受的，就必需是其部屬們的立即性滿足感或未來滿足感的來源。領導者行為若為具有激勵性的（motivational），就必須：(1)促使部屬的需求滿足與績效相互聯結；(2)提供有助於績效的訓練、指導、支持和獎賞。為了檢視以上陳述的有效性，House提出四種領導行為。

1. **指導式領導者**（directive leader）

讓部屬清楚他人對他的期望，完成工作的程序，並對如何達成工作任務有明確指導。此與「主動結構」雷同。

2. **支持性領導者**（supportive leader）

親切友善，並對部屬的需求表示關切。此與「體恤」相同。

3. **參與式領導者**（participative leader）

做決策前，先徵詢部屬的意見並接受其建議。

4. **成就取向領導者**（achievement-oriented leader）

設定挑戰性的目標，以鼓勵部屬發揮其潛能。House 假設領導者是具有彈性的，路徑—目標理論隱含著領導者會因情境之不同而表現上述各種不同的領導行為。

圖 7-4 顯示路徑—目標理論有兩組情境變數會影響領導行為與績效的關係。一為部屬控制範圍外的環境因素（工作結構、正式的權力系統、工作團體）；另一為部屬的個人特性（內外控性、經驗、能力）。如果部屬要達成工作績效，環境因素決定了哪種領導行為最具輔助性效果。而部屬的個人特性則決定了環境因素與領導行為如何相互為用。所以領導若與外在環境結構所提供的資源重複，或與部屬的個人特性背道而馳，那麼領導者將無效能可言。

以下是一些根據路徑—目標理論的假設：

1. 當工作結構模糊不清或深具壓力時，指導式領導可以導致部屬較大的工作滿足感。
2. 當工作結構清楚時，支持式領導可以導致部屬較高的工作績效與工作滿足感。
3. 當部屬擁有足夠的能力和經驗時，指導式領導就顯得很多餘。
4. 正式的權力系統若愈清楚且僵化，則領導者愈需要表現較多的支持式行為，並減少領導式行為。
5. 當工作團體內部存在著衝突時，指導式領導可以導致較高的工作滿足感。
6. 愈是內控型的部屬，則愈滿足於參與式領導。

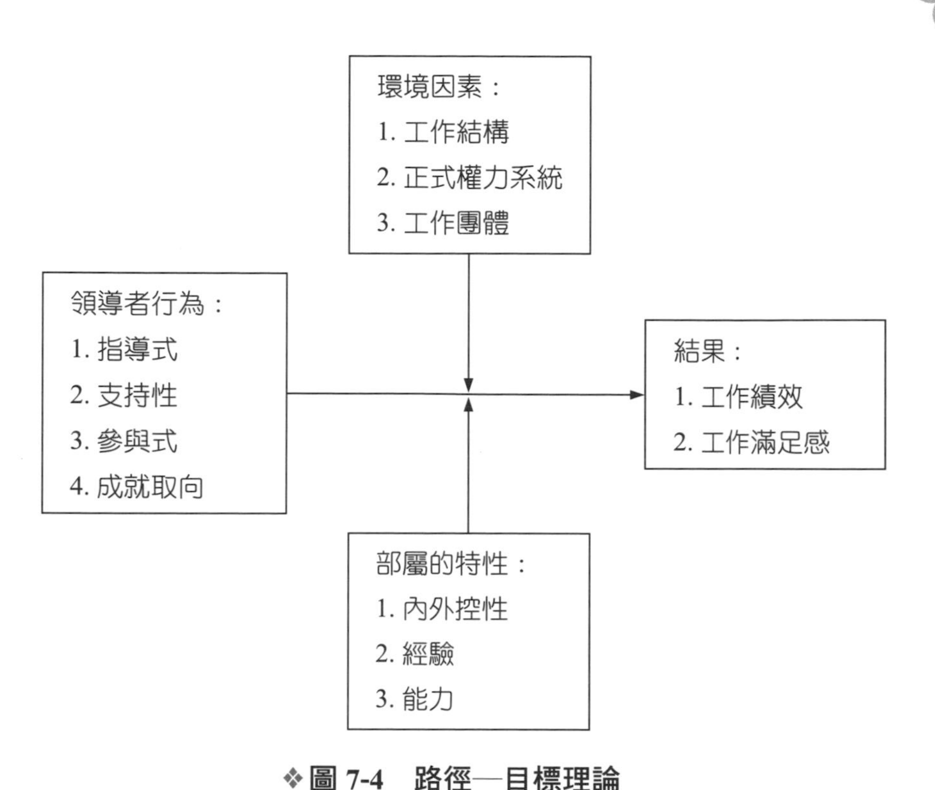

❖**圖 7-4　路徑—目標理論**

資料來源：引自蔡承志（1991）

7. 愈是外控型的部屬，則愈滿足於領導式領導。
8. 當工作結構模糊不清，而且努力可以獲致高績效時，成就取向的領導可以提高部屬的期望。

上述的假設得到很多研究上的支持。研究證據都支持此理論的基本邏輯：領導者若能補償員工或工作情境中所不足或缺乏的東西，則對員工的工作績效與工作滿足感會有正面的影響。但是當工作任務很清楚，員工也有足夠的能力和經驗處理時，領導者若還浪費時間去詳加解說或給予指導，則顯得很累贅，甚至產生反效果。

四 隱含性理論—新特質論

一般說來，領導的權變理論已發展三十餘年，但由於一般社會大眾仍對有效領導者的成因和特質抱著共同的期待和刻板印象，因此學者專家們又回頭探尋「特質論」，但所標榜的不再是特質論，而是隱含性理論。以下僅介紹兩種眾人熟悉的隱含性理論。

(一)領導的歸因理論

魅力型歸因理論是說明人們企圖從因果關係尋求意義的一種理論，例如，當發生某事後，人們就試圖將其歸究為某原因引起的。用在領導方面，歸因理論認為，所謂「領導」不過是人們對其他人的一種歸因罷了。利用歸因的架構，研究者發現：人們習慣將領導者描述為有才智的、外向的、口才好的、富攻擊性的、善體人意的，以及勤奮不懈的。相同的，研究發現高主動結構—高體恤的領導者和人們對好領導所歸因的特性是一樣的。所以，不論在何種情境下，高主動結構—高體恤的領導作風，都被認為是最好的領導人物。

領導的歸因理論文獻中，還有一項很有趣的發現，那就是人們對有效能的領導者的知覺是：他們對自己的決定前後一致而且屹立不搖。這個發現可用來說明，為什麼中外許多政治領袖均被認為對自己的決定與目標信守承諾，且堅定不移，是一位貫徹始終的領導者。研究證據也指出，「英雄型」的領導者通常被知覺為曾遭遇困境或不尋常的際遇，但透過其決心與毅力，最後獲得成功的那種人。此一觀點，似乎說明了對英雄人物的美化，對國家領導的神化，自古以來中外皆然的緣由吧！

(二)領導魅力理論

領導魅力理論（charismatic leadership thoery）是歸因理論的一種延伸。此理論認為，追隨者傾向於將領導者的行為做英雄式或異乎常人的歸因。有關領導魅力的研究，大部分指向有魅力的領導者與缺乏魅力的領導者在行為上的差別。

一般文獻上最常見的有兩種領導者。一種為執行型領導者（transactional leaders）。他們的責任是藉著澄清角色與工作要求，指導或激勵其部屬，以達成預定目標。另外一種領導者為轉變型領導者（transformational leaders）或是魅力型領導者（charismatic leaders），他們的責任是鼓勵其部屬超越私利，為組織的利益著想，他們對其部屬有深遠的影響力。這類領導者擅長於改變其追隨者對工作的價值感與重要感。

很多研究者戮力於找出魅力型領導者具有哪些個人特性。其中，House（路徑—目標模式）找到三種：極度自信，具支配性，堅信自己的信念。Warren Bennis 在研究美國 90 名最成功領導者之後發現，魅力領導者有四種共同的能力：

1. 他們對目標有堅決不可改變的理想（vision）。
2. 他們能夠將此理想清楚的告知其追隨者，並獲得認同。
3. 他們對追求理想的實現顯示出一致且專注的決心。
4. 他們知道自己的優勢所在，並且懂得如何運用它們。

McGill 大學的 Conger 和 Kanungo 所完成的研究證實此一觀點，他們發現，魅力型領導者具有下列各項特色：

1. 他們具有亟欲完成的理想目標。
2. 對目標具有強烈的承諾。
3. 被視為很不隨俗的人。
4. 非常有決斷力。
5. 相當自信。
6. 不關心部屬的需求。
7. 被視為激烈改革者，而不是社會現況保持者。

表 7-6 所列為區分魅力型領導者的主要特徵。

那麼，魅力型領導對其追隨者之影響又如何呢？有一個研究發現：魅力型領導的追隨者較具信心，覺得工作較有意義，較受領導者的支持，願意工作較久，覺得領導者精力充沛，工作績效較佳。另一個研究發現，在魅力型領導者之下工作的人，比在傳統的執行型領導者之下工作的人，較具生產力與工作滿足感。

❖表 7-6　魅力型領導者之主要特徵

1. 自信：對自己的判斷與能力深具信心。
2. 有理想：具有理想目標，以建構未來理想國而非保持社會現狀。若理想與現狀相去太遠，追隨者愈會將其歸因為領導者的超凡理想。
3. 堅持理想：魅力型領導者被視為堅守承諾，甘冒個人風險，蒙受損失，犧牲自我以達成理想。
4. 行徑異乎常人：具有魅力的領導者，其行為舉止被視為革新的、不隨俗的及與傳統束縛對抗的。一旦成功，這些行為引發追隨者的震驚與仰慕。
5. 被視為改革者：魅力型領導者被視為改革者，而非社會現狀的保持者。

資料來源：引自蔡承志（1991）

但魅力型領導並不一定會促使員工產生高度績效，除非被領導者所從事的工作具有意識型態色彩。此結論可以解釋，為什麼領袖魅力特別容易出現在政治界、宗教界、戰爭期間或面臨生存危機時。

五 家長式領導理論

鄭伯壎（2003）指出，領導有其特殊性是不可否認的，西方文化社會重視個人主義，東方則重視家族主義，所以西方所建構出來的領導概念，並不見得能夠恰如其分的適用於文化價值迥然不同的東方社會。家長式領導（paternalistic leadership）的基礎係來自於父權（paternity），領導者表現出和父親角色類似的特質，明顯而強力的權威、關注和體諒以及精神領導的因素，是在一種人治的氛圍下，顯現出如同家長在管理家族的精神與特質及其嚴明的紀律。這種植基於儒、道、法及家庭觀的領導模式，反映出東方社會中傳統文化的主流思想。依鄭伯壎（2005）對家長式領導的定義，認為家長式領導包括三個重要面向：威權（authoritarianism）、仁慈（benevolence）、德行（morality）領導，如表 7-7。

❖ 表 7-7　鄭伯壎等人家長式領導三核心要素之轉化比較

	鄭伯壎、周麗芳、樊景立（2000）	鄭伯壎（2005）
威權領導	‧專權作風 ‧貶抑部屬能力 ‧形象整飾 ‧教誨行為	‧決策與訊息的控制 ‧要求任務與目標績效
仁慈領導	‧個別照顧 ‧維護面子	‧生活關懷 ‧工作支持 ‧對部屬的全面照顧
德行領導	‧不求私利 ‧以身作則	‧以身作則 ‧合宜的待下之道

(一)威權領導

在儒家的思想影響下，家庭是華人社會結構的核心，父親的威權要遠高於子女及其他家庭成員，權力可以說是絕對的、上下的權力關係，不是對等的，下位者通常負有較多的順從責任及義務，且會認知到服從上位者的權威是一件理所當然且必須遵守的行為。

(二)仁慈領導

仁慈領導的文化根源，來自儒家對仁君的理想，其中「報」是中國社會人際關係的基礎，其核心概念就是互惠。上位者的仁慈讓下位者有虧欠、感激的感覺，並願意打從心裡感念、絕對忠誠並完全服從上位者的要求，且願意在適當時機做出回報。

(三)德行領導

德行領導強調領導者需要有高超的品德，不徇私並以身作則，當社會具有一套完整而清楚的社會道德規範時，德行領導就能順利的運行，儒家思想便提供這樣的功能與指引。因此，治理國家最有用的方式，是以身作則，以美德來領導，作為下位者的榜樣。現代華人社會組織中，部屬除了在乎領導者是否公平對待部屬、以身作則及不爭功諉過之外，也重視領導者的心胸開闊、廉潔操守及擔當負責等領導行為。

領導現象具有普遍性，但文化是影響領導行為的因素之一，家長式領導由鄭伯壎等人建構相關構念後，又再次加以驗證，以求家長式領導的內涵能真實反映華人領導的現況，並能提供解釋實證研究的結果與意義（鄭伯壎、周麗芳、樊景立，2000；鄭伯壎，2005）。

第四節 有效的領導原則

從第三節的領導理論類型來看，影響領導者的領導效能因素不僅多而且分歧。根據「特質論」的觀點，領導效能（E）受領導者特質（L）的影響；根據「行為論」的觀點，領導效能受領導行為（B）的影響；根據「權變論」的觀點，領導效能受情境因素（S）的影響；根據「隱含理論」的觀點，領導效能又受領導者特質（L）的影響。若以函數關係來看，則可以用如下的式子表示：

1. $E = f(L)$
2. $E = f(L, B)$
3. $E = f(L, B, S)$
4. $E = f(L)$

因此，在考慮有效的領導原則之前，上述理論的影響因素均需列入考慮，才能掌握領導的重要原則，以提升領導效能。以下為領導效能之影響因素（圖 7-5）。

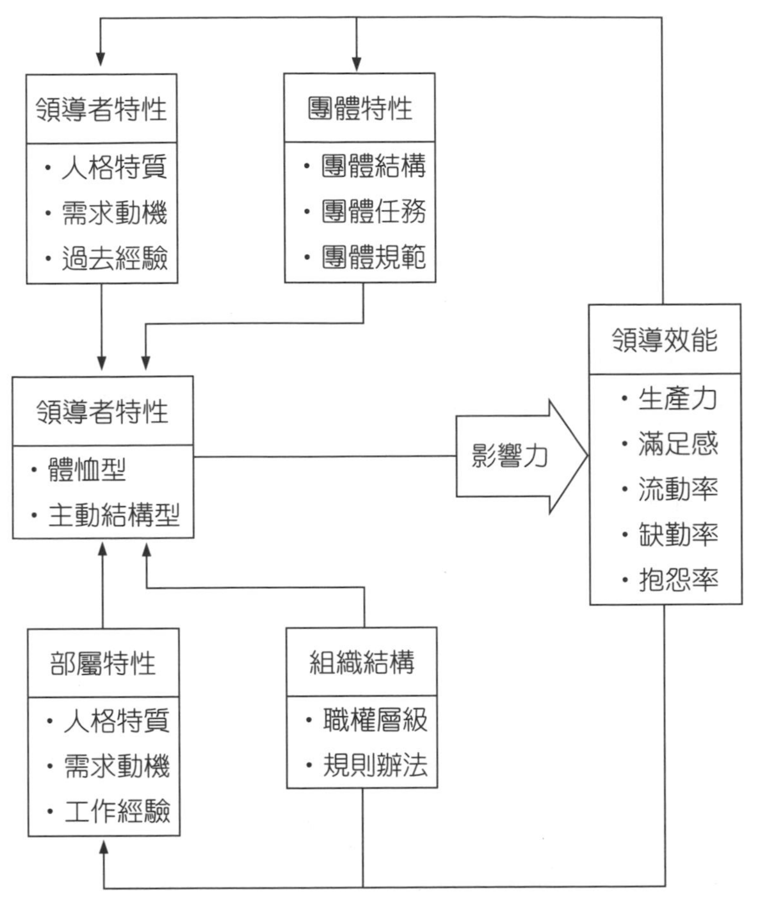

❖圖 7-5　領導效能之影響因素圖

資料來源：引自吳秉恩（1986）

綜合各家的理論觀點，及影響領導效能的相關因素，僅從領導能力、部屬（成員）特性、領導行為、情境因素等四方面來說明有效的領導原則：

一 領導能力

領導者應致力於本身特性（質）的提升，一般而言，下列三方面是應優先考慮的：

(一)人格特質方面

領導者應具備哪些人格特質呢？綜合學者專家們的觀點，下列三項特質與領導行為有密切關係：

1. 自我覺察（self-awareness）

覺察自己的優缺點、需要；覺察自己在別人心目中的角色地位、印象；覺察組織成員的需求、對領導行為的反應等。

2. 自信心（self-confidence）

領導者對本身的領導行為應具有信心、行事果斷、有魄力。

3. 溝通的能力（ability to communicate）

指領導者應具備與人溝通、協調的能力。

(二)需求動機方面

領導者應隨時注意成員的需求及需求的滿足狀況。哪些激勵因素可以成為有效的酬賞，哪些激勵因素不痛不癢，不致對成員產生激勵作用。

(三)過去經驗方面

領導者過去被領導的經驗為何？有何經驗可借助，並有利於正面的激勵作用？有何經驗是不利於領導行為，且目前可做為殷鑑的？

二 部屬（成員）特性

領導者在採取特定的領導方式之前，應確實了解部屬之特質、需求及經驗，以做為參考：

(一)特質方面

部屬之特質因素直接影響領導者所採取的行為，譬如對民主要求高的部屬，能否採取高主動結構型之領導；而對於積極主動型的部屬，能否採取高體恤之領導，並使之信服，一直是值得深思的問題。一般而言，領導者在決定領導行為之前，應先考慮部屬是否具備三方面的能力：(1)理性能力（ration ability）；(2)知識能力（knowledge）；(3)溝通能力（communication ability）。

(二)需求動機方面

在特定情境下，部屬之需求為何？是否會追求更高層次的需求？完成任務後會獲得何種酬賞？這些問題之正負答案，均會使領導效能發生改變，領導者應設法先了解其期望與要求。

(三)過去經驗方面

部屬達成任務之後獲得酬賞的經驗為何？酬賞經驗將影響行為反應，身為主管需多加注意。

三 領導行爲

領導者究竟採取何種領導行為，基本上仍需注意下列兩項原則：

(一)主動結構型之適用原則

此種領導方式強調工作規範及規章之制定，重視任務之達成。領導者若較缺乏自信，需求層次較低而缺乏採取民主式經驗者，則可採此體制型領導。若部屬能力較差，成熟度低，需求層次低，則亦可採取此種方式；而生產單位亦較適於採取此種方式。但一般的團體輔導，則僅在團體初期時適用，不宜全面採用。

(二)體恤型之適用原則

此種方式強調人際關係及部屬需求之滿足，重視工作愉快氣氛。領導者較具信心，需求層次較高，而具有民主式經驗者，則宜採之；部屬成熟度較高，需求層次較高，且曾有受獎經驗者，亦適合採取此種方式。相對於體制型領導，非生產單位較適於採取體恤型領導。

四 情境因素

情境因素範圍甚廣，在此僅針對團體特性及組織結構而言。

(一)團體特性方面

一般而言，團體特性在於：(1)團體結構；(2)團體任務；(3)團體規範三方面，對團體行為會有影響。譬如向心力強之團體，較適於民主式領導；團體中是否存有派系，及溝通網路型態亦需先注意。團體任務性質的結構化或非結構化？合作方式為何？團體規範與組織目標能否配合一致？這些問題均須先確定，方能有利於領導行為。

(二)組織結構方面

組織結構指正式組織中，權責、協調及溝通之體系。因此，團體中職權層級及規則辦法需先考慮。領導者職權大，規章制度有利任務達成，則體制型較適合；反之則否。

事實上，在決定領導行為時，以上各項因素不宜單獨考慮，而需以整體的、全面的方式來考量，如此，領導效能方能發揮其應有的效果。

CHAPTER

8 溝通與團體決策

人與人不能相處，是因為他們心存害怕；他們心存害怕，是因為彼此不了解；他們彼此不了解，是因為他們彼此沒有好好溝通。

Martin Luther

無論是在心理學或社會學的領域中，「溝通」是極為重要的課題之一。良好的溝通可以使我們的心智成長，而適當的溝通可以使我們認識外界並了解別人。人際間的衝突，往往可以發現問題的癥結在「溝通不良」，因為當人們清醒的時候，有70%以上的時間都花在溝通上，溝通不良使得個人無法傳達情意、團體無法運作、組織任務無法完成。難怪組織內的主管成員，每天約有78%的時間都花費在與人進行口語溝通（吳秉恩，1986），溝通的重要性，由此可見。

本章共分八節，其內容包括：溝通的意義與功能、溝通的過程、溝通的模式、溝通的障礙、有效溝通的原則與策略、決策的意義與過程、團體決策與個人決策的比較及團體決策的技術等。

第一節 溝通的意義與功能

一 溝通的意義

所謂溝通，是指兩人或兩人以上的團體，其相互訊息的交流行為。此一訊息交流的行為，不只是情感的交流，更是認知的過程。若進一步探討溝通的意義，則可從兩個層面來說明：

(一)認知層面

溝通乃是藉由文字、信函、符號、字彙、語詞、聲音的使用，而與他人分享觀念、感受、意念等訊息。換言之，溝通意指某人擁有資訊而藉由口語與非口語的方式傳送給另一人，其中一方為發訊人（sender），另一方為收訊人（receiver）。

(二)行為層面

發訊人在訊號傳送的過程中，盼能達到某種程度的效果，也就是希望由訊息的傳遞，引發收訊人某種預期的行為反應。

就認知層面而言，訊息必須被分享，甚至必須能傳達情意，才能真正達到溝通的效果；而就行為層面而言，單單只有訊息傳遞是不夠的，必須訊息能夠被了解而接受，被接受而有反應才算完成。

二 溝通的功能

從團體組織的觀點來看，溝通具有四個主要的功能：即表達情感、激勵士氣、傳遞資訊與控制。從組織成員的觀點來看，溝通亦有四個目的：說明事理、表達情感、建立關係與進行意圖。以下僅就團體組織的觀點來說明溝通的四個功能：

(一)控制功能

藉著溝通來「控制」成員的行為，有好幾種類型。組織有職權層級的劃分及正式的工作指導手冊，是成員所必須遵循的。例如在什麼時候該向直屬上司申訴工作上的相關問題、遵守工作說明書的指示或遵守公司的政策等，都是溝通執行控制功能的例子。但是，非正式的溝通也會控制行為。例如霍桑研究說明了團體如何傳達「團體規範必須遵守」的訊息，使成員的行為能被團體掌握，以減少失誤。

(二)激勵士氣的功能

溝通也是「激勵士氣」的手段，藉著跟成員澄清什麼事情是他們該做的，以及他們做得有多好，並進一步告訴他們如何改善現況，提高工作績效。從增強理論的觀點來看，這種溝通是具有激勵作用的。團體組織中特定目標的形成、關於目標達成情形的回饋及良好行為的強化等，都會刺激成員工作的熱誠，這些都需要透過溝通來達成。

(三)表達情感功能

對許多成員而言，他們的工作團體往往是他們跟別人建立社交互動關係的主要來源。在團體裡面，成員藉著溝通與別人分享彼此的挫折感與滿足感。溝通便成為「情感表達」與滿足社交需求的工具。

(四)傳遞資訊功能

溝通最後一個功能，跟決策有關。當個人或團體需要做決策時，透過溝通才能得到必要的「資訊」以分析並選擇各種可能的替代方案。

上述四種功能對團體組織而言特別重要。團體要有良好的績效，必須對成員施予某種形式的控制，刺激他們工作的熱誠；提供表達情感的管道，及選擇適當的決策。在任何團體或組織中，溝通必然都會扮演上述一種或數種功能的角色。

第二節 溝通的過程

在理論上，溝通被視為一種過程或流通（flow）。當流通上出現偏離或阻塞時，就會產生溝通上的問題。在這一節裡，我們先說明溝通過程（communication process），然後再探討人際溝通過程的模式。

一 溝通過程

在溝通進行之前，必須先有意圖，然後才能轉換成訊息，之後再傳達出去。當訊息由發訊人傳給收訊人時，需要經過編碼（轉換成某種符號形式）、適當的媒介（管道）及解碼，才能將意思由一人傳至另一人而完成溝通的過程。

溝通過程如圖 8-1 所示。這個模式含有七個要素，即訊息來源、編碼（encoding）、訊息、管道（channel）、解碼（decoding）、收訊人（receiver）及回饋。

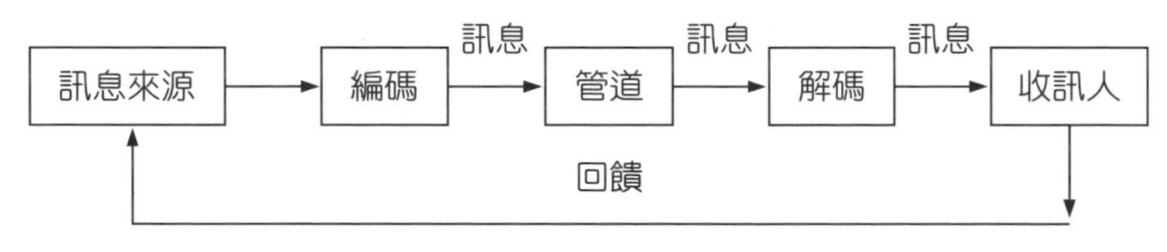

❖圖 8-1　溝通過程模式

訊息來源經由編碼而產生訊息，編碼是訊息的轉換處，發訊人根據其原始意圖將之轉換成某種符號形式的訊息，再傳達給收訊人。溝通來源經由編碼而產生訊息。在編碼的過程中，最容易受到下列因素的影響：溝通技巧、態度、知識與社會文化系統。一般而言，一個人的溝通能力決定他的說、寫、聽及推理的技巧。溝通能力佳，代表其說、寫、聽及推理的技巧亦佳。因此，改善溝通的最佳途徑，即是提升其說、寫、聽及推理的技巧。此外，態度不僅會影響人類的行為，更會影響人與人之間的溝通。由於我們對許多人、事、物都存有先入為主的觀念和想法，因此態度會影響我們溝通的成果。此外，溝通也會受到我們對特殊事物擁有多少知識的限制。對於我們所不知道的，我們無從與人溝通；並且即使我們的知識淵博，如果收訊人的知識有限，也同樣無法了解我們所欲傳達的訊息。正如態度會影響行為一樣，我們身處的社會—文化系統也會影響我們的溝通活動，因為我們的信念與價值觀都是此系統的一部分。

訊息（message）是資訊來源經過編碼之後的具體產物。「當我們說話時，這些話就是訊息；當我們寫作時，文句就是訊息；當我們作畫時，圖畫就是訊息；當我們手做手勢時，手部的運動及臉部的表情，也都是訊息。」我們傳送的訊息，會受到我們使用的象徵符號、訊息本身的內容及我們決定如何去編碼的影響。

管道是訊息流通時的媒介。管道由發訊人選定。他必須決定使用正式或非正式的管道。正式的管道是由組織所建立的，適用於傳達與工作活動有關的訊息。其他訊息，例如私人的或社交性的，則依循非正式的管道來傳達。

收訊人是訊息傳達的對象。但是在訊息傳達給收訊人之前，訊息必須轉換成收訊人能夠了解的符號。此一步驟叫做訊息的解碼。正如同發訊人必須具備寫作或說話的技巧一樣，收訊人也必須具備閱讀或傾聽的技巧，而兩者都必須有推理的能力。並且跟發訊人一樣，收訊人的知識、態度與文化背景也會影響接收訊息的能力。

溝通過程最後一環，就是回饋迴路（feedback loop）。我們透過回饋以檢查是否正確無誤的傳達我們的原意，並確定對方是否已了解我們的原意。

二 人際溝通過程的模式

根據圖 8-1 的溝通過程模式加以具體化後，可以建立人際溝通過程的模式。此一模式的架構、路徑如圖 8-2。

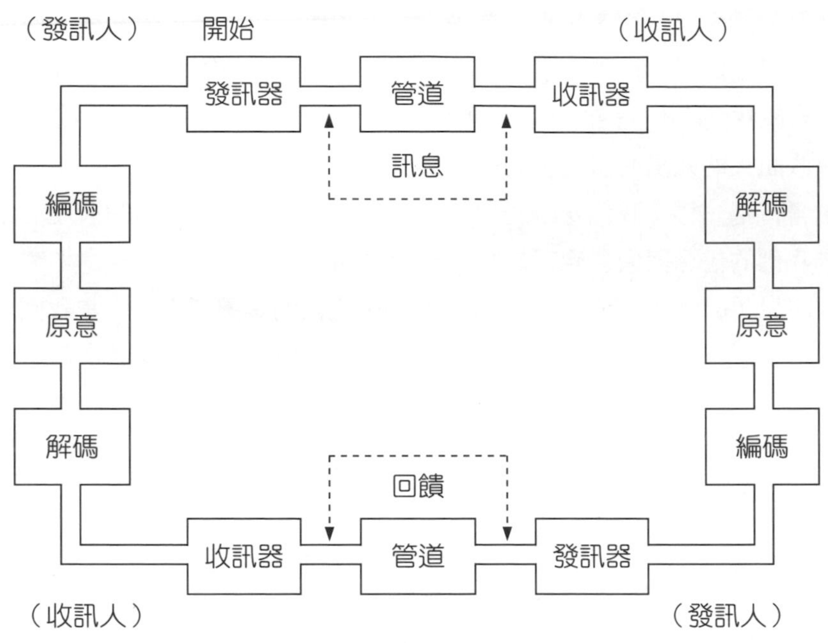

❖圖 8-2　人際溝通過程模式

資料來源：引自吳秉恩（1986）

由圖 8-2 顯示，在人際溝通過程中，任何一個程序，均將對溝通產生影響，其影響的要項說明如下：

(一)溝通主體——發訊人與收訊人

溝通明顯的需要兩人或兩人以上的成員。圖 8-2 顯示，一般的溝通僅有兩人涉及溝通過程。一人扮演傳送訊息者，稱為發訊人（sender），另一人則為接受訊息者，稱為收訊人。當收訊人對發訊人之信息回應時，則其角色互換，收訊人變為發訊人，發訊人變為收訊人，此乃雙向溝通之要件。因此在人際溝通中，目的愈明確，溝通雙方愈容易交換信息，當然雙方信仰、態度、觀念之差異，對溝通效果亦有影響。

(二)溝通工具——發訊器（transmitter）及收訊器（receptors）

為使訊息能有效傳達及接受，需透過傳遞工具，包括發訊器及收訊器，這些工具通常需藉助硬體設備。譬如口語溝通，常要藉靠播音器；文字溝通則需藉助信函或印刷媒體；至於傳真，則要有傳真機之設備。

(三)溝通信號——編碼（encoding）及解碼（decoding）

溝通主體希望將某種構思、觀念、情感或事實等意思傳送給另一方，這些溝通中的原意（original meaning），必須藉由編碼之動作將原意轉變為文字或符號等方式，收訊人接受信息後，又將其解碼為原意，方能被了解而有所反應。這種解碼動作愈周延，則愈能達到溝通的效果，原意亦不被歪曲。

(四)溝通路徑——管道（channel）及干擾（noise）

溝通路徑是訊息傳遞之必備管道，當然此時傳輸之信息已非原意，而是經過編碼符號。此處管道即指訊息由發訊人至收訊人之路徑，譬如口語溝通是透過「空氣」及「頻道」；而干擾則泛指對溝通路徑之阻礙因素均屬之。

(五)回饋作用——反應（reaction）及回饋（feedback）

溝通過程中，收訊人對發訊人之反應及回送訊息，即為回饋，此時雙方角色互換，成為雙向溝通，達到有效意見交流之目的。

第三節 溝通的模式

有關溝通的模式，一般包括溝通在團體與組織中進行的方向，及正式與非正式的溝通網路。溝通在團體中進行的方向有往下溝通（downward communication）、往上溝通（upward communication）及橫向溝通（lateral communication）。正式的溝通網路有鏈狀、輪狀、環狀、交錯型及Y字型五種。非正式溝通網路則指傳言（grapevine 或 rumors）而言。

一 溝通的方向

溝通的通路可以是垂直的或橫向的。而垂直的溝通，又可分為往下和往上兩種方向。

(一)往下溝通

當溝通從團體或組織中某個層級流向較低層級時，就是往下溝通。團體領導者及管理者通常利用這種溝通方式來指派任務、指揮工作、提醒部屬公司的政策與規定，指出需要防範的問題及提供績效回饋。但是往下溝通不一定侷限於口頭上或面對面的溝通，在部屬桌上留備忘錄或寄一封信到部屬家裡，也都是一種往下溝通。

往下溝通是不是一種傳達資訊的有效方式呢？它最大的癥結在於過濾作用。訊息必須通過的層級數愈多，則遭到扭曲的機會就愈大。不過，若能透過往上溝通所提供的回饋，那麼情形可以得到顯著的改善。

(二)往上溝通

往上溝通則是由較低層級流向較高層級。往上溝通的目的是提供回饋給上面的人，向他們報告目標達成的情形，及陳述目前遭遇到的困難，往上溝通使管理者能夠了解成員對於工作、同事及組織的看法。

組織中一些往上溝通的例子包括基層工作人員撰寫績效報告給中高階管理人看、意見箱、員工態度調查、申訴處理、上司與部屬的討論，或在非正式的場合之下，員工抓住機會跟上司或更高階的人員提出問題及討論。

(三)橫向溝通

在組織結構中，屬於同一階層的人員之間所進行的溝通，就是橫向溝通。

如果團體或組織的垂直方向溝通已經很有效了，那為什麼還需要水平方向的溝通呢？答案是為了節省時間及促進彼此的協調合作，水平方向的溝通通常是必須的。在某些情況下，這種橫向溝通是正式的；但是在大部分的情況下，則屬於非正式溝通，這是為了縮短垂直層級間的溝通及加速行動，因此，橫向溝通有好與壞兩種效果。當固守垂直溝通網路會阻礙訊息流通的正確性與傳達速度時，橫向溝通是有益的，在這種情況，橫向溝通是管理者可預先知道並支持的。但是當正式的垂直通路被閒置不用，當人員以越級或聯合其他主管來完成某一任務時，或當員工欺上瞞下私自採取行動或做成決策時，橫向溝通將無可避免的會造成組織成員的衝突。

二 溝通網路

(一)溝通網路的類型

倘若將上述的溝通方向組合起來，則可形成各種「溝通網路」（communication network）。有關溝通網路的研究中，最常見的五種溝通網路有鏈狀、Y 字型、輪狀、環狀及交錯型如圖 8-3。

1. 鏈狀

鏈狀網路代表五層的垂直階層，其間的溝通只有往上及往下兩種。在正式的組織裡，這意味著溝通一直嚴守著直線職權而不偏離。

2. Y 字型

如果我們把「Y」字顛倒過來，可以看出有兩個部屬向一位領導報告，而這位領導者的上面還有兩個層級。因此，實際上是四個層級的結構。

3. 輪狀

輪狀網路代表一位領導者跟四個部屬之間的網路方式。不過部屬與部屬之間並無互動關係，所有的溝通都只透過這一位領導者。

4. 環狀

環狀網路允許溝通成員可以跟鄰邊的同伴產生互動關係。這種網路代表三個階層的結構，其中有上司與部屬之間的溝通及部屬與部屬之間的溝通。

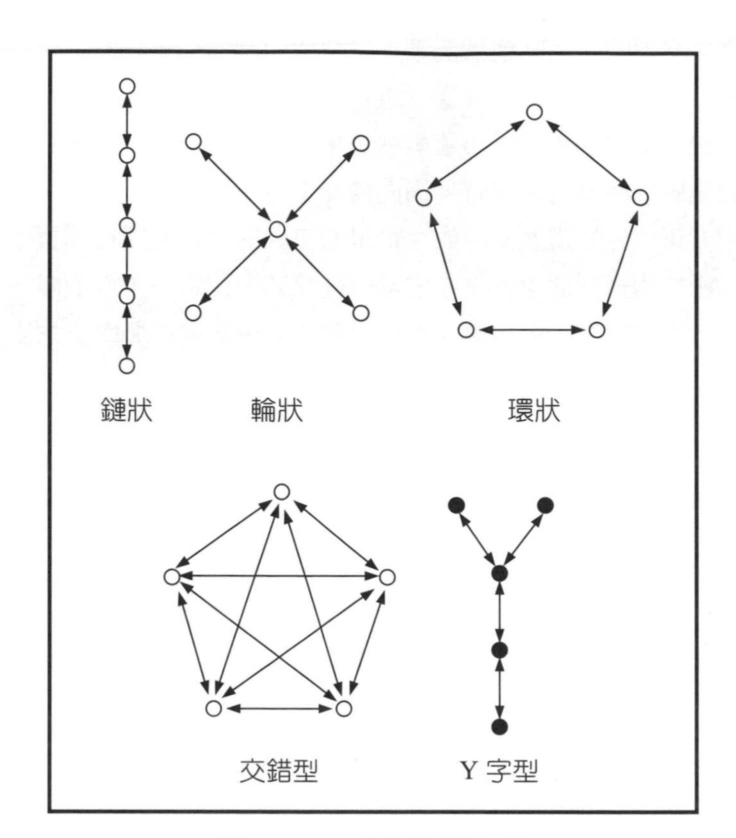

❖圖 8-3　正式的溝通網路

5. 交錯型

交錯型網路允許所有的成員均能彼此進行溝通。依網路的討論而言，這是最不具結構性的溝通，因為沒有人以某種領導者的身分位於網路的中心位置。但是這種溝通不受任何限制，所有的成員都平等。這種溝通網路最能用來說明委員會的組織，因為每個委員的身分都一樣高，所以可以彼此流暢的交換意見。

(二)溝通網路效果的評估

上述的溝通網路中，哪一類型的溝通效果較佳呢？答案是視目的而定。根據 Bavelas 和 Barrett（1951）的研究，溝通網路的評估，若從速度、正確性、核心人物的出現及士氣四個層面來看的話，其結果如表 8-1。

❖ 表 8-1　溝通網路效果的評估

類型／層面	鏈狀	Y 字型	輪狀	環狀	交錯型
速度	適中	適中	迅速	慢	迅速
正確性	高	高	高	低	適中
出現核心人物	適中	適中	高	無	無
士氣	適中	適中	低	高	高

資料來源：修訂自吳秉恩（1986）

根據上表可以得到一個結論：即沒有哪一種網路在所有的情況中都是最好的。如果重視溝通速度，那麼該選擇輪狀或交錯網路。鏈狀、Y 字型及輪狀網路的溝通正確性較高。輪狀網路適用於有核心人物存在的場合中，如果重視成員的滿足感，則應採取環狀及交錯型網路。對簡單問題之處理，輪狀網路最有效；對複雜問題之處理，又不需與人互動，則 Y 字型或鏈狀最有效。

(三)非正式溝通網路

1. 傳言

非正式溝通網路是指訊息如何沿著傳言的管道散播開來。

有關「傳言」的研究，最具代表性的是，在某家製造廠商中，探討 67 名管理人員的溝通型態。研究中所使用的基本方法是，詢問知道某項消息的收訊人是如何知道該消息的，然後再一路追查下去。結果發現雖然「傳言」是一個相當重要的資訊來源，但只有 10%的管理人員擔任過傳話筒，也就是把消息傳給別人（一人或以上）。例如，有一名經理人打算跳槽到另一家保險公司，結果 81%的管理人員都知道這個小道消息，但只有 11%

的人擔任過傳話筒。從這個研究中得到兩個結論：(1)一般性的消息會在各個部門之間流通，而不是只是在部門內流通；(2)並無證據顯示，會有一群人固定擔任傳話筒的角色，事實上是不同性質的消息，會由不同類型的人擔任傳話筒。

另有一項研究採用同樣的方法，在某家政府機構探討員工之間的傳言。結果也同樣發現，僅有 10%的人擔任傳話筒的角色。

經由傳言管道流通的資訊是否準確？研究指出，大約 75%的消息是正確的。

我們常以為傳言之所以發生，是因為人們以東家長、西家短的閒聊為樂。但事實上，這是不正確的。傳言至少有四個目的：(1)為了減低焦慮感；(2)為了確定支離破碎的消息；(3)做為聯合團體（也可能包含其他外人）的一種手段；及(4)做為擁有地位（就這個消息而言，我們圈內人，你是圈外人）或權力（我擁有讓你成為圈內人的本事）的象徵。研究指出，傳言之所以發生，是做為對下面三種狀況的反應：(1)情況對我們具有「重要性」；(2)情況有「模糊感」；及(3)情況令我們「焦慮」。因為工作的場所常有上面三種情況，所以傳言在組織中會相當盛行。在大規模的組織中，普遍存在著各種秘密與競爭，環繞著諸如新老闆會是誰、辦公室的遷移、工作的指派、職位的升遷等話題，因而助長傳言的流通。只有在人們對於不確定性的好奇或關心得到滿足，或焦慮感降低之後，傳言才會平息下來。

從上面的討論，我們可以得到兩個結論：第一，傳言在組織的溝通網路中，是相當重要而且值得去了解的部分。領導者或管理人員網路中，是相當重要而且值得去了解的部分。領導者或管理人員從傳言中，可以發現哪些情況令成員或員工感到焦慮。所以，傳言具有過濾與回饋的作用，使領導者可以了解哪些事件令成員重視。第二，從管理的觀點，既然只有少部分的人擔任傳話筒的角色，因此可以去分析傳言的資訊內容並預測其流向。也就是說，如果知道那些擔任發話筒的人重視哪些消息，我們就能提高預測與解釋傳言內容的能力。

至於領導者有方法完全禁絕傳言嗎？答案是不可能的。領導者所能做的，應該是盡量減少負面傳言所能流通的範圍及其影響。例如領導者應該注意到：

(1)重要決策的宣布宜考慮時間。

(2)清楚說明決策與行為中不一致或懸而未決的部分。

(3)強調目前決策與未來計劃的保密性。

(4)公開討論最壞、最糟的情況（絕對比成員胡思亂想的情況還輕微）。

2. 非口語溝通

訊息的傳達，不一定只靠文字或語言，一瞥、一個注視、一個微笑、一個親密行為、皺個眉頭等，都能夠傳達訊息。在溝通過程中，研究顯示78%的訊息意義來自非口語溝通（nonverbal communication）傳達。因此非口語溝通的重要性不言可喻。此外，基本上非口語溝通所傳遞的訊息往往無法加以偽裝；換言之，非口語溝通的真實性高於口語溝通，因此更值得深入去了解。部分學者專家把非口語溝通列入正式溝通訓練的範疇，本書中礙於內容編輯的考量，將之列入非正式溝通網路中再做說明。

非口語溝通包括身體的動作、姿勢、語調或對某個字眼的強調、臉部表情、兩人間的身體距離等。

(1)身體動作

有人認為，每一個身體動作都有其意義，而且沒有任何身體動作是偶發的。也許我們不同意上述的敘述，但身體動作會伴隨著口語溝通出現，並使口語溝通更加複雜。某種身體的姿勢或動作本身並無特定的意義，但當它和口語聯結之後，會使訊息更加完整。

如果你只閱讀會議記錄，卻不曾親身參與，也許會感受不到會議過程中的衝擊。為什麼？因為現場中的非口語溝通並沒有記錄下來。不同的語調使相同的訊息產生不同的意義。同一句話以柔和的方式和尖銳的語調說出，給人的感受截然不同。

(2)臉部表情

一張拉長的臉和一張微笑的臉代表著不同的意義。臉部表情再加上語調，可以表達傲慢、攻擊、害怕、害羞或其他意思。

(3)人與人之間身體的距離

何種身體距離才算適當，並無一定標準，一般視文化的規範而定。例如在歐洲，應酬時禮貌性的距離，在北美洲的國家裡可能認為是親密的表示。如果有人對你靠得太近，表示他想攻擊你或對你有興趣；如果離你很遠，那大概表示對你的說話沒興趣或不開心。

對於收訊人而言，溝通時注意對方的非口語訊號是很重要的。當你聆聽對方說話時，也要一併留意非口語的線索，尤其是兩種訊息之間有矛盾的情形時。上司也許會說，他歡迎你隨時和他討論有關加薪的事情，但從非口語線索來判斷，也許這個時候不適合討論這個問題。說話的時候，如果對方頻頻看錶，表示他想結束談話。有時候，我們嘴裡說我們很信任對方，但是非口語上的表示卻可能給人一種「我並不信任你」的感覺。這種矛盾通常意味著非口語的暗示，比口語的內容正確性更高。

第四節　溝通的障礙

溝通過程中，存在許多扭曲的機會，這使得發訊人的原意被曲解，也使得收訊人接收到的意思很少是發訊人真正的原意。除了訊息扭曲之外，還有一些因素亦造成溝通的障礙，這是溝通時必須要知道的。

一　訊息扭曲

溝通過程的七個要素包括：訊息來源、編碼、訊息、管道、解碼、收訊人、回饋，其中每一個要素都可能造成訊息的扭曲而無法達到完美溝通的目的。一般而言，訊息來源經過編碼的手續而產生訊息，在此一過程中，編碼者的技巧、態度、知識，與社會—文化系統，均會直接影響訊息與原意的一致性。在此一狀況下，訊息的扭曲將是無可避免的。此外，如果編碼過程做得馬虎，傳送的訊息自然走樣，而訊息本身也會造成扭曲。例如，象徵符號的選用不當或訊息內容上的矛盾或混淆，都是常見的問題。當然，如果管道選用不當或干擾太雜，則管道也會產生扭曲。至於收訊人的偏見、知識水準、認知能力、注意力以及是否小心解碼等，都會扭曲訊息的原意。訊息被扭曲後，溝通的障礙便產生了。

二 過濾作用

過濾作用（filtering）是指發訊人為了讓收訊人高興，在訊息傳送時，故意操縱資訊。例如當部屬只跟上司講一些上司喜歡聽的話或只報喜不報憂，而掩蓋其他資訊時，部屬便是在「過濾資訊」了。這種事情在組織中是屢見不鮮的。當一項資訊要往資深主管處呈送時，必先濃縮與整合，使資深主管不至於被太多的資訊淹沒掉。出於私人的意圖，以及發訊人在濃縮整合資訊時，認為那些資訊才是重要的，也都會導致過濾作用。

資訊受到過濾的程度，主要決定於組織層級的數目。垂直方向的層級數目愈多，資訊受到過濾的機會就愈大，相對的，溝通的障礙也愈明顯，組織中最常見的現象便是：下情無法上達，導致決策中不見民意。

三 選擇性知覺

在溝通過程中，收訊人基於自己的需求、激勵狀態、經驗、背景及其個人的特質，會選擇性的「看」與「聽」。並且在解碼時，收訊人會把自己的期望加諸在訊息上面。例如面試主考官如果認為女性都是以家庭為重，則不論女性應徵者是不是真的很重視家庭，她在面試中講的話，很可能都會被染上這層色彩。這種未看到事實真相，而僅根據個人的知覺，就稱之為真相，並據以判斷或反應的，即是選擇性知覺（selective perception）。

選擇性知覺對訊息的接受與反應，小至先入為主的偏差觀念，大至視而未見、聽而未聞的現象，均說明其對於溝通障礙所造成的影響是既深且遠的。

四 情緒

收訊人在情緒不穩的激動狀態下接收訊息，會影響他對訊息的理解。同樣的訊息，當你在生氣或高興時接收到，在感受上可能完全不同。極端的情緒，如節慶時的歡呼或失戀時的沮喪，最容易破壞溝通。因為在這些狀況下，我們往往將理性及客觀的思考拋在腦後，代之而起的是情緒化的判斷。

五 語言

相同的文字，對不同的人而言，各有不同的意義。年齡、教育程度與文化背景是三個明顯的變數，會影響我們對語文的使用及對字義的理解。一位大學教授突然對一群國中、國小學生做教學活動，其用字遣詞，常無法為中、小學學生所理解，其溝通效果自然大受影響。

在團體組織裡面，成員往往來自不同背景。此外，不同的工作部門，也常會使用該行的「行話」或專業術語。在大規模的組織裡，其成員往往來自不同的地理區域——甚至不同的國家——因此在俚語或字句的使用上常會有所不同。

垂直層級的存在，也會造成語言的問題。例如管理階層的經理人都會利用「誘因」（incentive）和「配額」（quotas）這兩個名詞，但不同層級的經理人，對這兩個字的理解可能有不同的涵義。對高階經理人而言，他們常說「部屬需要誘因與配額」；而對低階經理人而言，這兩個名詞有操縱的涵義，會使他們有憤慨的感覺。

雖然我們都使用同一種語言——中文，但語言有不同的使用方法，如果我們知道每個人對語言的使用多少會添上些色彩，那麼溝通上的困難將會減少。問題出於組織中成員們通常不知道其他人在語言上添加了哪些特殊涵義。發訊人常常會假定自己使用的語言與收訊人相同，因此也就造成溝通上的困難。團體中的新進人員或新手備感被排斥，其原因之一，即是對組織中流行的、通用的、具備特殊涵義的語言（行話）不了解所引起。

綜合上述各種造成溝通障礙的因素，若以發訊人及收訊人兩個層面來分析、歸納，即可獲得如表 8-2 所示：

❖ 表 8-2　發訊人、收訊人溝通障礙表

發訊人三大障礙			收訊人三大障礙		
發訊人三大障礙	認識不清	1. 不了解受訊者 2. 不清楚訊息 3. 不明白主旨 4. 不相信溝通	收訊人三大障礙	聽不清楚	1. 噪音干擾 2. 心不在焉 3. 身體疲乏 4. 不明語意 5. 假裝在聽
	態度不佳	1. 排斥訊息 2. 排斥收訊人 3. 匆促潦草 4. 言行不一致		聽不明白	1. 太過複雜 2. 引起混淆 3. 自顧自己 4. 假裝明白
	發訊不當	1. 時間不當 2. 方法不當 3. 地點不佳 4. 訊息不當 5. 對象不當 6. 語氣不對		聽不進去	1. 不喜歡聽 2. 不想接受 3. 自以為是 4. 情緒障礙 5. 不願溝通

第五節　有效溝通的原則與策略

俗話說：說話難，有話說更難，既有話說又說得恰到好處最難。溝通既然有這麼多的障礙，而溝通又是如此的重要，因此，有效溝通的原則與策略，便成為克服溝通障礙的最佳途徑了。

一　有效溝通的原則

(一)培養良好的特質

良好的特質使人樂於親近、接受，因此有利於關係的建立與溝通的暢通。良好的特質包括（林薇，1993）：

1. 自我覺察

敏銳覺察自己的角色與角色行為；了解自己的優、缺點；能體會組織成員的需要與狀況，並做立即性反應。

2. 接納

適當尊重他人，並接納對方的意見、態度、感覺與行為。

3. 同理心

能設身處地為對方著想，能正確感受對方的內在世界和情緒反應。

4. 溫暖

無條件關懷、親切、友善、熱忱。

5. 可信任的

言而有信，誠實的、保密的、可信賴的。

6. 開放的

不堅持己見，樂於分享自己的經驗、想法，不故步自封。

7. 一致性

真誠不做作，裡外一致，言行合一。

8. 專注

在面對面的互動情境，能專心注意的進行談話、溝通。

9. 解決問題的能力

(二)減少引起防衛性的溝通行為

美國心理學者 Dr. Gibb 發現六種溝通行為會引起對方的防衛反應，這六種行為包括（黃惠惠，1993）：

1. 評價式（evaluation）

控訴、批判、論定、評估的表達方式。

2. 控制式（control）

利用本身地位、身分、語言、態度及身體語言表達出控制、跋扈、支配的意念。

3. 謀略式（strategy）

運用謀略計算操縱別人，使對方甘於被驅使、駕馭。

4. 中立式（centrality）

在情緒上漠然，在情感上冷漠、令人感到不被關懷、重視。

5. 優越感（superiority）

自認高人一等，使對方感到尊嚴受損、價值感低落、地位權力受到威脅。

6. 認定式（certainty）

認定式與自我肯定不同。認定式偏向專斷、非理性、自以為是的反應行為；自我肯定偏向肯定自己，但也肯定別人，是理性比較、分析後的反應行為。

(三)利用支持性的溝通行為

支持性溝通行為有六種（黃惠惠，1993）：

1. 描述性

避免使用「你」的評價性語言，改用「我……」訊息的描述性語言，客觀說明事實並解釋原因。

2. 問題導向式

邀請對方一起面對問題，討論解決問題的方法，而不是強迫對方屈服於既定的方法。

3. 自發式

自發的意思是真誠，把自己的真實感受不經刻意修飾而表達出來。

4. 同理式

將心比心與對方產生共鳴性了解，了解並接納對方的感受與觀點。

5. 平等式

以平等的態度相對待、溝通。

6. 協定式

以協商的態度，願意開放並接受新的訊息與想法。

(四)強化溝通的技能

溝通是人際傳達情意的工具，但溝通的方式有口語行為與非口語行為，因此須講究溝通技能。良好的溝通技能包括（林薇，1993）：

1. 專注的技術：談話的姿勢、神態、坐位角度、眼神等。
2. 發問的技術：
   (1) 多用敲門磚式反應：點頭、微笑、銜接話題等。
   (2) 多用開放式問句，少用封閉式問句。
   (3) 多用單一問句，少用雙重或多重問句。
   (4) 多談感覺，不只談事實。
   (5) 少用轟炸式問話。
3. 口語表達要言簡意賅。
4. 比喻要恰當。
5. 積極的傾聽與適度的回應。
6. 敏銳覺察對方肢體語言的意義。
7. 辨別對方的情緒反應，並有效處理。
8. 指責的原則：
   (1) 不要以主觀、嚴厲的標準斥責對方。
   (2) 不要在情緒激動時斥責對方。
   (3) 不要舊事重提。
   (4) 不要在公眾場合斥責對方。
   (5) 不要擴及對方的人格或其家人。
   (6) 不要不分青紅皂白加以斥責。
   (7) 事後要安撫，並說明原因。
   (8) 給予彌補錯誤的機會。

二 團體組織中有效溝通的策略

除了上述的原則外，在團體組織中有效的溝通策略包括：

(一)善用回饋

許多溝通上的問題可以直接歸因於誤解和失誤。如果你在溝通過程中多利用「回饋」的話，這些問題就可以減少。回饋可以是口語或非口語的方式進行。

如果你問收訊人：「你了解我說的話嗎？」則對方的回答即代表是一種回饋。但是，回饋不應止於回答「是」或「不」。針對訊息的內容，你可以提出一些相關的問題，看收訊人是否已經完全了解，並且最好是由收訊人以他自己的話把訊息再口述一遍。除了提問題及複誦一遍以外，回饋也可以是一全盤性的評論。例如團體運作狀況、組織成員的安插、績效評估、薪資方面的討論以及對升遷方面的看法，都是重要而微妙的回饋形式。

(二)簡化語意

因為語言也是溝通上的一種障礙，因此發訊人應該在表達上慎選字眼，並將訊息做另一番整理，使收訊人能清楚的了解。發訊人必須簡化語言，並考慮訊息欲傳達的對象，使語言能夠與收訊人的協調一致。有效的溝通除了需要收訊人收到訊息之外，還要對方能完全「了解」，這樣才算達成目的，簡化語意可以增加收訊人「了解」的程度。

(三)積極傾聽

傾聽（listening）是主動地搜尋對方話中的意義，但是聽（hearing）卻是被動的。當你傾聽時，發訊人與收訊人雙方同時都在思考。

為什麼許多人都無法做好傾聽呢？因為傾聽並不容易，並且溝通時扮演發言人的角色時較有滿足感。事實上，傾聽通常比說話還累，因為傾聽需要費腦力。傾聽與「聽」最大的不同點在於，「主動的傾聽」需要全神貫注。

若能以「同理心」（empathy）融入對方的談話，則傾聽的效果可以更提高。所謂「同理心」是把自己置身於對方的立場來了解對方的感受與看法。因為發訊人與收訊人在態度、興趣、需求、期望等各方面均不同，因此若能做到「同理心」的境界，必然很容易可以了解對方的訊息。「同理心」的傾聽者對於訊息的內容保留自己的判斷，並且小心翼翼的傾聽對方所說的話，其目的是為了完全接收對方話中的意義，不因為自己一時過早的判斷而扭曲原意。有關主動傾聽的建議，如表 8-3。

❖ 表 8-3　有效傾聽的建議

1. 停止說話！
   如果你說話，就無法傾聽。
2. 設法讓說話者輕鬆表達。
   幫助對方能暢所欲言，這通常稱為「開放的環境」（permissive environment）。
3. 提示對方你想傾聽他說的話。
   表現出有興趣的態度。別人說話時，不要看你的信。為了要了解而傾聽，但不是為了要作反射性回應。
4. 去除渙散的精神。
   不要亂畫、輕敲或弄亂紙張。如果把門關好，會更安靜一些。
5. 與說話者一起融入他說的話中。
   設法幫助自己能徹底融入對方的觀點。
6. 要有耐性。
   給予充分時間，不要打斷。不要開門或走開。
7. 控制你的脾氣。
   生氣的人容易誤解意思。
8. 批評的態度要輕鬆一點。
   批評或爭論會使說話者採取防衛姿態，他會「靜下來」，然後開始生氣。最好不要爭論：即使你贏，但你還是輸。
9. 提問題。
   這對說話者是一種鼓勵，表示你在傾聽，而且有助於進一步的探討。
10. 停止說話！
    這是最開始的建議，也是最後的建議。一旦你說話，你就無法傾聽。

資料來源：改自蔡承志（1991）

(四)控制情緒

一般人都以為可以完全理性的進行溝通，但事實上不然。我們知道，人的情緒可以大大扭曲訊息的意義。當我們情緒激動時，不僅進來的訊息會遭到我們的扭曲，而且我們同時也很難清楚而正確的表達我們想傳達的訊息。因此，在我們情緒回復平靜之前，不要從事溝通活動。在團體組織中，因「氣極」而「敗壞」大事的例子屢見不鮮。這應驗了中國人「小不忍則亂大謀」的說法。在此狀況下，也只能來個「全盤皆輸」的局面了。

(五)重視雙向溝通

組織中雙向溝通的促成，才能使下情上達，結合上意與民意，達到發訊人與收訊人的充分交流，故其效果最佳，值得大力提倡。當然，雙向溝通得有客觀的環境配合才行。倘若組織中不提倡或不鼓勵此種溝通方式，則雙向溝通亦無法強求。不過以目前的趨勢來看，雙向溝通在團體組織中無可避免的成為溝通方式中的主流。

第六節 決策的意義與過程

溝通的功能之一就是流通資訊，而資訊是做決策所必須的，因此，團體決策（group decision making）可說是溝通的主要應用項目之一。團體決策過程中，團體成員訊息的傳送愈順暢，表示溝通的效果愈佳，團體決策的品質可能更好。由此可見溝通效果對團體決策有直接或間接的影響。

一 決策的定義

決策（decision-making），是指「對可行方案之選擇過程」，這是團體領導人員的基本職責，舉凡在計劃、組織、用人、指導及控制之管理功能中，無一不涉及方案的選擇。雖然組織階層及各功能部門之決策內容及情境可能有差異，但決策的共通因素有：

1. 決策者對於擬採取之行動面臨許多可選擇的途徑，因此決策的主要精神在「選擇性」（selectivity）。
2. 各種結果或後果均可能發生，視選擇何種行動而定，因此決策的成果與選擇具有「關連性」（relatedness）。
3. 每種結果都有特定發生的機率或機會，而對於每種結果而言，其發生機率不可能相等。因此，成果之發生具「或然性」（probability）。
4. 決策者必須確定與每種行動及結果有關組合的價值、效用或重要性。

因此，行動過程應具「實用性」（practicability）。

5. 無論層級高低，組織中之成員或主管均就其工作職責內進行相關之決策，因此決策具有「普遍性」（universality）。

二 決策的重要性

基本上，決策是影響組織績效的重要因素，領導人員之溝通活動實質上即為決策之過程，因此決策之良窳非常重要。同時，由於決策所面對之事項具有「不確定性」（uncertainty），因此決策者必須非常謹慎且具前瞻性及洞察力，方能使不確定性減至最低程度。

從另一個角度來看，組織中的決策有個人和團體兩類。在哪一種情況下採取個體決策較為有利，哪一種情況下採取團體決策較具優勢，必須謹慎選擇，方能達到實質效益。

各部門基於單位時間內產出的效率（efficiency）原則，部門內的本位主義將阻礙其相互的協調，而影響其整體效能（effectiveness），因此決策時若能兼顧效率及效能之調和，即可促成組織整體績效之提升，並可避免決策不慎所造成之負面作用。

三 決策的過程

良好的決策必須有良好的決策過程。一般而言，理性的決策過程，是有利於決策的擬定的。常見的理性決策過程，可以歸納出下列步驟：

1. 確認問題

即透過診斷以了解預期情況的差異，並確認決策之種種需要。

2. 確定欲達成的目的

根據決策的需要，確定決策欲達成的目的。

3. 發展選擇性方案

利用腦力激盪及創造力，思考欲達成目的之選擇性方案。

4. 列出重要考慮因素

根據目的，確定與決策有關之選擇標準及原則，以做為價值判斷之標準。此外，最好能同時賦予各個原則適當之加權，以表示其重要程度。

5. 依考慮原則，評估各選擇性方案之優劣

依據所定之決策原則，對各項選擇性方案加以評分，並乘以相對加權，以求各方案之加權總分。

6. 選擇一個方案並付之執行

依上述原則，針對加權分數最高的方案採取行動。

所謂良好的決策過程，是指問題確定得愈精確（不是含糊其事）、選擇性方案想得愈多（不是束手無策）、重要因素列得愈詳盡（不是只想顯而易見）、評估的程度愈數量化及書面化（不是只用口頭泛泛而談）、要達成的目的愈清楚而具體（不是遮掩不明）以及選擇的立場愈堅定（不是可否不定）等，這些都是良好決策的特徵。

第七節 團體決策與個體決策的比較

團體決策在團體組織中已廣被使用，但這是否意味著團體決策的品質優於個體決策呢？這是值得重視的問題，也是從事團體相關工作者所必須知道的。首先，我們先從其優缺點來看。

一 團體決策的優點

一般而言，團體決策優於個體決策的地方，最主要的有四點：

1. 資訊較完整

團體組織能匯集成員所能提供的資源，使決策可以在較多的資訊與專業知識的基礎下做成。

2. 意見較多

來自不同背景的人，可以從各個角度提出他們的看法，因而增加不同的觀點與選擇性方案。

3. 提高對最終決策的認同感

許多決策失敗的理由，是執行的人不能認同該決策。然而，如果讓相關的人員參與決策，則他們較可能認同最終決策，在執行時也比較不會杯葛。此外，參與決策也會使執行人員有較高的滿足感。

4. 增加決策的合法性

我們的社會重視民主，團體決策符合民主的理念，因此在眾人的心目中，團體所共同做出的決定，比由單獨一人做出的決定會更具有合法性。當個體決策者在做成決策之前，不會詢問別人的意見，那麼他做出來的決定，會被視為是獨裁專制下的產物。

二 團體決策的缺點

當然，團體決策不可能沒有缺點，一般常見的缺點包括：

1. 浪費時間

集合一個團體需要時間。團體成員集合之後，其互動的過程易流於形式而缺乏效率。導致團體決策比個體決策需要花費更多的時間。此一現象會影響領導者在必要的時候迅速採取行動及決斷的能力。

2. 要求服從的壓力

團體中存在著社會壓力。由於團體成員希望能被團體接受，因此在發表意見的時候，往往會壓抑自己與別人不同的意見，而以大家的意見為依歸。

3. 由少數人把持

團體的討論有可能會被一個人或少數幾個人所把持。如果這一小撮人的能力平平或很差，那麼整個團體的績效會因而受損。

4. 責任模糊

既然決定是大家共同做出來的，因此責任大家都有份，容易造成責任分散，形成大家都不負責的局面。在個體決策中，由於是一個人做成的決定，因此由一個人單獨負責。

三 效能與效率

團體決策是否比個體決策更具有效能？其答案必須視效能（effectiveness）的定義而定。如果以「準確性」來做標準，則平均而言，團體決策的品質會優於個體決策。當然，這並不意味著在準確性方面，所有團體決策的品質，都會勝過每一個個體的決策。一般而言，團體決策的準確性，是很少優於最佳的個體決策。

倘若決策效能以「速度」來定義，那麼個體決策較佳。如果以「創造性」來定義，那麼團體決策往往優於個體決策。並且，如果以最終決定「被人接受的程度」來定義效能，則團體決策較佳。

一般而言，組織裡的決策除了考慮效能之外，也需要評估效率。以效率而言，團體決策幾乎總是比個體決策差。在少數例外的情況下，團體決策會比個體決策有效率。這些情形是個體單獨做決策時，為了獲得比較多的資訊，個體花很多時間去查檔案或請教別人。團體因為是由許多不同背景的人組成，在蒐集資料方面會比較快。不過，這些是屬於少數的例外。一般的現象是，團體決策的效率會比個體決策差。因此，在決定使用團體決策時，必須評鑑效能上的「得」能否抵消掉效率上的「失」。

由上可知，在決策過的步驟中，透過「團體」是個相當有用的方式。團體可以提供廣度與深度均佳的資訊。如果團體由不同背景的人員組成，則應能產生出較多的選擇性方案，而且所做的分析也會較透徹。當最後的決定一致通過之後，會有較多參與決策的人予以支持與執行。但是團體決策的缺點則包括：時間較浪費，可能造成內部的衝突，及形成壓力要求參與成員放棄一己之見而服從大家的看法。表 8-4 簡略的列出團體決策的優缺點：

❖ 表 8-4　團體決策的優缺點

優點	缺點
資訊豐富	費時
資訊種類多	有從眾的盲點
最終決策易為人接受	討論受到支配
程序合法	責任模糊

四 團體迷思與團體偏移

團體決策的優缺點，已在上文加以分析，在比較團體決策與個體決策時，亦可從其副產品來做考量。團體決策發展至今，已有兩項副產品引起注意，一為團體迷思（group think），另一為團體偏移（group shift）。團體迷思跟團體規範有關。這是指團體規範要求其成員順從多數人的意見時，也一併抹殺了一些少見、不尋常或少數人的觀點。團體迷思有如一種侵襲許多團體的疾病，嚴重時甚至會大大削弱團體的績效。而團體偏移則是指團體在討論各種選擇性方案時，會使最後的決定偏向於更保守或更激進的兩極端。學校訓育委員會決議的懲戒案例是最好的說明。一般學生的特殊違規事件經訓育委員討論、表決後，可能在群情激憤的情況下，得到最嚴厲的懲罰。

(一)團體迷思

在任何會議中，你是否曾經想發言，卻又打消念頭呢？其中的原因，也許是害羞，也可能是受到團體迷思的壓抑。這種現象發生在團體的成員因感受到團體規範要求共識的壓力，而不願表達不同的意見。團體迷思描述了個體在團體壓力下，心智效率、客觀思辨及道德判斷受到影響的後果。

一般團體迷思有下列徵狀：

1. 對於團體所做的決定，若有不合理的證據，團體成員會予以合理化。
2. 若有人對團體的共識表示懷疑，其他成員會直接施予壓力。
3. 抱懷疑態度或持不同看法的成員，為了避免脫離團體的共識，會保持沉默，甚至貶低自己的意見。
4. 如果有人不講話，團體會認為他完全同意團體的共識；換句話說，沉默被視為投「同意」票。

團體迷思跟Asch從實驗中所獲致的結論頗為吻合。一個人的立場若跟團體大多數人相左時，會因感受到壓力而抑制、保留或甚至修改原先的觀點。身為團體的一員，即使自己的意見對於提高團體的決策品質有所幫助，同意團體的共識，比反對大多數人的意見要令人愉快多了。

至於，是不是所有的團體都會受到團體迷思的左右呢？答案是否定的。研究者注意到，下列三項情境變數——團體的凝聚力、領導者的行為及團體與外界隔離的情形。但目前所做的研究尚未能獲得一致的結論。目前所能得到的結論是：

1. 高凝聚力的團體，會有較多的討論及產生較多的資訊。
2. 團體的領導者若鼓勵成員們發表意見，那麼該團體會產生較多選擇性方案及較多的討論。
3. 團體領導者在團體討論之前，應該避免表示他較傾向於哪一個解決方案，因為這樣做往往會限制大家對其他選擇性方案的重視，提高方案被眾人認定為最終方案的可能性；及與外界隔離的團體會產生較少的選擇性方案來討論。

(二)團體偏移

研究證據指出，比較團體共同做出的決策與團體成員各自做出的決策之間有相當的差異。在某些情況下，團體的決定會比個體的決定保守；但是在多數的情況下，團體的決定會比個體的決定願意冒更大的風險。

事實上，團體偏移的現象，可視為一種團體迷失的特例。團體討論的過程中，所發展出來的支配性規範（dominant norm），會左右團體最後的決定。至於最後的決定傾向於更謹慎保守或願意冒更大的風險，則視此支配性規範而定。

一般人對團體決策比個體決策冒更大的風險之現象，有多種的解釋。例如有人認為，經過討論會使團體的成員們彼此更加熟悉，因而會敢做出冒較大風險的決策。換言之，成員們彼此更加熟悉之後，會變得比較大膽及勇敢。另有人認為，我們的社會鼓勵冒險，我們欽佩那些敢冒險的人，因此團體討論會激發成員們顯示自己至少跟別人一樣敢冒險。此外，可能最具說服力的看法是，決策責任的分攤。換言之，團體所做的決策如果失敗，任何成員都無須負完全責任。

第八節 團體決策的技術

團體決策最常見的形式，是大家面對面的討論。但正如我們所討論的團體迷思一樣，在面對面的互動討論過程中，可能會壓抑不同的意見，迫使成員順應多數人的共識。針對這些潛在的問題，於是有腦力激盪術（brainstorming）、具名團體技術（nominal group technique）、德懷術（Delphi technique）等技術的誕生。以下，我們逐一介紹這三種技術：

一 腦力激盪術

腦力激盪術在設計上，是為了克服團體壓力壓抑不同意見的問題。其重點在於，營造出鼓勵大家盡量表示意見的氣氛，並且不管所提出的意見有多荒謬，在進行逐項討論之前，別人不可批評或做任何嘲笑、排斥。

典型的腦力激盪會議，由6至12個人環桌而坐，主持人先把問題述說清楚，直到每個人均徹底了解。在特定的時間內，每個人開始「天馬行空」的想出各種沾到邊的選擇性方案。在這段時間內，不允許任何評語，而且所有的意見均記錄下來以待稍後再討論與分析。由於團體內一個想法可以刺激另一個念頭或產生出另一個想法來，而且即使是最荒謬的想法也不容許批評，因此頗能鼓勵團體成員盡量往「不尋常」的方向思考。

不過，腦力激盪術的重點只放在鼓勵成員們盡量提出意見，集思廣益。以下兩項技術，則更進一步提供實際上能達成最佳方案的辦法。

二 具名團體技術

在決策的過程中，具名團體技術對討論問題與人際間溝通都有限制。跟傳統的會議一樣，所有的成員都必須親自出席，但是在運作的時候，卻是彼此獨立的。此一技術含有四項步驟：

1. 任何討論進行之前，每個成員須針對問題各自以書面寫下自己的意見。
2. 接下來是較沉默的時刻，由每個成員輪流報告自己的意見，並分別記錄在會議記錄簿或大黑板上面。所有意見尚未記錄完畢之前，不允許任何討論。

3. 接著團體開始討論與評估各個意見。
4. 各個成員以獨立的方式默默的給各項意見打分數。

最後，得到積分最高的意見，即為最終的決策。這個技術主要的優點在於，既允許召開正式的會議，又不至於限制住獨立的想法。在講究輩分高低、資歷深淺的團體組織中，此一技術的使用，可避免許多牽絆，而提高決策的效率。

三 德懷術

德懷術較為複雜，也較費時。除了成員不面對面開會之外，德懷術與具名團體技術頗為相似。事實上，德懷術不允許成員們一起碰頭討論。一般的德懷術有下列六個步驟：

1. 仔細設計出一系列問卷，然後要求成員針對問題，提供可能的解決辦法。
2. 每個成員以不具名方式獨自完成第一次問卷調查。
3. 將第一次問卷調查的結果加以整理、統計。
4. 每個成員收到一份調查結果的影印本。
5. 看過調查結果之後，要求成員再一次解決原先的問題。第一次調查結果可能引發出新的解決之道，或改變成員原先的看法。
6. 重複第 3、第 4 及第 5 步驟，直到有一致性或較接近一致性的看法為止。

跟具名團體技術類似，德懷術使成員能避開其他成員的影響。同時，德懷術也不需要成員齊聚一堂來討論。當然，德懷術極費時，因此需要迅速下達決策的時候，就不能採用這種技術；此外，德懷術可能也無法獲得像具名團體技術那麼多的可行方案，因為有些可行方案必須面對面討論才能激發出來。此外，德懷術的使用，亦須有相關的設備如影印機、計算機等的配合，而參與提供解決辦法的成員，亦須具備某種程度以上的水準，方能運作純熟。

根據上述各種方法的特性，綜合分析後，可得到如表 8-5 的評估。

❖表 8-5　各種團體決策技術的評估表

評估準則	技術			
	互動	腦力激盪	具名團體	德懷
點子的數目	少	適中	多	多
點子的品質	低	適中	高	高
社會的壓力	高	低	適中	低
時間／金錢	適中	少	少	多
任務導向	低	高	高	高
造成人際衝突的可能性	高	低	適中	低
成就感	高至低	高	高	適中
接受最終的結論	高	—	適中	低
建立團體凝聚力	高	高	適中	低

資料來源：引自吳秉恩（1991）

CHAPTER

9 衝突的意義與內涵

並非你面對的任何事都能改變，但除非你去面對它，否則不可能有任何改變的。

James Baldwin

上一章談及溝通的原則與技術，究竟個人熟悉這些原則與技術之後，是否就可以避開人際衝突的困擾？我想答案是否定的。事實上，團體組織裡的人際互動或團體間的互動過程中，均有可能發生意見分歧、觀點互異或情緒反應對立的情形，此即衝突。因此，組織裡或組織間的衝突似乎是不可避免的一種行為。

本章將針對衝突的定義與本質、衝突觀念的演變、衝突的作用、衝突的因素與類型、衝突的過程與處置等五方面來論述。

第一節 衝突的定義與本質

一 衝突的定義

有關衝突的定義雖然相當紛歧，但仍有幾個共同點貫串其中。首先，衝突必須是被當事者知覺到（perceived）才算數，所以衝突存在與否是「知覺」的問題。如果沒有人察覺到，那麼衝突就不存在。當然，被知覺到的衝突可能並不是真實的。另一個共同點是，衝突包含異議性（disagreement）、不相容性（incompatibility）、對立性（opposition）、匱乏性（scarcity）及阻撓性（blockage）等概念。換言之，衝突的存在必須至少包含對立的兩方，其興趣或目標是互不相容的，同時，資源（如金錢、工作、地位、權力等）是有限的，而資源的匱乏性會導致阻撓性行為。當其中一方阻撓另一方達到目標時，衝突的情境便產生了。

對衝突定義的歧見，主要有兩點：(1)衝突是否應該專指有意的（intent）行為，亦即，阻撓行為的產生是早就決定好的行動意向，或是在情境中臨時起意的行為；(2)衝突是否專指公開的行為（over behavior），亦即，必須有公然抗爭或爭鬥訊號出現，才算是衝突。

基於上述觀點，本書對衝突的定義為：衝突是一個過程，在這過程中，A 藉由某些阻撓性行為，致力於抵制 B 之企圖，結果使得 B 在達成其目標或增進其利益方面遭受挫折。

二 衝突的本質

一般人常把「衝突」（conflict）與「競爭」（competition）視為同義詞，事實上，兩者是有其差異的。「競爭」是指兩個或兩個以上的個人、團體為達成目標，而相互採取的行為，競而不爭。不過競爭亦可能引起衝突，尤其當對達成目標之看法有歧異時，更容易發生。

事實上，競爭具有數項特性：

1. 競爭行為受公認之遊戲規則約束。

2. 彼此間的目標存有某種程度的不協調。
3. 競爭的目的在取勝，而非毀壞、消滅對方。
4. 獲勝的行為是機率的選擇。

由此可見，公平競爭，形成衝突之機會不大。

然而，另一種極端是破壞或毀滅性行為，其出發點可能純係為了傷害對方而不遵循競賽規則，且採取充滿暴力與脅迫之手段，如此則衝突很難避免。

一般而言，「利益分配」及「資源稀少」是導致衝突的基本根源，因此本質上，衝突必然在下述情況下發生：

1. 具有衝突的雙方。
2. 相互間的利益或目標有不一致或不均現象。
3. 交互作用的行為以對抗方式強制或擊敗對方。
4. 雙方的權力產生不均衡狀態。
5. 實質可獲得的資源有限。

第二節 衝突觀念的演變

衝突在團體或組織中所扮演的角色，通常有三種不同的看法。第一種看法認為，衝突是可以避免的，因為它代表團體的機能出了問題，此稱為傳統的觀點（traditional view）。第二種看法，即人類關係的觀點（human relations），認為衝突是團體中自然而不可避免的現象，不但無害，反而對促進團體績效有正面的功能。第三種觀點認為衝突不但有正面的功能，而且對促進團體績效是不可或缺的，我們稱之為互動的觀點（interaction view）。以下將進一步說明這三種觀點。

一 傳統的觀點

早期對衝突的研究大多假設衝突都是不好的。「衝突」一詞常含有負面的涵義，被視為與暴力、破壞、非理性等字眼為同義詞，因此更加深其負面的印象。所以，過去的觀點，衝突被視為具有破壞性而必須極力避免。

傳統的觀點在 1930 年代至 1940 年代之間甚為流行。從霍桑研究的結果中發現，衝突的發生乃由於團體內溝通不良、成員間缺乏坦誠與信任及管理人員沒有針對員工的需求與期待做適當回應的結果。

此一觀點在人們產生衝突行為的解釋，提供了相當簡潔的觀點。既然認為所有的衝突都應該避免，只要把注意力集中在衝突的起因，同時加以糾正，便可增進團體和組織的績效。雖然目前已有許多研究提出強而有力的證據，駁斥減低衝突可導致高績效的看法，但是仍有很多人使用此過時的模式來看待衝突。

二 人類關係的觀點

此一觀點的立場，認為衝突是所有團體和組織中自然發生的現象。衝突既然是不可避免的，不如去接受它。此派學者對衝突的存在加以合理化，認為衝突是不可隨便消除的，因為在很多情況下，它甚至對團體績效有所助益。人類關係的觀點在 1940 年代後期至 1970 年代中期支配並影響有關衝突的理論。

三 互動的觀點

目前對衝突最盛行的觀點是互動的觀點。人類關係學派接受衝突的存在；而互動的觀點更進一步鼓勵激發能促進和諧、團結及創新的「衝突」產生。因為互動論認為，一個平靜、和諧、合作的團體可能變得靜止、冷漠，且對改革與創新無動於衷。此論鼓勵團體的領導者應試圖維持團體在最小的衝突水準之上，以便能夠保持團體的活力、自我反省力以及創造力。

根據上述三點，引發一個問題：如果有些衝突對團體績效是有利的，為什麼仍有許多人視衝突為燙手山芋，避之唯恐不及呢？對衝突抱著似是而非的觀點是：因為我們生活在一個充滿傳統觀念的社會，容忍衝突是與大部分已開發國家的文化背道而馳的。在北美洲，對一個人早年態度形成最具影響力的地方是家庭、學校以及教堂。這些地方多半強調與人和諧相處的重要性，並且強調反對衝突的價值觀。

傳統的家庭強調父母的權威形象，父母總是對的，而小孩總是要順從，親子間的衝突是不被鼓勵的。已開發國家的學校系統即反映此家庭結構；老師的看法總是對的，不可任意挑戰。教堂、寺廟這種地方，也支持衝突無益論的價值觀。教義裡大多數強調和平、和諧及靜穆，鼓勵接納而斥責爭論。由於以上的原因，衝突的傳統觀點遂無視研究證據的存在，而依然受到普遍的支持。

第三節 衝突的作用

由於學者專家對衝突的觀念並不一致，甚至還有相互矛盾的地方，因此，對衝突的作用便有正反兩面的意見。茲分別說明如下。

一 衝突的正面作用

通常對衝突持正面觀點的，有四個理由：

(一)激發創造力

創造力產生的條件，常常需要在自由開放、熱烈討論的氣氛中，吸收不同的意見，方能引發新奇的構想。其過程允許某種程度的非理性，因此爭論在所難免，團體中若有適當的衝突產生，反而能引發創新構想。

(二)改善決策品質

在決策過程中，除理性分析、客觀標準外，在尋找可行方案時，常需創造力，因此如同上述理由，允許適度爭論，以蒐集更多的解決方案，改善決策的品質。

(三)增加組織向心力

假設衝突能獲得適當解決，雙方可重新合作，由於已取得共識，更能了解對方立場，尋求解決之道。藉由衝突讓「問題」具體呈現，並進一步加以解決，而非掩蓋、拖延，因此，雙方更能產生強烈的向心力，促進工作完成。

(四)重新評價自己的能力

在衝突發生之前，每個人對自己能力會產生不實際的估計，但在衝突之後，可以平心靜氣，對自己重做評估、檢討，以免重蹈覆轍。

二 衝突的負面作用

一般持負面觀點的，有三個理由：

(一)削弱對目標的努力

由於衝突造成雙方對目標認定的歧異，使得雙方無法採取一致的行動全力投入既定目標的完成，以致難以發揮績效。

(二)影響員工正常心理

由於衝突產生易造成員工緊張、焦慮與不安，導致無法在正常心理狀態下工作，效率易受影響。

(三)降低產品品質

由於組織對長期發展及短期目標欠缺協調，因此引發部門間對目標之衝突，為了獲得短期可衡量的利益目標，可能造成重量不重質的現象，於是產品品質受到影響。

第四節 衝突的因素與類型

一 衝突的因素

有些學者認為衝突導源於溝通不良，但實際上其成因甚為複雜，尤其是團體間衝突（intergroup conflict）。一般而言，影響衝突的主要因素有下列數項：

(一)團體互依性（interdependence）

此種互依性，可能由於資源有限所形成，也可能由於活動時間的限制所引起。資源有限是每個團體組織中必然的現象，而時間之互依性，則可能基於環境的限制，亦可能是專業分工中工作流程及關係設定不當的結果。

(二)目標差異性（differences in goal）

影響衝突的第二種因素為目標差異，此種差異產生之原因有四：

1. 有限資源下，對何者較重要的目標之認定有差異。
2. 為獲得獎賞，必須爭取競爭的優勢，而對目標認定產生差異。
3. 個人目標的差異，引發本位主義。
4. 資源的相依性。

(三)知覺差異性

知覺上產生差異亦是衝突的重要因素，知覺差異主要係因專業分工後，在工作時程、資訊來源及資訊通路上的認知產生差異，而引發衝突。

二 衝突的類型

衝突的產生，可能為個人層次，亦可能為人際間或組織的層次。一般的衝突，可分為五種類型：

(一)個人衝突（intrapersonal conflict）

此係指個體對目標或認知的衝突，當採取的做法不同時，會有互斥結果出現，此一現象通常有三種可能：

1. 解決問題的各可行方案均有優點，在方案選擇時，引發內心的矛盾。
2. 由於各可行方案可能產生負面作用或副作用，為避免副作用而產生不一致的觀點。
3. 對各可行方案有正面價值或會產生負面作用，無法做明確的判斷時。

(二)人際衝突（interpersonal conflict）

兩個人以上相互間之衝突者，稱為人際衝突。

(三)團體內衝突（intragroup conflict）

團體內，個人內心衝突或人際間之衝突者稱之。此種衝突對團體績效有相當大的影響。

(四)團體間衝突（intragroup conflict）

兩個團體間的衝突稱之。其衝突的原因通常是由於資源的有限及目標的競爭而產生。

(五)組織衝突（organizational conflict）

若以組織層次來看，衝突有四種型態：

1. 垂直衝突（vertical conflict）

此乃來自於上下階層的衝突。

2. 水平衝突（horizontal conflict）

指平行部門或單位之間的衝突。

3. 斜向衝突（diagonal conflict）

即指幕僚單位與生產單位之間的衝突。

4. 角色衝突（role conflict）

指角色扮演的差異所引發的衝突。

這些衝突通常都是組織內易發生的現象，其形成之原因，可能是職責劃分不清、本位主義、立場歧異或角色差異所造成。

第五節 衝突的過程與處置

衝突的過程可以分為四個階段：潛在對立（potential opposition）階段，認知與個人介入（cognition and personalization）階段，行為（behavior）階

段及結果（outcomes）階段。此過程圖示於圖 9-1。

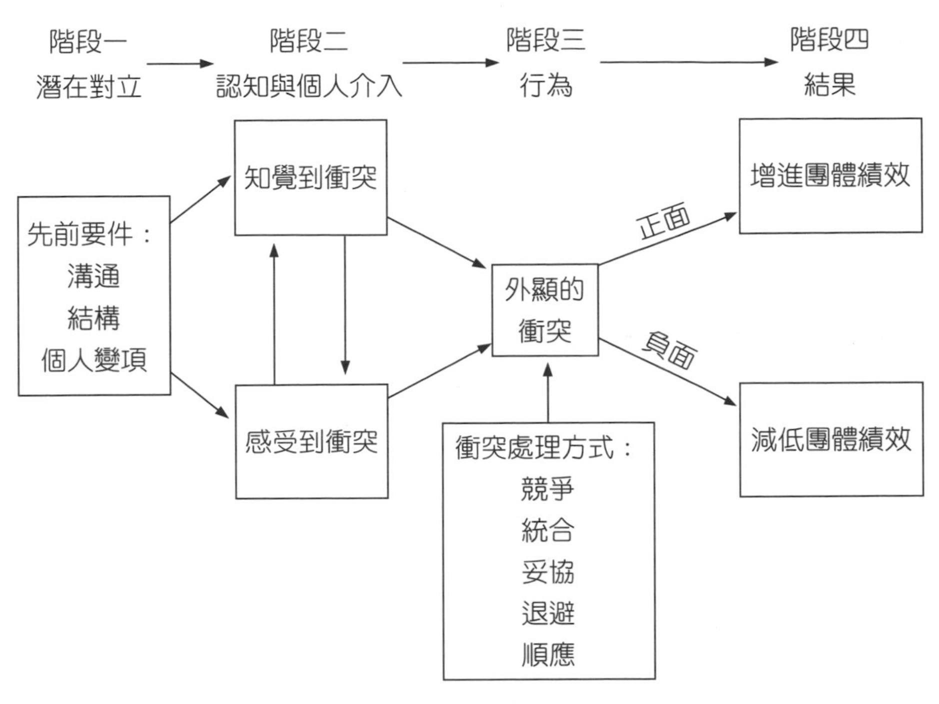

❖圖 9-1　衝突的過程圖

資料來源：修訂自蔡承志（1991）

階段一：潛在對立

衝突的第一個階段是指可能產生衝突的要件。這些要件不一定導致衝突的發生，但卻是衝突發生的必要條件。這些要件也可以說是衝突的來源，一般可以歸納為三項：溝通（communication）、結構（structure）、個人變項（personal variables）。

(一)溝通

由溝通引發的衝突，主要來自語意表達的困難、誤解以及溝通管道中的干擾因素。

一般人常以為溝通不良乃衝突的起因。但是，溝通不良並非是所有衝突的起因，因為有許多證據顯示，溝通有時候也會延宕合作的意願而導致誤會的產生。

有些研究顯示，語意的誤解、訊息交換的不足以及溝通管道中的干擾，在在都會妨礙溝通，而形成衝突的潛在要件。研究也顯示，語意的誤解係來自背景訓練的不同，選擇性的知覺，以及對他人的缺乏了解。令人驚訝的研究結果是：太多或太少的溝通，都會導致衝突的發生。太多的溝通會使話題過度集中在某一焦點上，而增加發生衝突的可能力。太少的溝通會使話題偏離在某一焦點上，而增加引發衝突的潛在性；而溝通管道的紛歧也會導致衝突的發生。

(二)結構

本文所指的結構包括團體的大小、分派給團體成員的工作之專門性程度、權限的清楚度、成員目標的一致性、領導風格、酬賞系統以及團體間相互依賴的程度等。

一般研究顯示：團體愈大、成員的工作愈專門性，則引發衝突的可能性愈大；成員年紀愈輕、流動率愈高的團體，其潛在衝突也愈大。

組織中的團體各有其團體目標，這些目標的紛歧也是衝突的潛在因素之一。

此外，部分研究顯示，領導風格愈獨裁——亦即太嚴苛，對成員的行為不斷監視並加以控制——衝突的潛在性愈高。太重視參與也容易引發較多的衝突，事實上，高參與與高衝突呈現正相關。在酬賞系統方面，如果採用的方式是一個人之所得為另一個人之所失時，則較易產生衝突。最後，一個團體若相當依賴另一個團體，或是一個團體之所得正好為另一個團體之所失，則衝突對立的可能性愈大。

(三)個人變項

個人變項包括個人的價值系統，以及個人特性和個別差異的性格。

研究證據顯示，某些性格型態，例如高權威性、高獨斷性、低自尊等特性，容易引發衝突。而在研究社會衝突時，最重要也最被忽視的變項是個人價值系統的變異。價值系統的差異亦是引發衝突最重要的來源之一。

階段二：認知與個人介入

如果階段一所提的各項要件產生了挫折，其所引發的衝突就會在階段二顯現出來，那些要件只有在當事的一方或雙方感受到時，才可能引發衝突。

正如在衝突的定義中所提到的，知覺是必要的。也就是說，至少要有一方知覺到衝突要件的存在。但是，知覺到衝突並不表示個人已介入其中。例如A可能察覺到和B有嚴重的意見不合，但這並不影響A對B的感受，也不會令A感到緊張或焦慮。這就是「感受」（felt）的層次，當一個人有情緒介入時，會顯得焦慮、緊張、挫折感或充滿敵意。此外，觀念、態度、經驗、習慣、價值觀的介入，亦會影響雙方關係，甚至造成衝突。

階段三：行為階段

當一個人做出阻撓他人達成目標與獲取利益的行動時，即進入了衝突的第三階段。此行動必須是有意的、知道可以阻撓對方的，合乎這兩個條件，衝突才成立。

外顯的衝突涵蓋了所有的行為種類——從細微的、間接的和被高度控制的協談，到直接的、攻擊的、暴力的和失去控制的抗爭，就算是衝突的外顯行為。

階段三也是大多數衝突處理方式開始出現的時候，一旦衝突表面化，當事者雙方隨即會發展處理衝突的方法。這些方法並不排除第二階段的各種處理衝突的方法，但是這階段所發展的方法，大多是用來處理看得見的衝突，而為預防衝突之用。

圖 9-2 為 K. Thomas 所發展出來的五種衝突處理方式。它包含兩個向度，即合作性（cooperativeness）與肯定性（assertiveness）。合作性係指某一方試圖滿足對方需求的程度，而肯定性則指某方試圖滿足自己需求的程

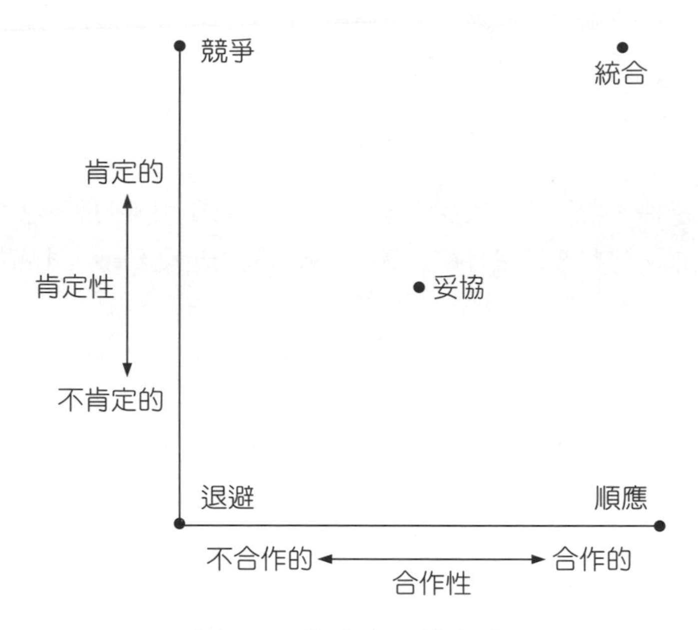

❖圖 9-2　衝突處理的向度

資料來源：引自蔡承志（1991）

度，兩兩相配的結果，可以訂出五種衝突處理（conflict-handing）的方式，即：競爭（肯定的與不合作的）、統合（肯定的與合作的）、退避（不肯定的與不合作的）、順應（不肯定的與合作的）、妥協（中等肯定與中等合作的）。

(一)競爭（competition）

當一個人只追求達到自己的目標，獲取利益，而不顧慮衝突對對方的影響時，此行為即為競爭或支配。在正式團體或組織中，非贏即輸的生存競爭，常會導致居上位者利用職權支配他人，而與人發生衝突的個人為了贏得勝利，也會善加利用自己的權力基礎。

(二)統合（collaboration）

當衝突的雙方都希望滿足對方的需求時，便會合作而尋求兩者皆有利的結果，在統合的情況下，雙方都著眼於問題的解決，澄清彼此的異同，而不是順應對方的觀點。參與者會考慮所有的可能方案，彼此觀念的異同點也會愈來愈清楚。由於解決方案對雙方都有利，所以統合被認為是一種雙方皆贏的衝突解決法。

(三)退避（avoidance）

一個人可能承認衝突的存在，但卻採取退縮或壓抑的方法，此即稱為退避。通常漠不關心的態度，或希望逃避外顯的爭論都會導致退縮行為。與他人保持距離、劃清界限、固守領域也算是退縮行為，如果無法採取退縮行為，那就壓抑自己，避免突顯。當團體成員要和他人互動時，由於工作上的相互依賴，採取壓抑要比退縮來得好。

(四)順應（accommodation）

當一個人希望滿足對方時，可能會將對方的利益擺在自己的利益之上。為了維持彼此的關係，某一方願意自我犧牲，我們稱此種行為是順應。

(五)妥協（compromise）

當衝突的雙方都必須放棄某些東西，則會為了分享利益而產生妥協。在妥協時，沒有明顯的贏家或輸家。因為妥協是對有衝突的利益結果予以定量分配或是不分配，而由一方給予另一方一些替代物。妥協的特性是，雙方都必須付出某些代價，同時也有些許獲益。

理論上，沒有一個衝突解決模式可以適用於所有的情況。但是，究竟應採取什麼方式呢？表 9-1 列出各種情境，以配合不同的衝突解決方式。運用此表時，個人也可以調整自己的衝突解決方式，以適應不同的情境。事實上，研究顯示，每個人都有自己潛在慣用的衝突處理方法。個人的衝突處理風格，是較不受情境因素影響的。而一個人所擁有的智力與性格反而較能預測其衝突處理的方式。

❖ 表 9-1　五種衝突處理方式的適用時機表

衝突處理方式	適用情境
競爭	1. 特別需要快速、有決斷的行動時。 2. 在重要的議題上，需要介入、採取特殊行動時。 3. 與組織的福祉休戚相關，而且確定自己的立場、觀點正確時。 4. 反對可能因採取非競爭行為而獲益的人之時。
統合	1. 當雙方的考慮都很重要又無法妥協、需要整合性的解決方法時。 2. 當你的目的是要學習時。 3. 想要合併不同的觀點時。 4. 想要合併雙方的考慮以達成共識，並取得承諾時。 5. 想要排除關係被干擾的感覺，以利解決問題時。
退避	1. 問題很瑣碎，又有其他更重要的問題待解決時。 2. 當察覺到自己的需要無法獲得滿足時。 3. 當潛在破裂的害處超過問題解決後的益處時。 4. 想要冷靜下來，重新考慮時。 5. 當最近獲得的資訊取代原有的決定時。 6. 當有他人能夠更有效解決衝突時。 7. 當爭論離題或引發其他爭議的徵兆產生時。
順應	1. 當發現自己有錯誤，為讓自己有較好的立場，學習並顯示自己講理時。 2. 當爭論的主題對他人有重要意義時。 3. 當未來的爭論先建立社會性信任時。 4. 當技不如人或有所損失時，使損失降至最低。 5. 當和諧與穩定特別需要時。 6. 讓部屬從錯誤中學習成長時。
妥協	1. 當目標很重要，但不值得更努力爭取時。 2. 當實力相當的對手堅持各自立場時。 3. 複雜的爭論暫獲解決時。 4. 在時間壓力下達到權宜之計時。 5. 在統合與競爭都失敗時。

資料來源：修訂自 Thomas（1977）；黃曬莉、李茂興（1991）

階段四：結果

一般而言，當衝突行為和衝突處理方式產生交互作用之後，隨即產生衝突的結果，當衝突促進團體產生績效時，即為功能性結果（functional outcomes）；相反的，當衝突造成績效受阻、停滯時，即為非功能性結果（dysfunctional outcomes）。

(一)功能性結果

衝突可以增進決策品質，激發創造力與創新發明，鼓勵成員的興趣與好奇心，衝突也是挖掘問題和情緒宣洩的良好媒介，同時衝突可提供一個自我評量與改變的機會。研究顯示，在做決策時，衝突可以提供所有的觀點，因而提升了決策的品質。此外，衝突可以矯正「團體迷思」的弊端，衝突也不會使團體有基本假設脆弱、考慮不周詳的決定產生。衝突會對現狀提出挑戰，進而產生新觀念，促進對團體目標與活動的再評價，增加團體革新的可能性。

衝突不只可以增進決策品質，而且可以提升團體的生產力。有些研究顯示：當團體在一起分析決策時，高衝突團體成員的生產力比低衝突團體成員的生產力，每人平均高出73%。另外也有研究指出：當團體是由不同興趣的成員們組成時，其解決問題的能力要比同質性成員組成的團體要好。

另外有關專業人員（系統分析師、研究與發展科學家）的研究也支持衝突具有建設性的價值。研究發現：意見愈不相容的團體，其生產力愈大。又以研究與發展科學家為對象的研究指出，理智性的衝突愈大其生產力也愈大（蔡承志，1991）。

(二)非功能性結果

衝突會對團體與組織的績效產生破壞性結果的事實是耳熟能詳的。因為失去控制的對立狀態會衍生不滿情緒，此一情緒不但無法抒解緊張氣氛，反而導致團體瓦解。許多文獻都嘗試說明惡性衝突如何降低團體效能，其中最令人不悅的結果是，衝突阻礙溝通，降低團體凝聚力，把成員間的爭鬥置於團體目標之上，更糟糕的是，衝突可能導致團體功能停頓，甚至威脅到團體的生存。

什麼是良性衝突？什麼是惡性衝突？有關衝突研究雖尚未釐清哪些情境中的衝突較具建設性或破壞性，但我們至少可以提出兩點假設來區辨建設性與破壞性衝突。第一，極端強烈的衝突，如外顯的爭鬥或暴力很少是良性的衝突。良性的衝突通常是在中度激烈的水準以下，而且對立狀態是在控制之下。第二，團體活動的類型是影響衝突功能性的重要因素。我們假設，衝突的決策愈沒有計劃性、愈具創造性，則其內部的衝突愈有可能是建設性的。一個常需要新主意來解決問題的團體，由衝突中獲得的益處要比需要按計劃行事的團體來得多。

總之，衝突會減低團體和組織的績效之觀點是不正確的。事實上，衝突同時具有建設性和破壞性兩種作用，亦即具有功能性和非功能性的結果。一般而言，衝突水準太高或太低的兩極端都會妨礙到績效的產出。而最適當的水準係指衝突的大小恰好足以預防停滯、激發創造力、宣洩緊張情緒，並孕育創新的種子，但是又不會大到破壞或阻礙工作任務的執行。

不足或過多的衝突都會阻礙團體或組織的效能，減低團體成員的滿足感，增加曠職率與離職率，最後導致生產力的下降。另一方面，當衝突停留在最適當水準的時候，志得意滿或冷漠無情就會降至最低，透過挑戰與活力，質疑與戒慎，創新與求變，工作變得有意義，工作動機也再度得到增強，而適度的成員流失，如離職率、退出團體等，亦可能汰除組織中不適用（任）的成員，均有其正面的意義存在。

CHAPTER

10 團體動力的研究

研究不但使知識擴增和進步加速，而且使人類能有效的與環境發生關係，解決自己的問題。

郭生玉

自從上世紀以來，社會科學及行為科學領域的研究，已大量引用科學研究的方法。由於科學方法的使用，使得社會及行為的科學的發展一日千里。不僅過去的資料、理論被系統化的分析、驗證，新的理論亦經過實徵性（empirical）研究而逐一被建構出來。這使得社會及行為科學被肯定、被重視的程度，與日俱增。團體動力的相關研究，亦在此一發展趨勢下，日益重要。本章主要內容包括研究的基本觀念、團體動力的研究類別、當代的團體行為研究及多向度的團體研究架構。

第一節 研究的基本觀念

一 研究的意義與方法

所謂研究，就是指利用有計劃與有系統的資料蒐集、分析和解釋的方法，獲得解決問題的過程（郭生玉，1984）。此一定義明顯指出，研究是應用科學方法探求問題答案的一種過程。在此過程中，很明顯的特色是：有計劃和有系統的蒐集、分析並解釋資料的方法，符合科學精神及其所強調的科學方法。換言之，科學研究就是以系統的、控制的、實徵的和批判的方法，探討各種現象彼此間關係的歷程。經此歷程，建立通則、原理或理論，進而達到對現象預測和控制的目的。

從人類發展的歷史來看，人類獲取知識的來源和解決問題的方法，可分五類：

1. 訴諸傳統：傳統如此，就毫無疑問的接受並認同。
2. 根據權威（authority）：權威者所言，即是真理，奉行不悖。
3. 依個人經驗法則，面對問題、解決問題。
4. 根據邏輯推理（logical reasoning）：根據演繹推理方法（deductive reasoning）或歸納推理方法（inductive reasoning）提出結論。
5. 科學方法（scientific method）：以假設或理論為依據，綜合應用演繹與歸納的思考歷程，獲致結論。

前四種方法固然可以提供有用的知識和解決問題的方法，但往往不及科學方法正確和可靠。因此，科學方法已成為今日追求知識和解決問題的主要方法。Dewey（1910）在其《思維術》（*How we think*）一書中所列述的五個思考步驟為：遭遇問題→認定和界定問題→提出解決問題的方法和假設→推演假設結果→考驗假設。根據此五步驟，發展出科學研究的基本步驟為：(1)認定問題；(2)提出假設；(3)設計方法；(4)蒐集資料；(5)提出結論。

二 科學研究的特徵

科學研究一般具有三項重要特徵：

(一)系統性

科學研究的目的是在建立法則或理論，並用以解釋現象、預測和控制現象。為達此目的，科學研究通常採用系統的方法（systematic approach）。系統的方法是以一個清楚明確的問題為開始，直到結論的獲得為止。雖然每個問題的研究不一定完全遵循上述五個步驟來進行，但任何科學研究的歷程，在本質上是具有相當的系統性。

(二)客觀性

客觀性（objectivity）是科學研究的另一個重要特徵。所謂客觀性是指，研究所使用的一切方法和程序，均不受個人主觀判斷或無關因素的影響。如此研究才能獲得客觀的結果。觀察與測量方法或程序是研究歷程中影響結果客觀性的主要因素，如果研究者觀察和測量所得的結果，和另一位研究者使用相同程序所得的結果符合一致，則表示結果具有客觀性。為了使觀察和測量達到客觀或正確，任何科學研究必須使用或設計有效的測量工具，並在規定的程序下進行觀察、測量和記錄。同時，對於所蒐集到的資料，在分析和解釋時應避免涉入個人的成見或情緒色彩。

(三)實徵性

實徵性是科學研究的另一特徵。根據實徵性方法所獲得的知識遠比非實徵方法獲得的知識更正確和可靠。如果研究者在控制的情境下以有系統的方法蒐集資料並分析資料，然後根據所得的證據做結論，此結論將比較可靠；它不是憑個人的信念或推理所得，而是經由實徵的方法獲得。

三 研究變項的類別

基本上，研究的目的是在探求變項與變項之間的關係。研究者如何認定變項、操縱變項，以及控制變項，對研究設計而言十分重要。簡單的說，變項是指人或事物的特徵，這些特徵在質與量上是變動不定的，故具有不同的數值。在社會行為科學領域中，變項的種類繁多，以下僅根據郭生玉（1984）的觀點，就常見的變項來做分類說明。

(一)自變項與依變項

將變項分成自變項和依變項是研究中最普遍、最重要的分類方法。自變項是屬於刺激變項，它是研究者所操縱的因素，此一因素的改變，常造成依變項的改變。在團體動力領域裡，常見的自變項包括智力、性別、性格、年齡、年資、經驗、增強類型、領導風格、團體結構式活動等。依變項是屬於反應變項，因它是隨自變項的變化而改變。團體動力領域中，常見的依變項包括凝聚力、組織氣氛、工作滿足感、成員流失、離職率、生產力、團體效果等。一般而言，自變項是依變項的因，而依變項是自變項的果。有時，研究者往往從自變項預測依變項，如從領導風格預測團體凝聚力，在此情形下，自變項便屬於預測變項（predictors），而依變項則屬於被預測變項（predicted variable）。

此外，除了自變項在影響自變項與依變項的關係。這些因素稱為中介變項（interventing variable）。例如在探討當對新工作興趣增加，工作成績是否也增加時，中介變項可能是學習、動機、態度、習慣或情緒等。

(二)主動變項與屬性變項

所謂主動變項（active variable）是指研究者可以主動操縱的變項，例如團體的領導風格、結構非結構、領導者性別、家庭作業、增強因素、環境安排等。但有些變項是無法由研究者主動操縱的，例如人類的屬性（attribute）、智力、性向、成員性別、社經地位、教育程度、態度、年齡等均屬屬性變項（attribute variables）。有時有些屬性變項同時具有主動變項的特徵，可以由研究者主動控制，例如成員性別、特質即屬此類變項。在團體成員的選取上，如係採隨機抽樣（random sampling）、隨機分派（random assignment），則性別、特質均屬屬性變項；但如採主動控制性別或特質條件為選取標準，例如男女比率、智商 100 以上等，則屬控制變項。

(三)連續變項與類別變項

根據郭生玉（1984）的觀點，連續變項（continuous variable）是指可以在某範圍內獲得順序數值的變項，數值愈大表示具有愈多特徵；反之，數值愈小，具有的特徵愈少。例如智力、成績、收入、身高、體重、生產力等。類別變項（categorical variable）是屬於一種名義測量（nominal measurement），藉此測量可以將具有同一性質的東西歸為同類。換言之，且分派相同的數值。

(四)心理學變項與社會學變項

心理學變項（psychological variable）是指個人的意見、態度與行為等，如成就動機、態度、價值觀、內外控、內外向性、情緒穩定性、焦慮、緊張、智力等。而社會學變項（sociological variable）是指來自個人所屬團體而獲得各種特性。如收入、職位、社經地位、教育程度、職業、政黨等。

第二節 團體動力的研究類別

團體動力相關的研究類型，並沒有嚴謹的分類方法。在一般情況下，通常分為基本研究（basic research）和應用研究（applied research）兩大類。基本研究旨在發現通則或原理，藉以建立理論和增進科學知識。應用研究的目的則在解決當前特殊的實際問題，通常是在實驗研究的情境中，驗證基本研究所建立的理論。前者如團體動力原理原則理論的建立；後者如某一理論被用以處理團體中既存的問題，除驗證原理原則外，亦在考驗處理的效果。

事實上，將團體動力的研究分為基本研究和應用研究已無太大的意義，因為兩者之間的差異性愈來愈不明顯了。一則兩類型的研究都有助於解決實際問題，再則對團體動力領域內相關知識的擴展亦有貢獻。在知識爆炸、資訊傳遞快速的今天，應用研究中的新發現，已順理成章的成為著書立論的主要題材；換言之，應用研究中的新發現，有助於建構新理論；而基本研究的新發現，也有助於為應用研究開拓新領域。為了使讀者對團體動力的研究有基本的了解，經蒐集國內外的相關文獻後，把團體動力最常見的三種研究：相關研究、實驗研究、個案研究做簡要的敘述和探討。

一 相關研究（correlational study）

相關研究是社會與行為科學中極為普遍的一種研究，其原因是易於設計和實施。假設研究者認為團體成員的內外向性和團體凝聚力有關，為了探討此一概念或假設，研究者只要蒐集這兩個變項的分數，並計算其相關係數（coefficient of correlation）即可達成目的。

上述例子說明了相關研究的意義：凡是經由使用相關係數而探討變項間關係的研究，均屬相關研究。

一般而言，相關研究的主要目的，是在確定變項與變項間關係的程度與方向。變項關係的程度，有完全相關、高相關、低相關或零相關；而變項關係的方向有正相關和負相關。相關係數通常是表示變項間的關係程度，其範圍是介於 0 到±1.00 之間。當係數是 +1.00 時，是完全正相關（perfect positive correlation），-1.00 時是完全負相關（perfect negative correlation）；如果兩變項中，一個變項分數的高低和另一個變項分數高低沒有關係，則此兩變項間的相關是零相關（zero correlation）。

採用相關研究探討團體動力相關主題，主要設計有兩種：一為關係研究（relationship study），另一為預測研究（prediction study）。關係研究的目的是在分析變項與變項之間的關係，用以了解團體中複雜行為和團體或團體歷程的現象。郭生玉（1984）認為相關研究可以使研究者從浩繁的變項中發現某些變項的相關，而據以選擇研究變項，以便從事更精確的研究。預測研究的目的在根據變項間的相關，從一個變項或某些變項預測另外的變項。預測研究常用來認定可以有效預測的相關變項。相關愈高，預測愈正確。

相關研究除了可產生假設外，尚可再來考驗假設。換言之，如果研究者依據理論的導引或前人的研究建議，預期變項間會存在某種關係時，所從事的研究，即為以考驗假設的目的。

基本上，相關分析的方法有兩大類，一為雙變項相關分析，另一為多變項相關分析。在決定使用哪一種方法時，須視研究資料的類別和研究目的而定。雙變項相關分析包括積差相關、等級相關、肯氏τ係數、肯氏和諧係數、二系列相關、點二系列相關、四分相關、ϕ相關、列聯相關、相關比等。其符號、適用時機、目的，如表 10-1。

❖ **表 10-1　雙變項相關分析**

分析方法	符號	變項 1	變項 2	目的
積差相關	r	連續變項	連續變項	分析兩個變項間的直線關係
等級相關	ρ	等級變項	等級變項	
肯氏 τ 係數	τ	等級變項	等級變項	
肯氏和諧係數	ω	等級變項	等級變項	分析評分者的一致性
二系列相關	r_{bis}	人為二分類別變項	連續變項	分析試題的鑑別力
點二系列相關	r_{p-bis}	真正二分類別變項	連續變項	
四分相關	r_t	人為二分類別變項	人為二分類別變項	兩個變項均可以二分時使用
ϕ 相關	ϕ	真正二分類別變項	真正二分類別變項	分析試題間的相關
列聯相關	C	兩個或以上的類別	兩個或以上的類別	兩個變項均分成若干類別時使用
相關比	η	連續變項	連續變項	分析非直線的相關

資料來源：引自郭生玉（1984）

此外，在社會與行為科學研究中，多數問題都包括三個或更多變項的研究，在此情況下，就必須使用多變項相關分析（multivariate correlational analysis）。多變項相關分析包括複迴歸分析、區別分析、典型相關、因素分析、淨相關等。其適用時機與目的，如表 10-2。

❖ 表 10-2　多變項相關分析法

分析方法	使用情況
複迴歸分析	分析若干個預測變項和一個效標變項間的關係。
區別分析	分析若干個預測變項和一個效標變項間的關係，但效標變項被分成幾個類別。
典型相關	分析若干預測變項和若干個效標變項間的關係。
因素分析	認定許多變項中的因素結構，以減少變項的數目。
淨相關	分析第三個變項的影響去除後，兩個變項間的純淨關係。

資料來源：引自郭生玉（1984）

二 實驗研究（experimental study）

實驗研究法是所有社會與行為科學研究中最科學的一種方法，也是團體動力領域使用最多的研究法，因它是在妥善控制的情境下探討自變項與依變項的關係，合乎團體行為研究的需求。由此研究所獲得結果，不但可說明變項間的關係，而且還可進一步說明其因果關係。因此，實驗研究所得的結果，最能達到解釋、預測和控制行為（現象）的科學研究之三大目的（郭生玉，1984）。

具體的說，實驗研究是指研究者在妥善控制一切無關變項的情況下，操縱實驗變項，而觀察此變項的變化對依變項所產生的影響效果。換言之，實驗研究是指在嚴謹控制可能影響實驗結果的因素之下，探討自變項和依變項的關係。在此研究中，研究者所操縱的變項稱為實驗變項（experimental variable），即自變項；因此變項的操縱而產生改變的變項稱依變項，又稱實驗結果。此外，在實驗過程中，尚有一些因素，如成熟、智力、性向、經驗、社經地位、性別、動機、態度等，可能影響依變項而混淆實驗結果。這些干擾實驗結果的外來變項稱為外來無關變項（extraneous variable）。

由上可知，實驗研究的兩個特徵：一是隨機化（randomization），另一是控制變項（control variable）。隨機化是指在一個界定的研究母群體中，每一個體均有相等機會被抽取做為研究的對象。隨機化步驟常有兩個：一是隨機抽樣，一是隨機分派。控制變項是指控制三種變異量，即實驗變異量、無關變異量和誤差變異量。控制三種變異量的目的是增加實驗變異量到最大、挪除無關變異量、減低誤差變異量到最小。

在評估實驗結果是否具有應用價值和可靠知識時，首先須考慮實驗的效度。實驗效度是指實驗設計能回答所欲研究問題的程度。基本上，一個理想的實驗研究設計必須具有內在效度和外在效度。內在效度是指實驗者所操縱的實驗變項對依變項所造成影響的真正程度，亦即實驗處理是否確實造成有意義的差異。內在效度是研究的基本條件，沒有內在效度，實驗即不能解釋，且毫無意義。根據Campbell和Stanley（1963）的觀點，同時事件、成熟、測驗、測量工具、統計迴歸、差異的選擇、受試的流失、因素間的交互作用等八因素，是影響內在效度的外來無關變項。從事實驗研究時，研究者必須要妥善加以控制，才能對實驗結果做正確解釋（郭生玉，1984；林清山，1992）。外在效度是指實驗結果的概括性（generalizability）和代表性（representativeness）。換言之，就是指研究結果是否可推論到研究對象以外的其他受試者，或研究情境以外的其他情境。一般研究結果愈具有普遍的應用性，則其外在效度將愈高。研究者若欲使實驗結果具有良好的外在效度，必須考慮：測驗的作用或交互作用效果（reactive or interactive effect of testing）、選擇偏差與實驗變項的交互作用效果（interaction effects of selection bias & experimental variable）、實驗安排的反作用效果（reactive effects of experimental arrangement）及多重實驗處理的干擾（multiple treatment interference）四因素。

一般與團體動力有關的團體實驗設計包括單組後測設計、單組前後測設計、靜態組比較設計、等組前後測設計、等組後測設計、所羅門四組設計（四個等組設計）。環顧國內已發表的團體實驗設計研究中，前兩類設計尚未出現外，所羅門四組設計是使用最少的類型，而等組前後測設計則是使用最多，最常見的類型（方紫薇，1990；潘正德，1993）。

表 10-3 為各類型的實驗設計，及影響內外在效度有利（＋）與不利（－）因素。

三 個案研究（case study）

個案研究是團體動力領域內使用最少的一種研究方法。其原因之一，是因為團體內行為的分歧性與複雜性，使得個案研究較不適用於團體行為的研究。除非，將個案研究做較寬廣的操作性定義，例如某一生產單位或某一工廠內員工人際互動的個案研究。事實上，個案研究是專門用來解釋個別現象的一種研究方法。

所謂個案研究，是指採用各種方法蒐集有效的完整資料，對單一的個人或社會單位（social unit）做縝密而深入研究的一種方法。由此一定義，可以了解個案研究包括下列三個特徵：

第一，個案研究是以單一的個人或社會單位為研究對象。

第二，個案研究中，資料的蒐集是採用多種方法，而且資料的範圍很廣泛。就資料的蒐集而言，所使用的方法包括調查觀察、心理測驗、身體檢查、社會計量、文件分析、家庭訪問等。就資料的範圍而言，包括生理的、心理的、社會的、傳記的、環境的、家庭的、實驗室的等。

第三，個案研究是一種縝密而深入的研究。個案研究的對象是單一的個人、少數的個人或社會單位，但其探求的變項或情境卻包括很多。因此，個案研究是集中在個人、某些人，或某一團體組織的深入研究。

在輔導、心理治療和社會工作的領域中，個案研究的意義極為有限。因其所研究的對象是具有獨特人格或問題行為的個人，而不著重典型的個人或一般人。但在工業心理、組織行為，或企業管理領域中，個案研究的意義則較為廣泛。因其研究的對象，是某一社會單位或團體組織內的運作、

❖ 表 10-3　各類型實驗設計的內外在效度

影響內外在效度因素／實驗設計類型	內在效度								外在效度			
	同時事件	成熟	測驗	測量的工具	統計迴歸	差異的選擇	受試的流失	選擇與成熟的交互作用	測驗的反作用效果	選擇偏差的交互作用效果	實驗安排的反作用效果	多重實驗處理的干擾
單組後測設計 X　O	－	－				－	－			－		
單組前後測設計 O　X　O	－	－	－	－	?	+	+	－	－	－	?	
靜態組比較設計 X　O_1 　O_2	+	?	+	+	+	－	－	－		－		
等組前後測設計 R　O_1　X　O_2 R　O_3　　O_4	+	+	+	+	+	+	+	+	－	?	?	
等組後測設計 R　X　O_1 R　　O_2	+	+	+	+	+	+	+	+	+	?	?	
四個等組設計 R　O_1　X　O_2 R　O_3　　O_4 R　　X　O_5 R　　　O_6	+	+	+	+	+	+	+	+	+	?	?	

資料來源：修訂自郭生玉（1984）

績效、士氣、生產力、怠工等問題，其研究結果，可以做為處理其他團體組織中相同問題的參考。

基本上，個案研究的主要目的有三項：

(一)解決問題

大多數個案研究的研究目的，是要解決個人行為上或人格上的問題，因此研究者的焦點，不僅在了解目前的行為狀況，更是在問題的解決、處理、使行為恢復正常的情況。從事這樣個案研究的，大多屬於學校、心理學家、輔導諮商人員、社工員、臨床心理師或精神科醫師。至於應用在社會單位或團體組織的個案研究，其目的有些是專為解決組織內的既存問題，有些則是針對某一措施、制度、現象等，做深入的探討了解。

(二)提供假設來源

一般而言，在研究的初期，要決定哪一個變項和某一特殊問題有關是一件困難度高的工作。在未有明確的研究假設之前即進行大規模費時耗力的研究，不如採用個別研究，可以節省人力、物力。雖然部分學者認為個案研究不能做為考驗假設或建立結論，但卻是提供建立假設的好方法。

(三)提供具體的實例

個案研究的特點之一，是以文字的方式敘述事實，而不以統計數字呈現事實來比較差異。基本上，個案研究類似「質」的研究。因此，當研究者需要以實例來說明統計的發現時，個案研究能提供相當有用的資料。此外，個案研究的資料，也可提供了解理論模式的具體實例。

根據上述的目的，個案研究可分為兩個層次，一是解決問題導向的層次，一是研究導向的層次。屬於第一層次的個案研究，常被視為一種次要的研究技術，只算是一種臨床程序（clinical procedure）。屬於第二層次的個案研究，則被視為是一種考驗假設的研究。通常多數的個案研究是屬於解決問題導向的層次。一般說來，個案研究有其長處，但亦有其限制。研究者若能克服其限制而發揮其長處，個案研究將可發揮更大的效益。從理論上來看，個案研究有下列的優點和限制：

(一)個案研究的優點有三項

1. 個案研究可以深入了解整個個人、少數個人或某一社會單位。
2. 個案資料的蒐集，在資料形式、數量、來源、程序或方法上並未有固定不變的規定，故具有很大彈性。
3. 個案研究是在自然的情境下，探討各種影響個人發展或團體運作的因素，故研究結果具有很高的應用性。

(二)個案研究的限制

1. 研究結果缺乏普遍性，無法推論到研究以外的其他個案。
2. 個案研究易流於主觀的偏差，此一偏差可能來自研究者先入為主的觀念，也可能來自選取符合研究者預期結果的個案。
3. 確定和個案有關的資料，並從繁瑣的資料中決定何者與個案有關，不是一件容易的事。

第三節 當代的團體行為研究

Cartwright和Zander（1953）曾對團體動力相關的研究提出以下觀點：

> 當一個人接觸有關團體行為的各類文獻資料後，腦海中將會留下這樣的印象：團體問題眾說紛紜，不一而足；研究方法新穎而多變化；有關團體內部的描述，更令人眼花目眩。類似這種顯著而混淆的現象，給個人帶來第一個反應很可能是：望而怯步。然而，當我們更仔細去推敲時，更會發現外表上是相互對立的理論和觀點，事實上並非相互矛盾，反而是相輔相成，彼此擴大對方的理論範疇。

十年之後，Stock 進一步表示，有關訓練團體（T-groups）的研究，均提議應擴大團體範疇（checkerboard），並加入一些尚未完成或較新穎的內容。團體的某些領域引起研究者大量的關切，但部分領域則幾乎無人問津。在某些領域中，有些問題早已被提出並獲得解答，但在其他的領域，這些問題雖然清楚，不過方法學和相關理論卻未見充分的發展與利用。此外，在一些領域中，有些問題的定義仍不是很清楚，頗值得深入探討。隨著訓練團體廣泛的應用和修正（modification）後，團體裡原本相類似（analogy）的理論變得複雜多了，研究的範疇雖擴大了，但隨之而來的現象是，過去未曾發現的問題，現在正綿延不斷的出現（潘正德，1990b）。

造成團體動力在文獻上出現如此複雜和歧異的現象，第一個原因是，研究對象大多屬於不同類型的團體，如學校班級、工廠團體、飛機機員、組合實驗團體（fabricated laboratory group）等所引起。第二個原因是，社會問題的多樣性造成混淆的現象。這就是為什麼研究的範圍包羅萬象，從團體內部的衝突到工廠的生產量都有。最後的一個原因是團體動力乃交互作用下的產物。它的觀念、方法和專門術語，是由心理學、社會學、精神病學、人類學、工業理論、社會工作、教育、少數政治學、經濟學，甚至數學和物理科學當中抽引出來，最後再集其大成。

由於一般學者對團體動力的興趣已經萌芽，因此很多研究正努力並精確的去探討什麼是團體動力。當代的研究，似乎把焦點放在三個方向：(1)團體變項對團體和個體改變的影響研究；(2)以團體與個體的改變做為團體經驗效果的研究；和(3)團體發展歷程的研究。在此，我們將進一步探討已有的研究範例，此外，我們也蒐集了國內近二十年來，有關團體行為的研究多篇，以幫助讀者進一步的了解。

一 團體變項對團體及個體行為之影響研究

在這一類研究中，研究者嘗試著從不同的研究結果中，探討哪些差異是因為團體類型的不同、抉擇程序（decisionmaking procedures）的改變、溝通型態或其他變項等因素所引起：

(一)團體類型（type of group）

1. 實驗室訓練的個別化應用（Bunker, D. R. (1965). Individual applications of laboratory traning. *Journal of Applied Behavioral Science*. I, 131-148.）
2. 已婚夫妻團體心理治療研究（A study of group psychotherapy with married couples, Part I: The group method. *International Journal of Social Psychiatry*. XV, 57-68.）
3. 馬拉松團體：一個初步的評量（Mintz. E. E. (1969). Marathon groups: A preliminary evaluation. *Journal of Contemporary Psychotherapy*. I, 91-94.）

(二)方法（methodology）

1. 實驗室及演講在訓練實施的比較（Bolman, L. (1970). Laboratory versus lecture in training executives. *Journal of Applied Behavioral Science*. VI, 323- 335.）
2. 把心理劇當作醫院治療的一種方法之研究（Polansky, N. A., & Harkins, E. B. (1969). Psychodrama as an element in hospital treatment. *Psychiatry: Journal for the Study of Interpersonal Processes*. XXXII, 74-87.）

(三)做抉擇的程序（decision-making procedures）

初步決定和冒險性改變現象的研究（Bell, P. R., & Jamieson, B. D. (1970). Publicity of initial decisions and the Risky Shift Phenomenon. *Journal of Experimental Social Psychology.* VI, 329-345.）

(四)溝通型態（communication patterns）

小團體的溝通頻道研究（Bales, R. F., et al. (1951). Channels of Communication is Small Group. *American Sociological Review.* XVI, 461-468.）

(五)領導的影響力（leadership influence）

1. 以觀察者的期望作為團體願望的決定要素之研究（Zander, A., Medow, H., & Efron, R. (1965). Observers' expectations as determinants of Hroup aspirations. *Human Relations*. XIX, 273-287.）
2. 訓練團體中訓練者對參與者改變的影響力之研究（Cooper, C. L. (1969). The influence of the trainer on participant change in T-groups, *Human Relations*. XXII, 515-530.）

(六)時間長短（amount of time）

人際關係訓練實驗長短對行為改變效果的比較研究（Bunker, D. R., & Knowles, E. S. (1967). Comparison of behavioral changes resulting from human relations training laboratories of different lengths. *Journal of Applied Behavioral Science*. III. 505-523.）

(七)團體大小（group size）

在小團體中團體大小對互動作用的效果研究（Zimet, C. N., & Schneider, C. (1969). Effects of group size on interaction in small groups. *Journal of Social Psychology*. LXXVII, 177-187.）

(八)團體成分（group composition）

固定與不固定團員在工作團體的比較研究（Fine, B. D. (1971). Composition of work groups with stable and unstable membership. *Journal of Applied Psycholgy*. LV, 170-174.）

(九)回饋（feedback）

以團體回饋分析作為改變主體之研究（Heller, F. A. (1970). Group feedback analysis as a change agent. *Human Relations*. XXXIII, 319-333.）

(十)團體結構（group structure）

結構平衡的程度和團體效果的研究（Morrissette, J. O., et al. (1967). *Degree of structural behavior and human performance.* II(4), 183-393.）

二 以團體與個體的改變作爲團體經驗效果的研究

本類型的研究，是在確認（identifying）透過團體經驗產生改變的型態或探討影響結果的一些變項：

(一)敏感度（sensitivity）

團體訓練中社交敏感度的改變研究（Bramson, R. M. (1970). Changes in social sensitivity in group training. *Dissertation Abstracts International*. XXXI (2-A), 823.）

(二)自我概念（self-concept）

以敏感訓練作為改變自我概念的方法之研究（McGee, R. D. (1970). A study of sensitivity training as a method of changing self concept. *Dissertation Abstracts International*. XXX (11-A), 4360.）

(三)自我覺知（self-awareness）

訓練團體中治療性知覺和自我覺知的相互關係研究（Clark, J. V., & Culbert, S. A. (1965). Mutually therapeutic perceptions and self-awareness in a T-group. *Journal of Applied Behavioral Science*. I, 180-194.）

(四)一致性（congruence）

以理想我的一致性，作為人際關係訓練的一種功能之研究（Peters, D. R. (1970). Self-ideal congruence as a function of human relations training. *Journal of Psyhology*. LXXVI, 199-207.）

(五)冒險（risk-taking）

一個對冒險性改變現象的評論性分析之研究（Belovicz, M. W. et al. (1971). A critical analysis of the 'Risky Shift' phenomenon. *Organizational Behavior and Human Performance*. VI, 111-131.）

(六)工作效力（task effectivness）

以團員能力、工作解決策略和工作難度為主要功用預測團體生產力的研究（Schiflett, S. C. (1970). Prediction of group productivity as a function of member ability, task-solving strategy and task difficulty. *Dissertation Abstracts International*. XXXI (2-A), 830.）

(七)問題解決（problem-solving）

社交互動對團體問題解決之結果研究（Vroom, V. H., Grant, L. D., & Cotton, T. S. (1969). The consequences of social interaction in group problem solving. *Organizational Behavior and Human Performance*. IV(1), 77-95.）

(八)一致（conforming）

一個以團體吸引力作為一致性決定要素的實驗性評估研究（Rotter, G. S. (1967). An experimental evalution of group attractiveness as a determinant of conformity. *Human Relations*. XX, 273-281.）

(九)潛在性危險（potential dangers）

1. 情緒緒激動程度在實驗訓練之研究（Lubin, B., & Zuckerman, M. (1969). Level of emotional arousal in laboratory training. *Journal of Applied Behavioral Science*. V, 483-490.）
2. 訓練團體和實驗室方法的精神病學觀（Gottschalk, L. A., & Pattison, E. M. (1969). Psychiatric perceptives on T-groups and the laboratory method: An overview. *American Journal of Psychiatry*. CXXVI, 823-840.）

三 團體發展的歷程

本書第三章曾談到團體的發展歷程，並提出「各階段團體運作摘要表」，以協助讀者在觀念上做一整體性的了解。文中所陳列各階段發展的內容，乃是從下列資料中蒐集而來：

1. 一個團體發展的理論（Bennis, W. G., & Shepard, H. A. (1956). A theory of group development. *Human Relations*. IX, 415-437.）
2. 團體經驗（Bion, W. H. (1959). *Experiences in groups*. New York: Basic Books.）
3. 訓練團體的理論和實驗室方法（Bradford, L. P., Gibb, J. R., & Benne, K. D. (1964). *T-group theory and laboratory method.* New York: John Wiley & Sons.）
4. 自我解析團體的階段，角色和迷失（Dunphy, D. C. (1968). Phases, roles, and myths in self-analytic groups. *Journal of Applied Behavioral Science*. IV, 195-225.）
5. 小團體（Golembiewski, R. T. (1962). *The small group*. Chicago: University of Chicago Press.）
6. 人際關係訓練（Miles, M. B. (1955). Human relations training: How a group grows. *Teacher College Record*. LV. 90-96.）
7. 小團體的社會學（Mills, T. M. (1967). The sociology of small groups. *Englewood Cliffs*. N. T.: Prentice-Hall, Inc.）
8. 一個人際行為的三個向度理論（Schutz, W. C. (1958). FIRO, *A three dimensional theory of interpersonal behavior.* New York: Holt, Rinehart & Winston.）
9. 刻板化和團體的成長（Thelen, H. A., & Dickerman, W. (1949). Streotypes and the growth of groups. *Educational Leadership*. VI, 309-316.）
10. 人際類型和團體發展（Mann, R. D. et al. (1967). *Interpersonal styles and group development.* New York: John Wiley and Sons, Inc.）

11. 小團體裡的發展性因果關係（Tuckman, B. W. (1965). Developmental sequence in small groups. *Psychological Bulletin*. LXIII (6), 384-399.）

四 研究的回顧

在團體動力的專業領域裡，下列幾個象徵性回顧，可引導讀者更深入的了解相關研究的概況：

1. 團體動力研究和理論（Cartwright, D., & Zander, A. (1953). Group dynamics research and theory. III. Evanston: Row, Peterson & Co.）
2. 小團體研究指引（Hare, A. P. (1962). *Handbook of small group research.* New York: The Free Press of Glencoe.）
3. 一個訓練團體的研究調查（Stock, D. (1964). A survey of research on T-groups. In L. P. Bradford, J. R. Gibb & K. D. Benne (Eds.), *T-group theory and laboratory method.* New York: John Wiley & Sons.）
4. 有關人際關係訓練和研究的探討：
   (1) 有關人際關係訓練的研究設計和解釋等問題。
   (2) 研究的書目。

（National Training Laboratories, Explorations in Human Relations Training and Research: No. 1, "Problems in the Design and Interpretation of Research on Human Relations Training." *by Roger Harrison*; and No. 2, "A Bibliography of Research" by *Lewis Durham,* Jack R. Gibb, and Eric S. Knowles, Wasshington, D. C.: National Education Association, (1967).）

五 國內有關團體行爲的研究

最近幾年，小團體輔導有如雨後春筍般的在學校、社區工作、工商企業界被推展開來。過去，由於文獻資料的不足、研究方法與工具的不夠熟練，有關小團體的報告大多侷限在文字的敘述。目前，由於各種套裝軟體的大量使用，國內外網路系統的建立，立論嚴謹、架構清晰的實驗研究，累積了相當寶貴的經驗與成果。國內團體工作開啟了新頁，誠屬難得。

綜觀國內外的研究，有關小團體的研究大多從三方面著手：一是以團體為變項的比較研究；二是以團體或個體改變的效果研究；三是以團體發展為變項的過程研究（潘正德，1990b）。以國內目前的小團體行為研究來看，90%以上是屬於以團體或個體改變的效果研究，其次是比較研究，約占 6%或 7%，而過程研究的數量最少，約占 2%或 3%。最近幾年，小團體行為研究亦開始由量的研究轉為質的研究（潘正德，1993）。此一轉變，應以陳碧玲（1990）的研究「團體歷程互動行為分析」最具代表性。該研究是以 Hill 的口語互動矩陣分析團體歷程中的口語行為，為團體互動過程提供極有價值的資訊。小團體行為研究開始兼顧歷程和質的研究，實有其必要性。因為長久以來，集中在簡單的「前後測設計」以評量團體效果的研究，無法提供有系統、具體、完整的團體資料，因此，今後有關小團體的研究，宜朝向「質量並重」、「過程與效（結）果兼顧」的方向（陳秉華，1990；陳若璋，1986；陳碧玲，1990；潘正德，1990b；潘正德，1993）。以下僅將國內 20 年來，有關小團體行為研究，依結果、過程、比較、領導者研究分類，列表如表 10-4。

❖ 表 10-4　國內有關團體行為的研究

研究者（年代）	研究主題	研究類型				備註
		結果	比較	過程	領導者	
王文秀（1986）	適配論在高中同儕團體輔導之應用效果研究	✓	✓			台灣師範大學輔導研究所碩士論文
王天興（1985）	放鬆訓練對考試焦慮、自我概念暨情緒心理反應的影響效果之研究	✓	✓			台灣師範大學輔導研究所碩士論文
王秀英（1986）	團體諮商對父母離婚國中生自我觀念內外控信念之影響	✓				中國文化大學兒童福利研究所碩士論文
王瑪麗（1985）	人際問題解決訓練對國中女生人際問題解決能力、態度與人際適應的影響	✓				台灣師範大學輔導研究所碩士論文

❖ 表 10-4　國內有關團體行為的研究（續）

研究者（年代）	研究主題	研究類型				備註
		結果	比較	過程	領導者	
王明啟（1988）	認知重建與社會技巧訓練團體對於教育學院害羞學生輔導效果之研究	✓				台灣師範大學輔導研究所碩士論文
方紫薇（1986）	青少年自我統整發展暨價值澄清團體諮商對高一女生自我統整之影響	✓				台灣師範大學輔導研究所碩士論文
朱進財（1987）	師專學生自我統整的相關因素及成長團體訓練效果之研究	✓				政治大學教育研究所博士論文
朱森楠（1984）	價值澄清法對國中生價值觀、歸因方式之影響	✓				台灣師範大學輔導研究所碩士論文
何長珠（1979）	認知與認知行為兩種不同團體諮商歷程對大學生人際關係技巧訓練效果之評量	✓	✓			《輔導學報》，2 卷，59-93 頁
何長珠（1980）	人類關係訓練對大學輔導系學生自我實現效果之影響	✓				《輔導學報》，3 卷，111-125 頁
何長珠（1984）	認知行為及折衷式團體諮商對焦慮之影響：豐原高中心理輔導團體實驗研究報告	✓	✓			《輔導學報》，7 卷，109-130 頁
何紀瑩（1994）	基督教信仰小團體對提高大專學生生命意義感的團體歷程與效果研究	✓				台灣師範大學心理與輔導研究所碩士論文
呂勝瑛（1982）	內外控、自我概念與濃縮實驗效果的關係之研究	✓				《測驗與輔導》，50 期，790-793 頁
阮美蘭（1982）	小型團體諮商對改善兒童人際關係效果之實驗研究	✓				《台北師專學報》，9 期，69-112 頁

❖ 表 10-4　國內有關團體行為的研究（續）

研究者（年代）	研究主題	研究類型				備註
		結果	比較	過程	領導者	
李玉嬋（1992）	實習教師效能訓練與同儕支持小團體輔導在團體歷程、治療因素及效果之比較	✓	✓			台灣師範大學教育心理與輔導研究所碩士論文
李明濱、黃梅羹、胡海國、陳珠璋（1979）	門診精神官能症患者與邊緣性精神分裂病患者之團體心理治療	✓		✓		《中華民國神經精神醫學會會刊》，5卷，2期，33-34頁
李執中（1980）	大學生成長團體的研究	✓	✓			台灣大學心理學系碩士論文
李淑玲（1986）	會心團體經驗對高職肢體殘障學生自我概念之影響	✓				彰化師範大學輔導研究所碩士論文
李淑芬（1989）	團體遊戲治療對學前兒童社會關係及社會能力之影響	✓				政治大學教育研究所碩士論文
李玉美（1983）	權威性格與溝通型態對溝通效果之影響研究	✓				台灣師範大學輔導研究所碩士論文
吳金蓮（1979）	調班學生團體諮商精神實驗研究報告	✓				台北市金華國中輔導室
吳金蓮、俞一苓（1983）	人際關係欠佳學生之團體諮商實驗研究報告	✓				台北市金華國中輔導室
吳英璋、李文瑄、郭照美、康淑員、陳珠璋（1984）	門診精神分裂症病患團體治療的互動過程分析			✓		《中華民國神經精神醫學會會刊》，7卷，2期，12頁
吳就君、陳家聲（1985）	影響領導者的有效模式——主管領導才能訓練				✓	中國式管理研討會論文
吳就君、陳肇男、李叔佩（1987）	大學生心理衛生教育團體活動之評估及追蹤研究	✓		✓	✓	《中華心理衛生學刊》，3卷，2期，71-97頁

❖ 表 10-4　國內有關團體行為的研究（續）

研究者（年代）	研究主題	研究類型				備註
		結果	比較	過程	領導者	
吳錦釵（1985）	自我肯定訓練課程在師專團體輔導效果之研究	✓				台灣師範大學輔導研究所碩士論文
吳鼎隆（1983）	成長團體經驗對外制握學生心理反應之影響	✓	✓			高雄師範大學教育研究所碩士論文
吳麗娟（1986）	理情教育課程對國中生理性思考、情緒穩定與自我尊重之影響	✓				台灣師範大學輔導研究所碩士論文
邱清泰、林淑美（1977）	團體諮商對男女社交關係不良之大學男生之行為改變效果之評量	✓				《中華心理學刊》，19 卷，91-96 頁
邱滿豔（1983）	兩種中重度智能不足者社會技巧訓練方法之效果研究	✓	✓			台灣大學心理研究所碩士論文
林明文（1992）	心理劇的導演決策歷程與主角的改變：一個心理劇團體的個案研究			✓		台灣師範大學教育心理與輔導研究所碩士論文
林振春（1983）	影響團體領導人員訓練效果的因素之探討	✓		✓	✓	台灣師範大學輔導研究所碩士論文
林益三、林建平、蘇萍（1984）	輔導人員在團體諮商情境中的反應及其人格特質之研究				✓	《測驗年刊》，31 卷，139-148 頁
林益三（1984）	同儕輔導對高工學業及人際適應困難學生之效果	✓				台灣師範大學輔導研究所碩士論文
林家興（1978）	會心團體經驗對自我實現的影響	✓		✓		政治大學教育研究所碩士論文
林家興（1980）	人際關係訓練課程對社會青年自我實現的影響	✓				《輔導月刊》，17 卷，11 期，38-42 頁
林瑞欽（1983）	學習團體互動過程中的自我表露行為研究			✓		台灣師範大學輔導研究所碩士論文

❖ 表 10-4　國內有關團體行為的研究（續）

研究者（年代）	研究主題	研究類型				備註
		結果	比較	過程	領導者	
金華國中（1978）	英、數科低成就學生之輔導實驗研究報告	✓				《輔導月刊》，15卷，1、2期，99-105頁
金華國中（1982）	人際關係欠佳學生之團體諮商實驗研究報告	✓				台北市立金華國民中學
南門國中（1978）	對於不美滿家庭的學生之團體諮商實驗報告	✓				台北市立南門國民中學
侯麗玲（1986）	意義治療團體對教育學院大——新生生活目標輔導效果之研究	✓				彰化師範大學輔導研究所碩士論文
洪若和（1987）	價值澄清團體對國小學生自我概念與生活適應之影響	✓				彰化師範大學輔導研究所碩士論文
洪錚蓉（1992）	高中僑生與本地生自我概念及人際關係比較暨團體諮商效果之研究	✓				台灣師範大學教育心理與輔導研究所碩士論文
郝溪明（1980）	結構式學習技術在改變低收入社區青少年人際關係的效果	✓				《社會研究期刊》，19卷，5-28頁
梁錦源、張文秀（1985）	團體輔導改變學生外制信念之研究	✓				《輔導月刊》，21卷，3期，22-33頁
翁開誠（1981）	大專學生領袖的領導行為研究	✓			✓	台灣師範大學輔導研究所碩士論文
張素雲（1985）	大學生成長團體領導者的領導行為之分析研究				✓	東吳大學社會學研究所碩士論文
張素凰（1978）	人際交往模式、人際吸引與生活適應之關係	✓				台灣大學心理研究所碩士論文
許慧玲（1983）	溝通分析課程對國中生自我概念與成就動機之影響	✓				台灣師範大學輔導研究所碩士論文

❖表 10-4　國內有關團體行為的研究（續）

研究者（年代）	研究主題	研究類型				備註
		結果	比較	過程	領導者	
連麗紅（1984）	理情治療法訓練課程對國中女生輔導之效果	✓				台灣師範大學輔導研究所碩士論文
陳三興（1989）	同理心訓練對親子關係效果之研究	✓				高雄師範大學教育研究所碩士論文
陳月華（1985）	角色扮演法對國小兒童的輔導效果之研究	✓				台灣師範大學輔導研究所碩士論文
陳美枝（1984）	國中違規學生輔導績效之研究	✓				台灣師範大學輔導研究所碩士論文
陳碧玲（1990）	團體互動行為模式之分析			✓		彰化師範大學教育心理與輔導研究所碩士論文
陳慶福（1985）	合理情緒團體諮商之實驗	✓				彰化師範大學教育心理與輔導研究所碩士論文
黃信仁（1985）	社會技巧訓練對國小兒童社會關係之影響	✓				中國文化大學兒童福利研究所碩士論文
黃景華、吳武典（1981）	對文化貧乏學生實施補救教學與團體輔導效果之實驗研究	✓				《測驗年刊》，28卷，33-46頁
黃德祥（1980）	父母離婚兒童之自我關懷焦慮反應、學業成就、及其團體諮商效果之研究	✓				台灣師範大學輔導研究所碩士論文
游淑華（1986）	國中生自我狀態相關變項之關暨「溝通分析訓練方案」效果研究	✓				台灣師範大學輔導研究所碩士論文
程又強（1986）	公職退休老人心理適應之相關因素暨「結構式會心團體」效果研究	✓				台灣師範大學輔導研究所碩士論文

❖ 表 10-4　國內有關團體行為的研究（續）

研究者（年代）	研究主題	研究類型				備註
		結果	比較	過程	領導者	
程泰運（1986）	個人特質及對團體氣氛、領導取向、領導者涉入的評量與涉入度、滿意度的相關研究	✓				東吳大學社會學研究所碩士論文
葉苾芬（1981）	結構式團體輔導對受保護管束少年的親子關係、人際關係及受輔意願之影響	✓				台灣大學社會學研究所碩士論文
葉琇瓊（1986）	成長團體歷程對彰化女中學生自我成長效果研究	✓				《測驗與輔導》，77期，1453-1456 頁
鄭瑞澤（1970）	人群關係實驗室訓練的學習過程			✓		《政 大 學 報》，22期
楊文貴（1986）	阿德勒學派團體諮商對國小適應欠佳兒童的輔導效果之研究	✓				台灣師範大學輔導研究所碩士論文
楊淑娟（1985）	護校學生成長團體之實驗	✓				彰化師範大學教育心理與輔導研究所碩士論文
楊淑蘭（1990）	認知—行為取向團體諮商方案對 A 型人格傾向大學生非理性信念、行為組型、壓力知覺輔導效果之研究	✓				台灣師範大學教育心理與輔導學系碩士論文
楊基銓（1985）	自我肯定訓練對蘭雅國中女生輔導效果之研究	✓				彰化師範大學輔導研究所碩士論文
楊誌卿（1985）	團體經驗對大學新生個人適應態度之影響	✓				彰化師範大學輔導研究所碩士論文
鄔佩麗（1984）	工廠青年人際關係訓練效果之研究	✓		✓		台灣師範大學輔導研究所碩士論文

❖表 10-4　國內有關團體行為的研究（續）

研究者（年代）	研究主題	研究類型				備註
		結果	比較	過程	領導者	
端木蓉（1981）	學習團體親密度發展歷程之研究──其與自我成長、社會焦慮之關係			✓		台灣師範大學輔導研究所碩士論文
蔡茂堂、陳俊鶯、陳永成、劉偉民、陳珠璋（1981）	會談式團體心理治療過程之評估：貝式互動過程分析			✓		《中華民國神經精神醫學會會刊》，7卷，2期，99-107頁
蔡順良（1984）	家庭環境因素教育背景與自我肯定性之關係暨自我肯定訓練效果研究	✓				台灣師範大學輔導研究所碩士論文
蔡伊佑（1984）	會心團體經驗對高商學生社會適應之影響	✓				豐原高商
潘正德（1985）	團體歷程對自我概念及自我肯定之影響	✓				《輔導月刊》，21卷，4期，5-10頁
潘正德（1986）	濃縮實驗對五專社團人員自我概念及自我肯定之影響研究	✓				《輔導月刊》，22卷，3期，27-32頁
潘正德（1989）	讀書治療對屢次違規五專學生輔導績效之研究	✓				《光武工專學報》，14期，321-352頁
潘正德（1991）	一般性團體諮商、認知模式團體諮商對五專一年級內向性適應欠佳男生的效果研究	✓	✓			《輔導月刊》，27卷，2期
潘正德（1992）	青少年成長營追蹤調查分析報告	✓				《學生輔導通訊》，23期
潘正德、陳清泉、王海苓、鄧良玉、陳成鳳（1994）	大學生團體諮商歷程中的口語互動行為分析及影響團體效果相關因素之研究	✓				《中華輔導學報》，2期，120-159頁
潘素卿（1984）	心理綜合諮商技術對專科學生自我實現及創造力之影響	✓				彰化師範大學輔導研究所碩士論文

❖ 表 10-4　國內有關團體行為的研究（續）

研究者（年代）	研究主題	研究類型				備註
		結果	比較	過程	領導者	
潘蓓蓓（1986）	團體諮商對適應不良國中生個人適應與社會適應影響之研究	✓				中國文化大學兒童福利研究所碩士論文
駱芳美（1983）	完形諮商技術對教育學院女生自我成長效果之研究	✓				台灣師範大學輔導研究所碩士論文
鄧蔭蓉（1986）	現實治療法對大學女生輔導效果之研究	✓				台灣師範大學輔導研究所碩士論文
劉英台（1986）	國中生人際問題解決態度與相關變項之關係暨「人際問題解決小團體輔導方案」效果研究	✓				台灣師範大學輔導研究所碩士論文
劉德生（1979）	團體諮商對國中生自我接納的影響	✓				台灣師範大學教育研究所碩士論文
歐滄和（1982）	價值澄清法對國中後段班學生成就動機、社會態度之影響	✓	✓			台灣師範大學輔導研究所碩士論文
蕭文（1976）	國中學生人際關係欠佳之輔導研究	✓				政治大學教育研究所碩士論文
鍾思嘉、游麗嘉、呂勝瑛（1985）	結構式團體輔導對犯罪少年行為改變之實驗研究	✓				《教育與心理研究》，8 期，43-78 頁
謝水南（1984）	團體諮商對適應欠佳學生的矯治效果之實驗研究	✓				台灣師範大學教育研究所博士論文
謝明昆（1982）	國中階段育幼院少年人格適應輔導效果之研究	✓				台灣師範大學輔導研究所碩士論文
謝美娥（1979）	團體輔導對低收入社區青少年人際困擾改變之影響	✓				台灣大學社會學研究所碩士論文

❖ 表 10-4　國內有關團體行為的研究（續）

研究者（年代）	研究主題	研究類型				備註
		結果	比較	過程	領導者	
謝淑玲（1990）	理情團體諮商對國小高焦慮兒童理性思考、焦慮反應、自我概念及內外控信念的影響	✓				台灣師範大學教育心理與輔導研究所碩士論文
蘇富美（1985）	大學同儕團體輔導的效果分析研究	✓				台灣師範大學輔導研究所碩士論文
羅俊昌（1984）	增進專科學校學生人際關係之輔導實驗研究	✓				彰化師範大學輔導研究所碩士論文
鄭小萍（1991）	國小五年級兒童「同理心訓練方案」輔導效果之研究	✓				台灣師範大學教育心理與輔導研究所碩士論文
涂喜敏（1991）	社會能力訓練團體對低成就國中生的社會技巧與社會自尊之影響	✓				中國文化大學兒童福利研究所碩士論文
廖鳳池（1986）	認知性自我管理團體諮商對師專生情緒適應效果之實驗研究	✓				台灣師範大學輔導研究所碩士論文
侯禎塘（1987）	藝術治療團體對特殊學校肢體殘障國中學生人格適應之影響	✓				彰化師範大學輔導研究所碩士論文
邱美華（1992）	繪畫治療團體對國小適應欠佳學童的自我概念及行為困擾之輔導效果	✓				政治大學心理學研究所碩士論文
趙喬（1991）	訓練團體之領導者和成員互動關係對團體經驗內涵之影響			✓		輔仁大學應用心理學研究所碩士論文
林香君（1992）	生涯未定向類型與團體諮商策略交互作用效果之研究	✓	✓			台灣師範大學教育心理與輔導研究所碩士論文

❖ 表 10-4　國內有關團體行為的研究（續）

研究者（年代）	研究主題	研究類型				備註
		結果	比較	過程	領導者	
楊麗英（1991）	社會技巧與認知行為取向訓練團體對高社會焦慮大學生輔導效果	✓	✓			台灣師範大學教育心理與輔導研究所碩士論文

第四節　多向度的團體研究架構

多向度的團體行為研究最基本的假設是，團體行為比個別成員行為更複雜，尤其在交互作用過程中影響的變數更多，更難掌握。此一現象不僅在小團體輔導中出現，在組織行為中尤為明顯。有興趣從事小團體工作者，要是能對多向度的團體研究多一層了解和認識，將有助於系統化的探討團體中各個層面變項間的關係，或是部分層面與整體的關係（陳若璋等，1987）。以下將藉助陳若璋的多向度團體治療研究架構，及 Stephen P. Robbins 的組織行為基本模式來說明。

一　多向度團體治療架構

陳若璋、李瑞玲於 1987 年提出一個多向度的團體治療研究架構，其中包含七個向度：

(一)團體前預備向度（pregroup dimension）

團體成立之初，成員對團體的期待、動機與準備，對日後團體的形成、規範、氣氛與穩定，都有很大的影響力（Yalom, 1985）。不適當的期待，以及某種人格特質，經常造成過早結束（premature termination）或中途退出（early drop-out）的現象，因此，領導者在團體前成員的甄選工作、教育工作及團體成員的組合形式宜多加考慮，以避免其對團體互動歷程及療效的不良影響。

(二)成員向度（member dimension）

在團體治療中，成員變項包括：人口統計變項、人格特質變項、症狀、行為特徵、態度、求助動機、對團體的期待和成員的組合方式。

(三)領導員（者）向度（leader dimension）

領導員向度包括：(1)領導員本身的特質，如人口統計變項、人格特質等；(2)領導員的訓練經驗，如學派、接受督導時間、實際從事專業工作的年資與經歷等；(3)領導員在團體裡的行為變項，如風格、團體技巧、介入處理策略、治療焦點、特殊技術的引用、權力、凝聚力、影響力的運作等；(4)領導員的組合以及相互的影響，如不同地位、性別、人格特質等的組合方式對領導者在團體裡的行為之影響。

(四)團體處理向度（group treatment dimension）

團體處理向度包括：(1)不同性質的團體變項，如治療性團體、支持性團體、訓練團體（T-group）、會心團體（encounter group）等；(2)不同學派的治療處置及焦點變項，如一般性團體諮商與認知行為團體諮商之比較，由於理論基礎的不同，使得領導者的角色、風格及治療重點均有差異；(3)團體結構與團體活動設計變項，如團體結構活動在不同階段的實施，及結構的形式、順序等；(4)團體特質變項，如團體大小、進行次數及時間長短等。

(五)團體過程向度（group process dimension）

團體是多人數的組合，這種多人數組合後的互動，其類型、焦點、形式，將因不同而有所差異。其差異現象，由來及其與療效之間的關係，一直是研究者感到興趣的。有關團體過程向度的研究包括兩部分。第一部分是指領導員與成員所表現的角色、地位、語言、非語言的溝通內容，如Hilll的口語行為矩陣、自我揭露、回饋等。第二部分是經由第一部分所形成的團體規範、凝聚力、氣氛及工作型態等。

(六)團體階段發展向度（group stage development dimension）

研究者發現，團體在不同發展階段中，表現的現象和動力也不同。有些學者以團體互動中所呈現的主題來決定團體的發展階段，例如 Yalom（1985）認為團體互動發展中第一階段的主題是對領導者的依賴、尋求結構目標、成員角色、團體限制及發展規範等。第二階段的主題是衝突、建立地位、分享、親密行為等。第三階段的主題是工作，例如嘗試新行為更多正負向的自我揭露等。有些學者則以團體過程中的特徵來劃分團體階段。例如 Trotzer（1977）將團體發展分成：安全與信任期、接受期、責任期、工作期與結束期。在此一向度的變項包括：團體主題的改變、領導員行為角色的改變、成員行為與角色的改變、領導員與成員及成員間互動型態的改變。

(七)團體效果向度（outcome dimension）

團體效果的向度，包括五種變項：(1)效果表現在哪裡（where）的變項，如出現在團體內或團體外，成員的自我報告，家人、同學、好友、師長的報告；(2)效果的表現是什麼（what）的變項，如行為特徵、人格、不良適應程度等；(3)效果經由什麼管道或轉機而來（how）的變項；(4)療效的時間（when）變項，如何時開始改變？維持多久？(5)團體反效果變項，如團體經驗帶來的反效果或傷害，及如何造成的。

綜合上述的七個向度，團體前預備向度、成員向度、領導員向度與團體處理向度屬於前置因素（predisposition factor）；團體過程向度與團體階段發展向度屬於中介因素（mediating factor）；而團體效果向度為後效因素（posteffect factor）。其互動關係如圖 10-1。

一般而言，上述三類因素間的關係為：前置因素內的交互作用，會直接或間接影響中介因素內的團體過程向度，並經由團體階段發展向度表現出來。而前置因素與中介因素的交互作用，能影響後效因素的結果。本研究架構，為小團體行為的相關研究，提供一個脈絡清晰，且互動因素周全的理論，值得深入研討。

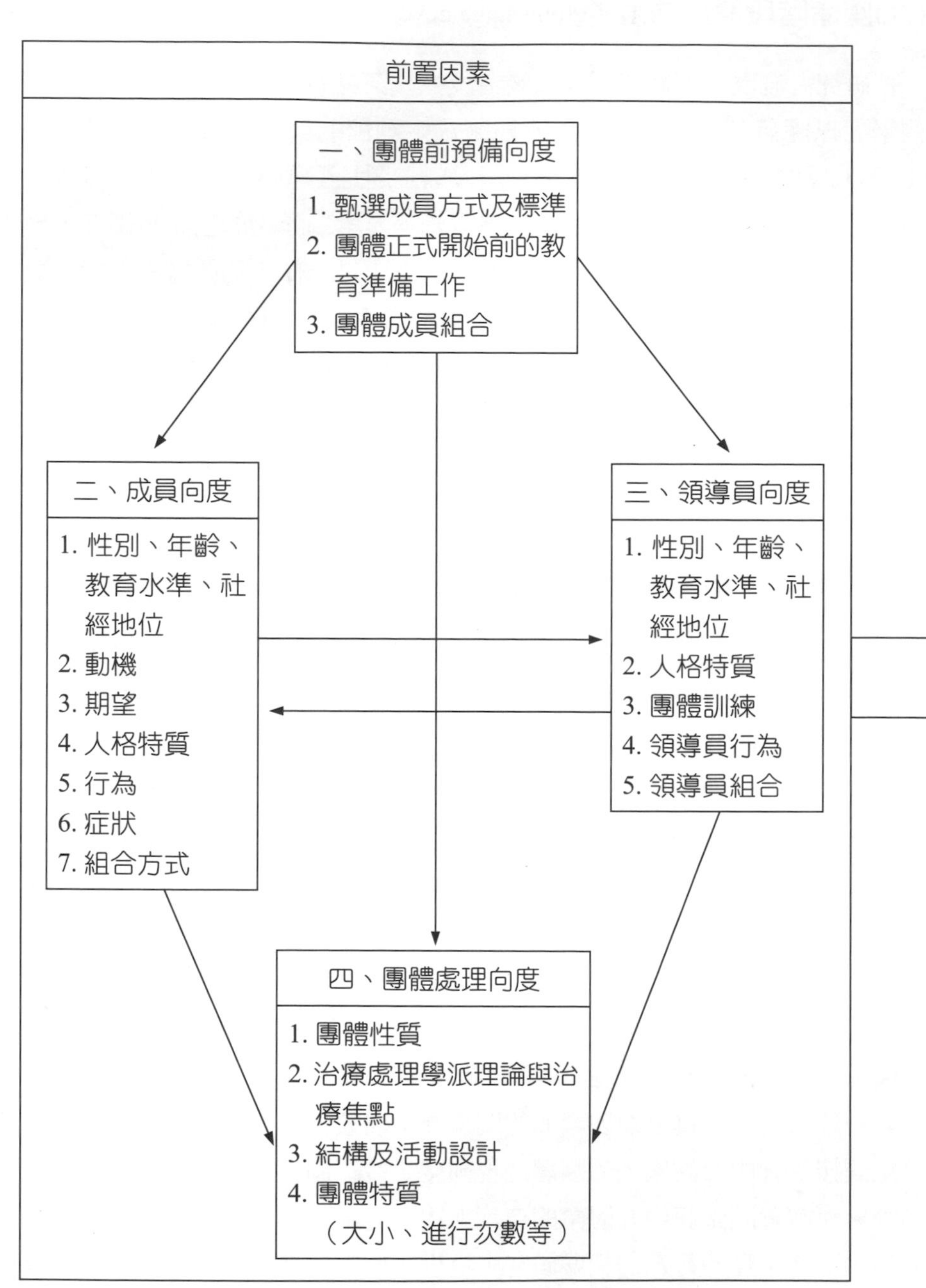

❖圖 10-1　多向度團體治療研究架構

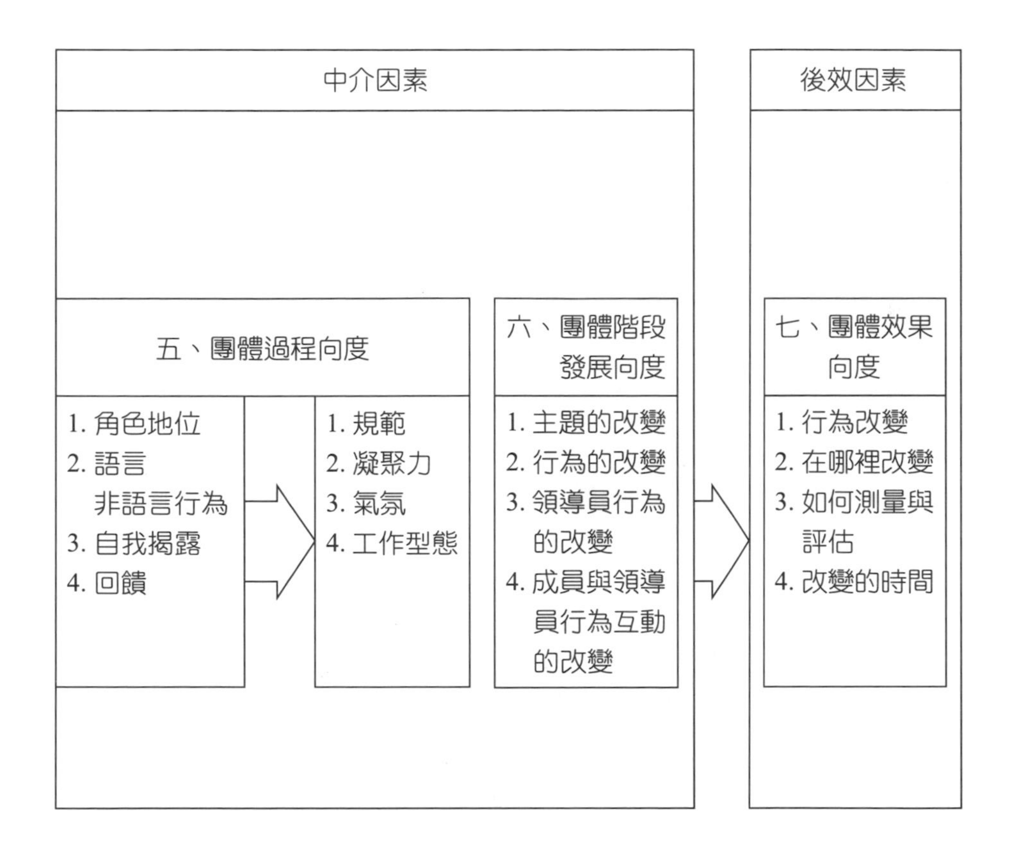

❖圖 10-1　多向度團體治療研究架構（續）

資料來源：引自陳若璋、李瑞玲（1987）

二 組織行爲的基本模式

從組織行為的基本模式看，團體行為的研究，可從個人向度、團體向度、組織系統向度及人力輸出向度，四個向度來分析。個人向度方面，包括價值觀、態度、性格、知覺、學習、動機等因素；在團體向度方面，包括溝通、角色、規範、地位、領導、團體動力、權力、衝突等因素；在組織系統向度方面，包括組織發展、組織文化、組織結構、工作設計、績效評估與酬賞等因素；在人力輸出向度方面，包括生產力、曠職、離職、工作滿足感等因素。有關各向度間的關係位置，及各因素間的關係如圖 10-2。

基本上，在組織行為的相關研究中，大多把生產力、曠職、離職、工作滿足感當作依變項，同時把其他三個向度的因素當作獨立變項。事實上，在組織行為的理論中，常採取權變模式（contingency model）的觀點，不認為有放諸四海皆準的原則，可以解釋某一因素（變項）。換言之，任何模式均不可能涵蓋一切可能的影響變項；各變項的性質、變項間的關係與互動方式均非一成不變。以此觀點來分析各因素間的相互關係、影響路徑，將會有更清楚的概念，與更正確的訊息。

從事多向度的團體研究，所花費的人力、物力、時間，將數倍於單一向度的團體研究。但由於多向度的團體研究，可以提供相當完整、系統的團體行為資料，故有其特有的價值與功能。至於研究者要使用哪一類的研究，或研究要涵蓋哪些層面，得根據研究目的與研究者本身的條件而定。有興趣的讀者，可以進一步參閱相關的研究法書籍，以補本文之不足。

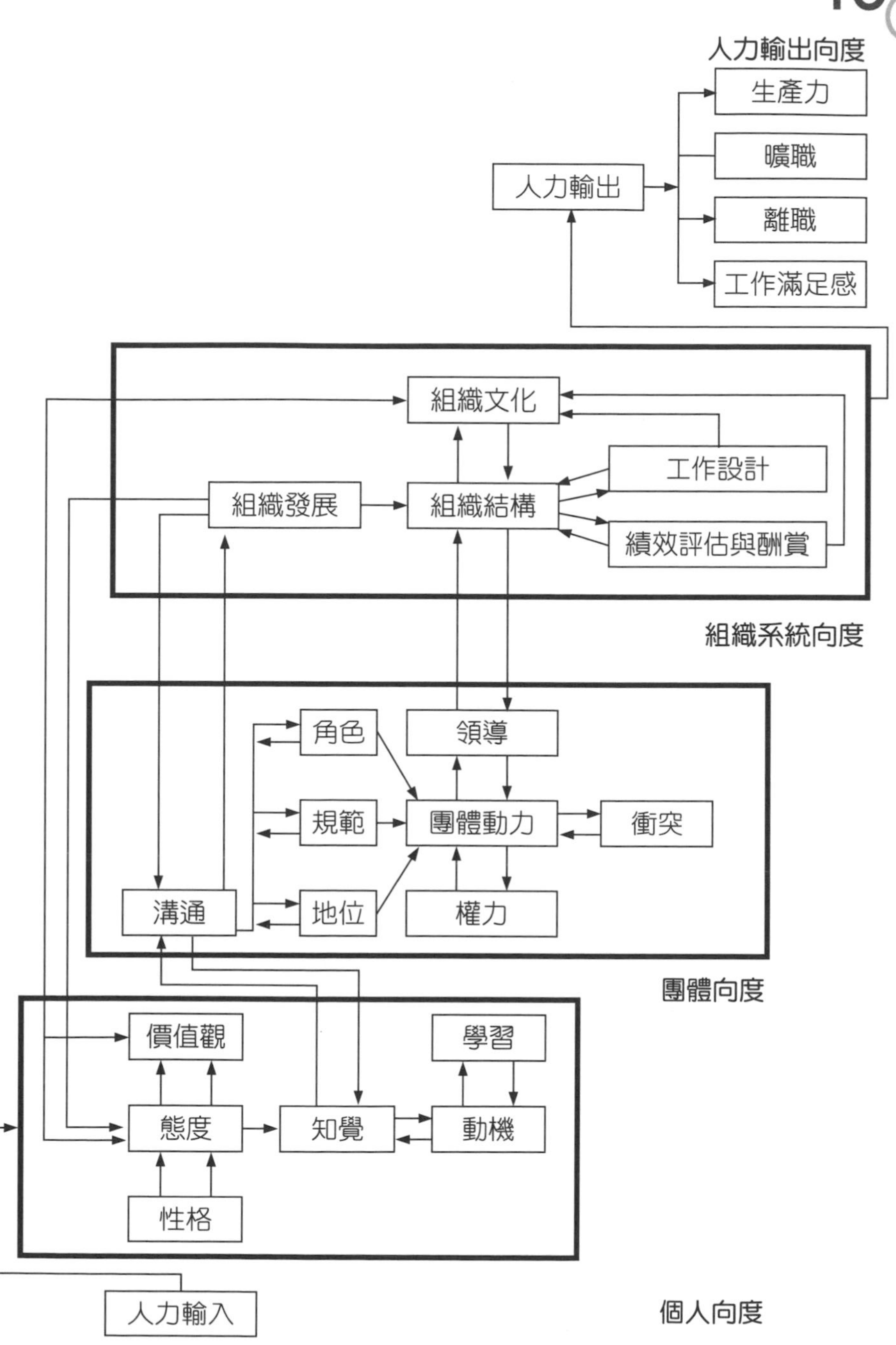

❖圖 10-2　組織行為的基本模式

資料來源：引自 Robbins（1983）；吳秉恩（1986）；蔡承志（1991）

CHAPTER 11

團體動力的實際應用

21世紀是資源共享的時代，團體動力的廣泛應用，有助於此一時代的早日來臨。

一位團體工作者

如果任何基本研究的假設都證實為真的話，那麼有關團體動力研究所獲得的結果，都將具有實質上的意義了。Thelen 曾說：「科學的目標是描述自然（nature）及其有關的法則（laws）；工學（technology）的目標則是說明了人類能控制自然的策略。因此工學是一套理想，是人類藉以表達其需求，並滿足其意圖的那些內涵。當科學的發展和本質被了解得更清楚時，工學及其衍生的策略也跟著改變了，變得愈來愈被社會大眾所接受。」事實上，當團體動力研究蔚成風氣，且成果豐碩時，已大大的影響團體工學的理論，並使團體動力的應用超越了社會學習的寬廣領域（a wide spectrum）。其實際應用的情形，可由圖 11-1 進一步的說明。本章擬分別就團體動力的應用範疇、領導力和成員的訓練、組織發展、團體諮商與輔導四方面來論述。

第一節 團體動力的應用範疇

團體動力的應用，受到兩股力量的影響至為明顯：一為實務工作者辛勤的耕耘；二為團體動力研究者的重大發現，支持了實務工作者的努力成果。於是團體動力的理論與觀念廣為社會大眾所接受，其使用範圍便自然而然的擴展開來。圖 11-1 是目前團體動力的應用範疇。

圖 11-1 說明了本書第一章的觀念：團體動力不是一個特殊的理念（ideology）或單一的工學；它是一種學習（study）和實務的領域，因此與理論和工學的原則不盡相同。在上面有關團體動力成果的影響，甚至古典學派心理分析學家們，也已經把團體動力研究的發展，併入他們的工作實務當中。此外，美國精神醫學學會和國家心理健康協會（National Institute for Mental Healthy），在許多年前就為精神科醫師提供一個有關團體動力的連續性教育方案。有些新的心理治療技術，也開始從團體動力運動中發展出來，例如賽那能團體（Synanon）（專為藥物上癮或罪犯設立的特殊團體）、家族治療團體和心理劇等。

介於心理治療和教育之間且相互銜接的，是廣泛的人類潛能運動（expansive human potential movement）。它專注於透過完形治療、生物生命力（bio-energetics）、知覺喚醒（sensory awakening）、靜坐、馬拉松團體和各種方式的會心團體，促成個人的成長。至於從強調個人情感發展為出發點，朝向強調概念和技巧訓練的，是國家訓練實驗室（NTL）類型的訓練團體、技巧訓練團體（如：溝通、解決問題和做抉擇）、工具實驗室（instrumented labs）、衝突處理實驗室（conflict management labs）和團體間實驗室（intergroup labs）等。接著延伸下去的是社會運動（social action）。社會運動的目的在改善組織和社區工作的品質，它包括組織發展、改變代理者訓練（change agent training）和社區改變（或發展）實驗室等。

由上可知，團體動力的應用，已發展至一個寬廣的領域，從心理治療、諮商輔導、人際關係訓練、企業管理領導訓練、社會運動、到組織發展等，借助團體動力之處頗多。如此蓬勃發展的結果，當能有助於社會現代化的推動，與現代人心理需求的滿足。

心理治療 →	↔	人際關係訓練（教育）→	↔	社會運動 →
團體治療（group therapy）	人類潛能運動（human potential movement）	會心團體（encounter groups）	團體歷程訓練（group process training）	組織發展（organization development）
特殊團體——賽能那團體（Synanon group）	完形治療（Gestalt therapy）	訓練團體（T-groups）	領導力訓練（leadership training）	改變代理者訓練（change agent training）
家族治療（family therapy）	生物生命力（bio-energetics）	技巧訓練團體（skill-training group）	處置發展（management development）	社區改變（發展）實驗（community change labs）
心理劇（psychodrama）	知覺喚醒（sensor awakening）	工具實驗室（instrumented labs）		
	靜坐（meditation）	衝突處置實驗室（conflict management labs）		
	馬拉松團體（marathons）	團體間實驗室（intergroup labs）		

❖**圖 11-1　團體動力的應用範疇**

第二節　領導力和成員的訓練

領導力訓練是團體動力應用的主流之一。在領導訓練的課程中，借助團體動力理論的部分很多。傳統上，領導力訓練課程基於下列兩個目的組合而成：

1. 選擇真正具備領導特質的人才。
2. 灌輸他們特殊工作所需具備的專門知識和技術。

因此，領導力訓練課程通常包括三個層面：第一個層面針對上述兩個觀念而設計，這兩個觀念是團體動力研究所獲得的成果。第二個層面針對團體行為概括性的了解而設計。這些團體行為適用在各種情境的所有團體。第三個層面針對所有團體成員的需要而設計。訓練的重點在團體參與技術的增進。一般而言，在一團體裡，當情境改變時，領導力也跟著改進，並且，在很多情況下，當團體成為一個整體時，在它的連續性經驗下，團體訓練才能得到最高的效果。

目前，新的訓練工學強調發展對團體中各種影響力量的了解，發展對個體和團體需求的了解，發展一套診斷人際問題的技術及發展從實際經驗中獲得的學習能力。新的訓練工學是以下列的觀念為出發點的。

由於訓練的目的是在達成個體行為的改變，因此選擇適當的、理想的團員加入團體是必要的，且是有益的。

針對上面的觀點，Bradford 做了以下的詮釋：

從這個觀點，使我們不得不注意到團體內一般抗拒改變的力量。這股力量存在於個體本身及個體改變歷程的所有情境當中。為了取代「教導事實」（teaching facts）的方式，對於各種情況（conditions）的分析是必要的。這些情況如個體逃避改變的因素、協助個體改變的條件以及幫助個體維繫改變的一些支持等。

領導力訓練的理論至少應包括對改變需要的診斷，對抗拒改變力量的了解及對每一特殊情境改變動機的認識。基於這些觀念，要設計一個理想的訓練方案，則必須包括足以促使個體改變的一些要素和方法。典型的訓練設計，一般都是利用下列的活動方式來進行的：

(一)實驗室團體（laboratory groups）

到目前為止，有許多頭銜和稱呼，被加在類似的團體上面，例如訓練團體、非指導式團體（nondirective groups）、診斷性團體（diagnostic groups）、敏感性團體、研習會（workshop）及實驗團體（lab group）等。實驗室團體為參與者提供建設性而無藍圖或非指導式的團體經驗。同時它也是一個有目標、溝通、程序、規範以及團體生活要素的有機組織體（organism）。訓練者（帶領者）通常不告訴團體做什麼，又協助成員在他們形成一個團體時，分析其行為。Bradford 進一步的說明：

在團體中，成員可以表現（behave）真實的自己，並得到有關自己行為的回饋，藉此體驗有關領導力和成員的新觀念。同時，在情感和理智的層面上，獲得對團體組織、功能和成長等問題的真正了解。

(二)理論部分（theory sessions）

有關的訓練理論及研究中的重要發現，都是透過演講、幻燈片、示範、討論會和其他方法來呈現，一般常見的題目包括：

1. 團體中的新成員。
2. 團體的特質。
3. 領導力的觀念和種類。
4. 有效率的團體行動角色。
5. 了解個體的動機。
6. 影響生產力的人為因素。
7. 小團體裡的問題解決技巧。
8. 社交系統的基本特徵。
9. 正式組織裡的溝通。

(三)技巧練習團體（skill practice groups）

在這些團體中，參與者實際練習有關人際關係和團體參與的各種技術。透過角色扮演、個案方法（case method）和其他設計進行練習。類似這種技術，通常包括：

1. 診斷團體問題的技術。
2. 對別人的感受和團體的需要較具敏感性的技術。
3. 觀察團體互動的技術。
4. 彈性運用不同成員角色的技術。
5. 帶領團體討論的技術。
6. 面談技術。
7. 擬定會議、座談會和其餘相關的事宜。

(四)模擬練習（simulation exercises）

模擬練習是有效利用角色扮演的一種訓練方式。在練習中，所有參與者在假設的情境下，體驗各種團體裡發生的人際問題。在假設情境，首先描述一個實際的問題，例如是否要設立社區大學等。其次，學習者被指定到一個關心本問題的團體中，在此團體中，他被教導如何帶領團體並逐一解決各項問題。當團體更專注於核心問題且看法一致時，受過訓練的觀察員也同時蒐集參與者的各種行為資料。在模擬練習結束時，觀察員針對蒐集到的資料提出報告；同時，描述團體中所發生的事，並分析可能的原因。這種實際參與並練習的方式，給予實驗室團體莫大的鼓勵，特別是幫助成員從此時此地行為的分析中，學習到許多相關事物的因應措施。

(五)計劃或生產團體（project or production groups）

參與者透過這些團體，獲取有關計劃和執行計劃的經驗。這些計劃是為團體歷程或解決成員感興趣的問題而設立的。類似的計劃包括：發一份新聞稿、處理社會事件或主持會議，準備報告及處理問題等。這些團體經常能提出一些有助於改善團體生產力的新方案。

(六)特殊興趣團體（special interest groups）

參與者根據他們個人的興趣或功能上的興趣（functional interests），選擇並組成團體。例如管理、委員會運作、職員安置、會員、新會員、社區組織、公共關係等。這些團體通常是由專家來帶領。團體的目的，在增進參與者在某些特殊題材上的知識。

(七)應用團體（application groups）

應用團體一般是指擁有共同問題的作業人員或學術團體組成的同質性團體。一般而言，應用團體都以小團體的型態出現。它協助成員擬定策略，使成員在實驗室學習到的技巧，能順利移轉並應用到實際的生活情境中。

第三節 組織發展

多年來，許多從團體動力研究中獲得並衍生出來的新觀念和新技術，已經融合到社會生活的各個層面裡。並且對團體運作的方式產生極微妙的影響。彷彿有一股愈來愈強烈的民主精神氣息在各種團體生活中蓬勃的發展著。

於是，組織發展這股新興的勢力，便逐漸孕育成型。目前組織發展的理論已變成社會學習的主要類型（major type of social practice）。

如果我們把個體集合到整個社會體系，都看作是人際關係訓練的對象時，組織發展理論正象徵著一種突破和超越。組織發展的三位開始先鋒學者，對組織發展所下的定義為：

Bennis：組織發展是一種複雜的教育策略。它有助於組織內個人信念、態度、價值和組織結構的改善，因此它能促使團體裡的成員適應新的工學（new technology）、市場、挑戰及快速變遷的社會。組織發展也被用來面對並處理生命、成長、認同的問題、人類滿足與發展的問題，及組織效能的問題。

Beckhard：組織發展是在組織歷程中，運用行為科學的知識，透過有計劃的種種措施，以提高組織效能並促進組織健全的一種理論。

Miles：組織發展是為了有系統的改善組織，並且有計劃而持續的使用行為科學的理論，例如反映（reflective）、自我分析（self-analytic）等方法的使用。

許多公司行號、政府機構、教育單位國家義務團體，已經和社會上的「組織發展諮詢機構」訂定契約，或在各單位內成立「組織發展部門」，藉此加速組織的自我更新（self-renewal）及成長。

事實上，一個全新且專職的「改變機構」（change agents），已經出現並扮演這個角色。這個專職的機構愈來愈受到研究、報告或文獻的支持與器重。以下謹列出四個有關著作：

1. 介入的理論和方法：一個行為科學觀（Argyris, C. (1970). *Intervention theory and method: A behavioral science view, reading*. Mass: Addison-Wesley.）
2. 改變的計劃（Bennis, W., Benne, K., & Chin, R. (1968). *The planning of change*. New York: Holt, Rine-hart & Winston）
3. 組織歷程諮詢：在組織發展中的角色（Schein, E. (1969). *Process Consultation: It's role in organization development, reading*. Mass: Addsion-Welsey.）
4. 社會變遷的觀念（Watson, G. et al. (1967). *Concepts for social change*. Washington, D. C.: NTL Institute of Applied Behavioral Science.）

第四節　團體諮商與輔導

團體諮商與輔導，亦是團體動力理論應用的主流之一。目前國內學校教育、社會心理衛生機構對團體諮商與輔導的推動不遺餘力，因此，有必要加以介紹說明。

團體輔導（group guidance）的理論是 1950 年代以前，美國輔導學者融合團體動力理論與輔導學所建立的。這種透過團體中人與人的交互作用以達到輔導效果的方式，有極明顯團體動力理論的色彩在內。今天，不只是學校機關使用團體輔導，在工商界企管人才的儲訓中，團體輔導的理論與概念也常應用在教材裡。造成這種趨勢的原因有三點：

1. 這是一個溝通的時代，團體輔導可以彌補人際間的疏離感，並提高人與人的溝通能力。
2. 這是一個忙碌的時代，因為忙碌，故要節省時間，透過團體方式進行，既省時又省力。
3. 這是一個需要輔導的時代，每個人都需要輔導；而透過團體情境的輔導，比個別輔導更合乎實際需要。

以下謹從團體輔導的基本觀念、功能、團體輔導員必備的知能及學校中如何實施團體輔導，分別論述。

(一)團體輔導的基本觀念

1. 團體輔導的意義

國內輔導學對團體輔導的定義，不外下列三種：

吳武典：團體輔導乃是在團體中藉著人際交互作用以幫助個人的歷程。

朱秉欣：團體輔導是在團體內藉團員的互動作用來傳授個體與他切身的知識。

劉焜輝：團體輔導是在輔導員的輔導下，各個學生在有組織或非組織的情境裡，有提供自己意見或經驗的團體輔導活動。

綜合三位學者的觀點，團體輔導具有三個特點：

1. 在團體的情境中。
2. 藉著人與人的互動作用。
3. 以達成幫助個人、傳授知識或提供意見與經驗為目的。

2. 團體活動與團體輔導

團體活動與團體輔導這兩個名詞是不相等的。我們可以說團體輔導是一種團體活動，但是團體活動不一定是團體輔導。兩者之間最大的差異，在於團體的目標、性質、方式、組織及引導的技術。一般而言，團體輔導應該有具體的團體目標，有獨特的性質和進行的方式，有較親密的組織關

係及專業的引導技術，而這些是一般團體活動所缺少或忽略的。

3. **團體輔導、團體諮商、團體治療之區別**

由於團體形成的方式、目的與過程的不同，因而有各種不同型態的團體。戈德門曾依團體歷程與內容將之區分為九類，如表 11-1。

就團體進行的歷程而言，自教師中心或至團體中心式可分成三類；就團體進行的內容而言，自學校學科問題至與學校無關的個人生活情緒問題亦可分為三類。表中第一格代表一般班級教學的團體，第五格代表團體輔導，第六格及第八格為團體諮商，第九格為典型的團體治療。團體輔導、團體諮商與團體治療之間，雖各有其獨到之處，但彼此的界限並非絕對，其間的重疊情形如圖 11-2。

❖ 表 11-1　戈德門的團體分類

歷程／內容		I	II	III
		領導者設計主題（以教師為中心）	領導者與成員共同設計主題	主題源自團體（以團體為中心）
A	一般學科課程（物理、化學等）	1	4	7
B	與學校有關的題材（學習方法、職業選擇、進修等）	2	5	8
C	與學校無關的題材（情緒、感情、人生、親子關係等）	3	6	9

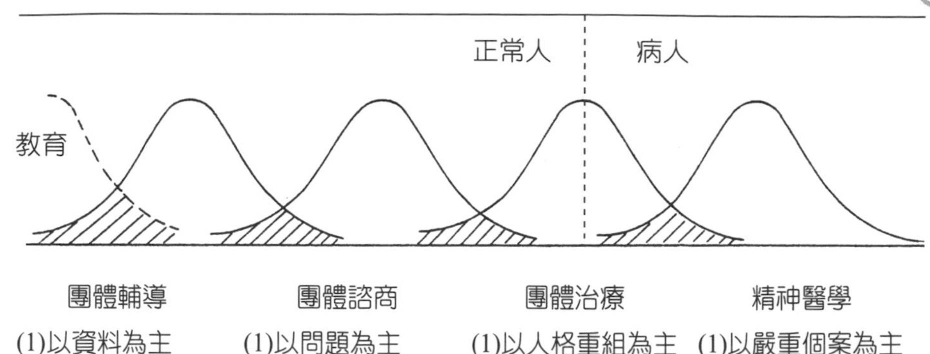

團體輔導	團體諮商	團體治療	精神醫學
(1)以資料為主	(1)以問題為主	(1)以人格重組為主	(1)以嚴重個案為主
(2)預防性	(2)補救性	(2)長期性	(2)醫學治療
(3)發展性	(3)治療性	(3)臨床性	(3)藥物控制
(4)以領導者（教師）為中心	(4)支持性	(4)焦點支持	(4)長期性
(5)偏重認知層面	(5)輔導員協助	(5)醫師或治療師協助	
(6)12 至 25 人（或以上）	(6)6 至 12 人	(6)4 至 10 人	

❖圖 11-2　團體輔導、團體諮商、團體治療與精神醫學的重疊情形

(二)團體輔導的功能

Downing, L. N. 認為團體輔導具有下列優點：

1. 能讓團員體驗自己是被支持的。
2. 能讓團員在互動中找到自己的長處。
3. 可以找出最需要協助的團員。
4. 為個別諮商鋪路。
5. 有益群性的發展。
6. 可提供協助的效果。
7. 使輔導員能接觸更多團員。
8. 能使團員獲得較多的安心感與信心。
9. 能統整教育經驗。

10. 使團員鬆弛緊張和不安。
11. 使團員的學習更具社會意義。

具體的說，團體輔導具有三種功能：

1. 教育的功能

在團體中，可以做訊息、經驗的交流，觀念與新行為的模仿學習，檢驗現實，嘗試與創造，學習人際關係技巧等，這些具有教育的意義。

2. 預防的功能

在團體中可以更了解自己、接納自己、了解別人、接納別人，滿足歸屬感和互助互愛的需求，這些可以增進個人的人際關係，並防止不良行為的產生。

3. 協助（治療）的功能

在團體中個人的問題或困擾，可以藉團員相互的支持而勇於面對；藉著澄清與回饋得到了解，並藉著傾訴與敘說得到紓解。

(三)團體輔導員必備的知能

愈來愈多的研究證實：輔導員的個人特質，跟他們所使用的輔導方法一樣，對受輔者的成長有重大的影響。輔導員能否有效助人，未必能從其助人技術上看出來，但卻可以由其個人的信念與特質上加以分辨（Cambs, 1969）。

團體輔導員必備的知能包括三部分：

1. 自我覺知的能力

輔導員應該先了解並認同自己有利或有害於助人關係的一些特質，如自我形象、價值取向、觀念態度、行為規範及期望等。自我覺知是輔導員自我成長的基礎，有了良好的自我覺知，輔導員才能創造出自己的風格。一般而言，輔導員的風格可以從下列五點來評定：

1. 同理心（同感）（empathy）。
2. 開放（openness）。
3. 積極的關注與尊重（positive regard and respect）。

4. 具體與明確性（concreteness and specificity）。
5. 溫暖的關懷（warm caring）。

輔導員有了自我覺知的能力，並塑造出自己的風格後，還得具有專業技術的能力。

2. 專業技術的能力

1. 明確溝通的能力。
2. 傾聽。
3. 澄清。
4. 面質。
5. 反映。
6. 回饋。
7. 建立關係。
8. 同理心。
9. 摘要與解釋。
10. 終結的技術。

3. 熟練團體歷程的能力

團體歷程是一個千變萬化的過程，團體輔導員需要熟練各種團體在各階段的不同歷程。此外，團體輔導員在團體輔導前、中、後，應該有能力評量自己的行為、輔導的策略並隨時修正自己的做法，期使以最理想的條件來推動團體、催化團體。

(四)學校中如何有效實施團體輔導

在團體輔導的三個功能中，學校輔導工作所能涵蓋的，大多以教育及預防的功能為主，而以協助的功能為輔。在協助的功能當中，很少能進到「治療」的層次。其原因不外乎輔導員的專業倫理與能力的問題。要是把團體輔導裡的「團體治療」除外，學校裡實施團體輔導最少包括下列八種活動：

1. 演講會。
2. 參觀訪問。

3. 幻燈電影電視欣賞。
4. 唱歌遊戲。
5. 表演或共同工作。
6. 角色扮演。
7. 團體討論。
8. 團體諮商。

在學校中，上述活動可以透過下列情境來實施：

1. 各科教學活動。
2. 學校正式集會。
3. 社會活動或聯課活動。
4. 童軍活動。
5. 輔導活動課（心理輔導課）。
6. 班（級）會。
7. 正式小團體。
8. 非正式小團體。

在考慮過這些因素之後，便可以決定合適的活動，及合適的情境來實施。一般而言，校園內推動團體輔導是幫助學生解決問題最直接、最有效的一種方法！

一 學校團體諮商

近年來，小團體諮商被廣泛的使用在改變異常行為的治療團體、增進社交技巧的訓練團體、促進個人成長、改善人際關係的會心團體、協助自我探索並學習新的行為方式的團體……等。在學校，也可透過小團體來輔導適應困難、低成就、行為偏差的學生，使他們在團體的歷程中，更認識自己、接納自己；更認識別人、接納別人；藉著人與人的互動、關愛，建立個體成長的基礎，並開拓新的人生旅程。

在學校推行小團體諮商活動具有以下特點：

1. 滿足青少年認同與歸屬的需要。
2. 彌補學校人力不足的困境。

3. 提供多重的協助。

(一)學校中如何組織小團體

1. 成員的組成

學校中通常可以從三方面找到所需要的成員：

1. 轉介：商請訓導處根據獎懲紀錄，將行為有偏差的學生轉介，或各班導師，就每班同學中，挑選一些在教室規矩不佳的同學組成。
2. 由測驗、其他資料中選出：人格測驗、性格量表呈現的資料是很有效的線索，學業成就與智力關係可以找到低成就學生，輔導活動課中蒐集學生的困擾問題，或觀察同學在活動的反應，也可以找到學生生活適應不良、人際關係不佳、破碎家庭的子女及心理有困擾的學生。
3. 自由報名：透過海報、公告，讓全校師生知道小團體的活動性質、目的，歡迎參加；或組成學生團體，或組成教師團體，輔導員可依本身時間、能力決定。

2. 組織團體

1. 尊重意願：團體組成之前，輔導員應就活動的方式、意義，向成員個別說明，藉此也了解成員的背景、特質。更重要的是徵求個體參加小團體的意願。若有同學不願參加，輔導員可以說明：小團體只是在幫助他生活得更好，更了解自己等等，要是同學一再拒絕，輔導員也不必勉強，改以其他方式協助。
2. 團體契約與定向：團體組成在第一次聚會時，輔導員宜將團體分享的理論、技術介紹給成員，同時參酌成員的意見對團體的期望，對活動做適度的補充或修訂。此外，成員的出缺席、遲到、錄音、測驗等等，應有說明，由團體討論決定，一經決定就開始遵守以建立團體契約。

(二)選取活動應注意的事項

1. 了解學生的學習背景
   1. 慣於聽講，怯於表達。
   2. 記憶事實，不談感受。
   3. 接納正向感受，排斥負向感受。
2. 設計活動的原則

了解學生的學習背景後，設計活動時宜注意下列幾點：

1. 由動態而靜態、由外在而內在。
2. 由具體而抽象。
3. 應配合需要循序漸進。

此外，活動亦需考慮到：

(1) 是否適合團員的年齡，心智的成熟？
(2) 是否有助於團體的成長，切合團體的目的？
(3) 是否尊重個體人格尊嚴？
(4) 催化員是否熟知整個活動過程？是否有能力引導發展、處理感受？

(三)催化員的角色問題

學生對教師的角色與態度非常敏感，以學生教師擔任催化員不得不重視其微妙關係的存在。一般學生心目中的教師，通常是權威的化身——一個發號司令的人、一個指揮者、一個糾正行為偏差的角色等等。要是催化員不能意識到這種觀念的影響，以及認清傳統的教師角色與催化員之間的衝突時，小團體不斷受到指揮、控制，氣氛的低沉、團體的變質……，將是很常見的現象了。

學校老師要做團體輔導，一般認為必須具備：

1. 受過基本輔導員訓練。
2. 身為一教師，有與學生相處的經驗，同時保持與學生直接的接觸。
3. 有參加團體輔導活動的經驗。

對於團體輔導的帶領人，這是很客觀、具體的一種標準，至於學校老師要組織小團體進行諮商時，至少必須加上：

1. 參加比較完整的訓練課程，或正式加入團體諮商並獲得自我成長者。
2. 對「人」有濃厚興趣，且樂於助人者。

催化員要是先有小團體的經驗，則他將更懂得扮演催化員的角色，更尊重團體的意願，更體認團體動力的重要，團體活動也一定具有較高的真實感。

催化員的言行愈坦白、真誠，愈能發揮催化引導的作用。以專家、學者的角色自居將不為團體接納，成員所需的是富有人味（human being）、願意關心他們的催化員。Carkhuff（1969）認為輔導員本身是怎樣的一個人（What persons are counselors?），即可影響到一個人當輔導員的樣子。諮商團體的發展與成效受多方面因素的影響，不可否認催化員的角色係重要關鍵。催化員的自我意象、開放、溫暖、關懷等人格特質；或自我中心、過度自信、權威、嚴重心理問題等，都會直接、間接的影響整個團體。

(四)團體活動的評量

任何訓練班、研討會都可能有或多或少的成功或失敗，團體諮商亦不例外。儘管團體的理論與技術已非常普遍，但團體未能達到具體目標，也不是不可能。每次團體活動告一段落時，有系統、有計劃的檢討，可以發掘一些問題，以做為改進的參考。小團體的成敗雖無固定不變的標準，但催化員可以透過下列不同方法，對團體加以評量：

1. 前後測方式

按團體的目標，選取適用的心理測驗，如基氏人格測驗、柯氏性格量表、學習態度測驗……，或自編問卷在團體諮商之前後，各做一次測驗，藉以評定成員經過團體歷程後的改變。

2. 團體評量

1. 利用統一的問卷、量表，如團體氣氛問卷、團體成長評量表、回饋評量表、會後反應表等，評量團體歷程的功能、個體的成長概況。
2. 利用活動以檢討團體的成敗得失。可用的活動有：團體素描、投票選舉、書面重新陳述等。

3. 自編問卷：根據團體諮商的目的，編擬適用的問卷以評量自我的成長、團員的感受及對團體的改進意見等。

二 從團體諮商歷程看團體動態與催化員的引導技術

(一)前言

在國外，除少數的專業訓練能對團體諮商帶領人——催化員做比較嚴謹的訓練，如錄影機的使用、錄音帶的檢討、單面鏡的觀察外，大多數的催化員是比較缺乏這方面經驗的。身為催化員，要是對團體的動態認識不清，或是對引導的技術不熟悉，他可能難以掌握團體的動向，無法帶領團體進行溝通。本文嘗試對一次團體諮商過程做段落的分析，期盼對讀者有所助益，文中的對話，均從錄音帶整理而出，不做太多的文飾、刪改。

(二)團體簡介

人：高一學生，團員九人，催化員一人。

時：90 分鐘。

地：徐匯中學團體諮商室。

事：本次活動為十次活動的第八次，重點在透過團體歷程，以協助團員解決自己的問題。

物：紙、筆、錄音機。

Trotzer（1977）將團體諮商分成：入門期、接納期、責任期、工作期及統整結束期，由於本次活動是第八次，團體入門期的焦慮、茫然、不安等情緒已減低，團員在信任、接納的氣氛中，同時扮演助人者與被助者的角色。

(三)開始活動：（從略）

(四)團體歷程分析

經過開始的活動，團員陳（下稱當事人）開始陳述自己的問題，由問題的深度看，這是一個友善的團體，團員間較能坦誠、開放。

陳：我現在最大的問題是學業困擾，第一次月考成績還可以，但第二次月考成績一落千丈，使我對一切課業感到十分厭煩，愈來愈沒興趣，我與同學的相處也不太好，人際關係沒多大起色，對現在生活有很多的不滿，心理產生消極的閉塞思想和自卑感……。

在適當的時機，催化員的重新陳述有助於問題的澄清、認識，並具有結構的作用。

催化員①：你的問題是不是可分為三方面來談：第一是學業方面，因為第二次月考的不理想，使你感到灰心失望，以致對功課沒興趣，覺得十分厭煩。第二是人際關係的問題，你最近似乎與同學相處不順利，產生一些困擾。第三是自己對自己的生活不滿意，產生自卑、閉塞的思想觀念。

當事人的反應，說明催化員的重新陳述具有同理心，團體開始探索事實。

陳：對！我就是這樣子。
傅①：你說你的功課一落千丈，請問你以前的功課是不是很好？
陳：以前成績也不算太好！
表面上團員在分享經驗，事實上團員在彼此認同。在認同的過程中，團員的感受得以抒發，各人的問題也自然的談開了。

徐①：我的情形跟你差不多，我也是退步了，但我不像你那麼悲觀，我還是抱持樂觀的態度，找出失敗的原因加以克服。

我的原因是太愛玩，上課太不專心。當我找出缺點後，便要求自己上課更專心，減少玩的時間，最近的考試都有進步，我想期末考應該沒有問題。

團體一面在自我開放；一面也在談論自己的感受。

李①：你的情形是不是跟我的一樣，考前都做了練習，不會的也請教同學，但每次考試都考不好，題目不是不會，就是沒有把握，自己覺得讀那麼多，做那麼多，應該考得很滿意才對，可是每次考完都很灰心、失望！

團員的開放，似乎已取得當事人的共鳴。

陳：我是正如你說的，做的、會的都沒有考出來，除了灰心之外，我覺得自己運氣不好，下次乾脆不看，反正看了也這麼低。

催化員讓當事人對質自己的問題。團員初期，這種「對質」需要謹慎的運用，把當事人個人的問題，引導到團體來討論，是很普遍的技術。

催化員②：我們剛剛的談話中，我們好像發現，當他花了功夫而考不好時，他就不讀了，如果每一科目都這樣子，會有什麼結果呢？大家有沒有相同的經驗呢？

催化員看重此時此地當事人的感受。

催化員③：我們談到這裡，你覺得如何呢？

陳：我覺得大家的意見都很好、很實際，我會採納的。

團員歷程進入另一重點，是很自然的現象。

江③：請問你的人際關係怎樣？

團員把自己的思想套在當事人身上，這種溝通方式，似乎不易取得共鳴！

傅⑤：你是不是很少朋友？我想一般人都願意成為大家的朋友，你似乎也可以成為大家的朋友。

崔③：不知道你與同學交往的態度怎樣？他們對你的反應又如何？

陳：這很難講，我的態度有時熱烈，有時冷淡，我想他們大概也抱這種心理。

利用未完成句子，是很有用的技術。

催化員④：你認為他們也抱這種心理是因為……

陳：對呀！有事求人總是比較熱烈，沒事求人總是表現比較冷淡。

利用開放式問句，有助於當事人的思考。

催化員⑤：你想，還有沒有其他原因呢？

陳：大家玩在一起時比較熱烈，但當玩笑開得太大了，就開始冷淡了。

催化員很能使用「同理心」。

催化員⑥：你是覺得玩笑開得太過分，心裡不滿，而逐漸疏遠他們？

陳：對呀！

催化員把問題拋開給團員，一方面在引導網狀的溝通，另方面在使團體產生更多的互動。

催化員⑦：同學之間，因為玩笑開得太過分而逐漸疏遠的情形，
大家怎麼處理呢？

團體動力在探討價值意義，不明白存在的價值、生活的意義而感到自卑，不能悅納自己，是青少年的特點。

傅⑨：你覺得你現在最讓人羨慕的是什麼？例如優點、才能……
陳：好像至今還沒有。
傅⑩：你有沒有想過，學習一技之長讓別人羨慕？
陳：沒有！

團員扮演「助人」的角色。

江⑨：我建議你打開心胸接觸更多的人，使自己更充滿希望。
崔⑨：我建議你多培養自己對周遭事物的興趣。
傅⑰：我想你可以多參加一些活動，像學校的營隊之類。

當少數團員抱持觀望態度，很少參與時，可使用點名技術。

催化員⑩：我們還沒聽到×××的看法，能不能請他也說一點呢？
游①：請大家再講一講，我再想一想！（眾笑）

愛與被愛是人類的基本需求，在這裡，催化員是否該深入的去探索？抑或讓線索很快消失？催化員可以這樣說：你認為父母親愛你，能否具體談一些？

張④：你父母愛你嗎？

陳：當然！

張⑤：你說你不滿意一些事，有逃避現實的閉塞思想是怎麼一回事？

傅⑱：在生活方面，你是否能以欣賞的眼光來看這個世界？例如吃飯時，你是否只為吃飯而吃飯，從不會去享受桌上的食物。

陳：吃就吃，填飽肚子還有什麼享受不享受的呢！

當誤解不明白時，協助團員進行溝通，也是催化員的任務之一。

催化員⑫：他的意思好像是當你吃飯時，會不會帶著欣賞的眼光，來享受桌上的食物；同時會不會用欣賞的眼光，來看周遭的許多事物！

陳：以前沒注意過！

團員在談論感受，能談論感受的團體，應該是比較深入溝通的團體。

崔⑩：在這幾次活動中，大家一起坦誠的談論一些事，也給你一些建議，不知你的感覺怎樣？

陳：每次活動後，我都好晚才睡，一直在想這些事，好像得到很多，覺得很欣慰！

沉默，有時代表對過去經驗的再思、重組；有時代表新觀念的孕育。團員的凝聚力高，接納當事人沉默的可能性也較大。

傅㉑：我想你是不是碰到不愉快、不滿意的事都忍下來，積壓太多了，自己便愈來愈不快樂！

陳：（沉默）

傅㉒：我以前也有很強的自卑感，滿腦子憂愁；但要自己用筆寫

下來，也寫不出什麼東西來。我想我們的情形可能一樣，遭遇過一些無謂的困擾。

陳：（沉默）

團員在增強信心。

徐⑩：我認為自卑感有時是多餘的情緒，如果在生活上多加注意，一定可以克服的。

在和諧的氣氛中，這種結束方式，也不失為一種好方法，從當事人的回饋中，似乎可以感受到「成長」的喜樂。

催化員⑬：我想大家一定很想聽聽他自己的意見……。

陳：我聽了各位的意見，心裡的確舒坦了許多，尤其剛剛提到的，自卑感可以克服，我想我會努力嘗試的；至於學業問題，這個困擾我半年之久的問題，我相信已有轉機的；另外一些閉塞思想，我會加以改善的，謝謝各位！（鼓掌結束）

(五)結語

就本次團體歷程來看，團體的溝通方式，事實上只是同一模式的不斷重複而已。這個模式為：

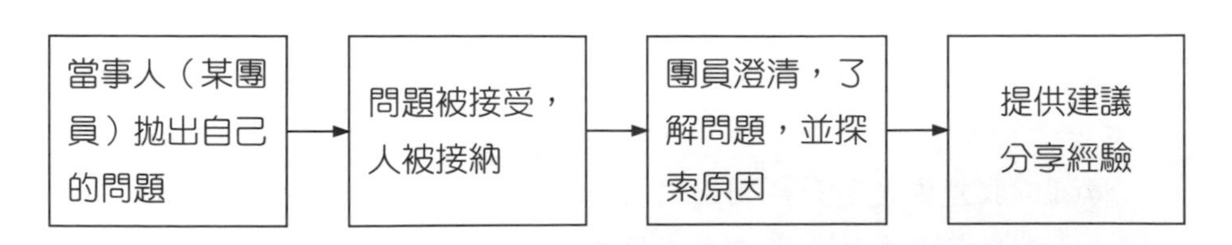

在這種溝通方式中，當事人的感受常被團體忽略，有經驗的催化員，一定懂得敏銳的處理當事人的情緒問題，唯有在情緒被疏導、發洩後，團

體「認知」的建議、經驗，才可能被接受。因此，催化員對自己扮演的角色、對團員發出的訊息，是否具有敏感性，可能是溝通深入與否的主要原因之一。要是催化員能不因求全的心理，而忽略消極感受的處理，也不因自己的人格特質而壟斷團體的發展，那麼團體的溝通不但深入而且有意義。

團體歷程千變萬化，本文所分析的歷程，只是其中的一種類型而已，不代表所有的團體諮商過程，許多的情境，還得靠催化員實際去體驗、感受，才能圓滿處理。

在本章中，由於篇幅的限制，僅能針對團體動力應用範疇中一般讀者較熟悉的領導力訓練、組織發展、團體諮商與輔導加以論述。事實上，以目前的發展狀況來看，團體動力的應用已跨越心理治療、人際關係訓練、社會運用、企管人事訓練等領域。其對現代人生活的助益和影響，可謂既深且遠。可以預見的是，由於團體動力和現代人生活的融合，在不久的將來，將展現出新的應用範疇，提供新的服務，以造福人群。

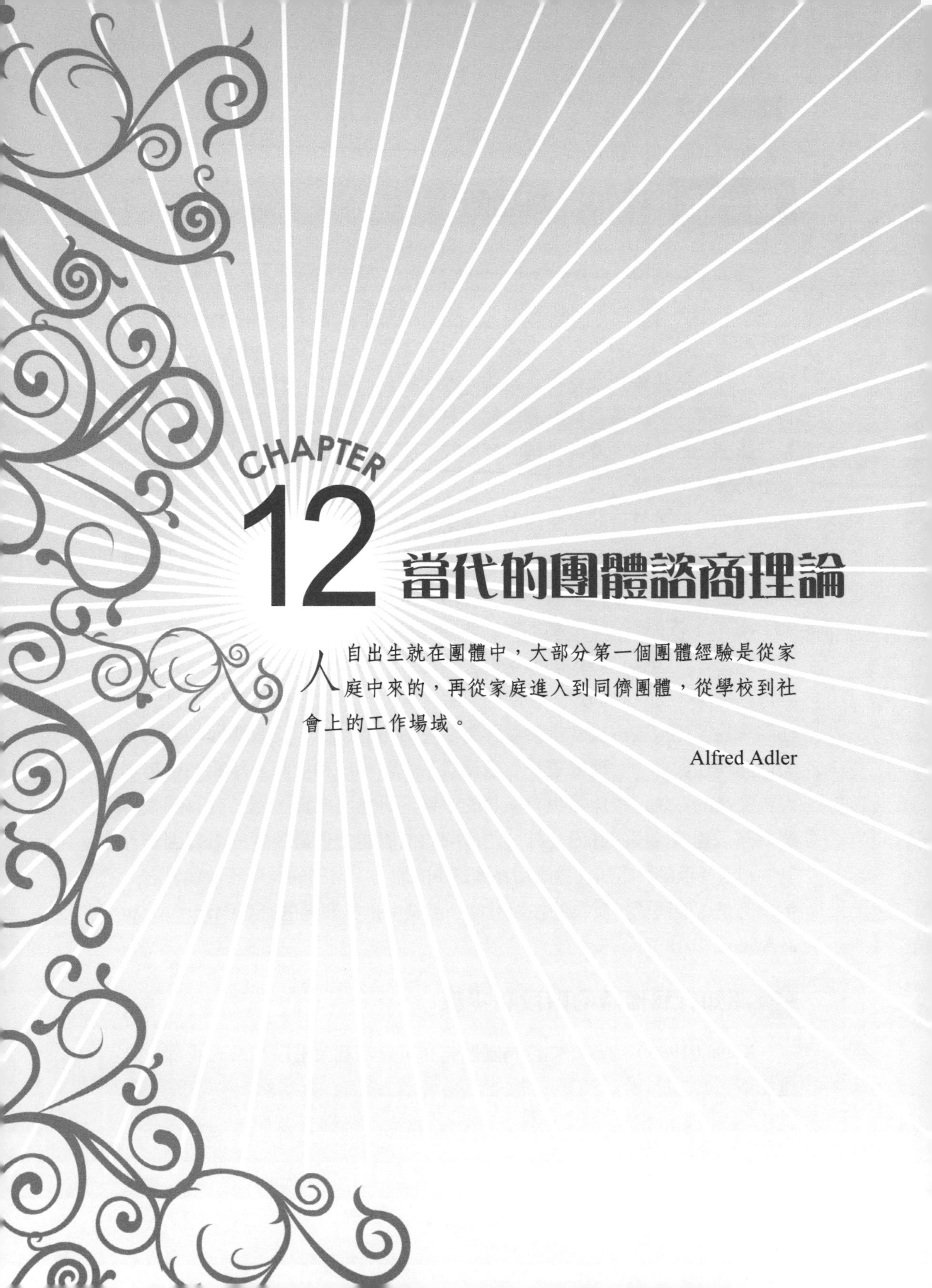

CHAPTER

12 當代的團體諮商理論

人自出生就在團體中，大部分第一個團體經驗是從家庭中來的，再從家庭進入到同儕團體，從學校到社會上的工作場域。

Alfred Adler

第一節 認知行為團體

認知行為團體（cognitive-behavior group）是根據 Aaron T. Beck 的認知行為理論為基礎所設計之團體治療，是一種注重洞察的治療方式，強調幫助受輔者辨認出負面思考和不適當的信念，並加以改變。藉由了解信念、情緒、行為對個體心理健康之影響，進而修正自動化思考及家庭作業之練習。在團體中與成員及治療師之相互討論分享，促成受輔者在思考和信念系統認知上的改變，協助受輔者發展較健康之思維模式，以帶來情緒及行為上持續性的改變。

認知行為團體目前常使用在低學業成就的學生，有憂鬱傾向或有憂鬱症之老人及中年婦女。Areán 和 Ayalon 在 2005 的研究指出，針對 60 歲以上低收入的老年人，除了臨床上利用個案管理的概念照護老年人外，如再加上認知行為團體治療的話，對於低落情緒的改善及身體功能的恢復有其明顯的功效（Areán & Ayalon, 2005）。也有學者發現，安排接受認知行為團體治療療程的住院病患，住院的滿意度較高，且這些病患在出院後的再住院率以及出院後再被安排接受強制住院治療的比例，均有明顯的降低。對於非理性觀念、心理健康、生活滿意、生理疾病和症狀，經認知行為團體治療後的六週追蹤療效也有顯著的效果。研究已證實，認知行為團體的療效除了團體治療的好處之外，治療師的治療能力也是重要的影響因子，其中包含治療師將認知理論應用在團體中的能力、帶領的技巧等。換言之，治療師是否能將認知行為的技術發揮到團體中是具關鍵的影響因素（Areán & Ayalon, 2010）。

一 認知行爲團體的階段和步驟

Kahn（1988）認為認知行為團體諮商可分為五大階段和八大步驟，分述如下。

(一)認知行為團體諮商的五大階段

1. 形成或初始階段（forming or initial stage）：在初始晤談（intake interview）時建立成員對團體的正向預期與合作。
2. 風暴期或抗拒階段（storming or resistance stage）：運用示範、角色扮演或自我表露等方式以增進凝聚力。
3. 規範階段（norming stage）：在團體規範和清楚的界定團體目標下，成員很快的會積極參與團體並解決其實際的問題。
4. 表現或工作階段（performing or working stage）：此階段在於協助成員將所學類化至新的情境與自然的日常生活中，因此，自我管理和內控的能力是成員要學習的，而團體結束後，諮商員的角色可轉變為成員諮詢者。
5. 結束階段（closing stage）：團體的結束是新生活的開始，團體的最後階段，領導者應幫助成員整理學習成果，對團體中的經驗與成長進行認知的整合，如此才能將團體中的學習遷移至團體外的生活情境中，而 Corey（1990）更認為「在所有的團體領導技術中，也許沒有什麼比幫助團體成員把他們在團體中所學到的內容，轉化到團體外環境中的能力更重要」（張景然、吳芝儀譯，1995），所以結束階段對團體的成敗實具有關鍵性的影響，身為團體的領導者應審慎處理團體結束階段的動力並做適當的介入處置。

(二)認知行為團體諮商的八大步驟

1. 轉介與晤談（referral and intake）：首先必須先完成轉介與初次晤談。
2. 界定問題（problem definition）：以事件—認知—情緒、行為（A—B—C）的模式界定成員的問題。
3. 設定目標（desired state）：界定所欲達到的情緒或行為狀態。
4. 設定個別處理目標（individual treatment goal）：以示範方式形成所要的認知。
5. 選擇策略（strategy）：由諮商員或團體產生合適的策略，並加以說明。

6. 預習（rehearsal）：預習所希望做到的認知並加以學習。
7. 預試（tryout）：將學到好的認知內容試用於實際情境，透過自我增強與自我監控的方式加以練習。
8. 回饋（feedback）：由成員報告其預試結果，諮商員與團體成員給予增強、修正。

二 認知行爲團體的策略實施

(一)策略實施的程序

Cormier 和 Cormier（1998）認為，一般的認知行為治療在施行策略時有以下四個共同的程序：

1. 說明（rationale）：說明使用此一策略的原因、策略的理論基礎和作用以及做法。
2. 示範（modeling）：
   (1) 透過觀察別人的行為而達到模仿學習的目的。
   (2) 以符號或人員做示範或以角色扮演的方式做示範。
3. 預習或練習（rehearsal or practice）：
   (1) 以內隱想像或外顯的行為來練習。
   (2) 諮商員給予教導性的協助。
   (3) 由成員自我練習，由諮商員給予回饋或鼓勵。
4. 家庭作業（in vivo）：
   (1) 提供成員私下練習的機會。
   (2) 延續治療效果並提升療效。
   (3) 增進成員自我控制的能力。
   (4) 增進學習遷移。
   (5) 應用於實際的生活情境中。

(二)策略實施的技術

在認知行為治療的策略中，每種策略均包括不同的技巧，其中有的屬於認知理論的技巧，有的屬於行為理論的技巧，有的則兼含認知及行為的技巧，因此認知行為治療比較是一套技巧的綜合運用。Williams（1984）在英國《精神醫學期刊》中提出 28 種認知行為治療的技術如下：(1)教導活動的自我監控；(2)教導心情的自我監控；(3)教導想法的自我監控；(4)微量作業指定（graded task assignment）：教導如何設定目標；(5)教導行為成就的自我評價；精熟和愉快的（mastery and pleasure）技巧；(6)教導行為成就的自我增強；(7)教導對負向思考的地理控制；(8)教導對負向思考的暫時控制；(9)教導想法的捕捉與想法內容的辨識；(10)教導分辨想法與假設；(11)教導如何對假設提出評價的證據；(12)教導如何對處理想法評價的啟示；(13)教導如何對負向想法提出其他不同的合理反應或想法；(14)列出積極的自我陳述；(15)以 Premack 原則用以提升良好的想法和活動的頻率；(16)偶發事件的管理；(17)社交技巧／肯定訓練練習（示範、複誦等）；(18)歸因訓練；(19)預期訓練；(20)系統減敏法；(21)放鬆與減敏法；(22)替代性治療（alternative therapy）；(23)角色扮演；(24)認知複誦；(25)壓力免疫；(26)教導如何訂定相互的契約；(27)思考中斷與／或分散注意力；(28)教導如何增進先前有過或原本有的不愉快活動。

第二節 阿德勒諮商團體

阿德勒諮商團體（Adler counseling group）的概念首先從阿德勒個體心理學的主張開始，他強調人是社會性的存在，人類所有的溝通、行為和感覺都是為了要在團體中找到自己的定位。另外，也提出人雖處在不良的成長情境，但人類具有將自卑的情感轉成追求卓越或完整。人的行為具有目的性，以傾向追求成功與解決個人問題，不僅是受過去經驗的影響，最主要的關鍵是與自己所設定的目標有關。人自出生就在團體中，大部分第一個團體經驗是從家庭中來的，再從家庭進入到同儕團體，再從學校到社會上的工作場域。人們學習語言和溝通表達，並找到一個定義自我價值的位置，團體對人有深厚的影響，透過團體討論以及同儕間的合作參與，使得團體諮商對成員問題的解決是最好的選擇之一。

阿德勒終其一生對於兒童輔導的工作不遺餘力，是第一位以團體方式從事兒童輔導的心理學家（楊文貴，1989；Corey, 2007），他強調應從兒童整體的環境來看兒童的行為，要了解兒童行為的目的而非原因（黃月霞，1991）。阿德勒學派認為人類的「社會興趣」（social interest）一開始便影響兒童人格的發展，任何適應上的問題都與兒童如何在團體中覓求歸屬感、發展社會興趣有關（Corey, 2007; Dreikurs & Cassel, 1996）。而人類所有的問題皆是社會適應的問題，具社會興趣者自然能適應社會，社會興趣不足者就會產生適應問題。社會適應不佳的兒童無法與他人合作、缺乏團體歸屬感、以錯誤的行為目標來證明自己的重要性（邱連煌，1997；Corey, 2007）。

阿德勒諮商團體主要的目標在：使團體成員對團體產生歸屬感，進而激勵改變觀點及目標行為、修正克服自卑與挫折感、培養社會興趣、與人合作、增加修改錯誤的動機（Corey, 2007）。阿德勒學派團體諮商目標適合有行為偏差的兒童；低收入戶青少年在自我、家庭與社會三個系統層面的覺察；以及重整生活目標與克服自卑、尋求超越的信念。

一 阿德勒諮商團體的四個階段

阿德勒諮商團體過程的四個階段（Corey, 2007），如下所述：

(一)形成團體關係（forming a group relationship）

首先建立良好的治療關係，好的治療關係是改變的起點，團體才得以延續下去。領導者須傳達接納、了解、預期成功而非失敗的感覺，且要幫助成員彼此熟悉，建立對諮商員與其他成員的信任感，訂定團體規則以增加成員的安全感，並使團體順利進行。

(二)心理調查（psychological investigation）

此階段的目標是要蒐集團體成員的社會態度，即在所處環境中，對自己設定的生活目標所採取的策略，以及在特定情境中的行為表現，如抱怨、感覺、困擾、問題、關心的事等；接著是調查在客觀情境中所扮演的角色，如：居住環境中的角色、家庭中的交互作用及同儕關係；最後，再進行生活型態的調查，分析個體的團體動力的狀況為何。

(三)解釋（interpretation）

此階段的主要目標在解釋團體成員個人邏輯與錯誤的行為目標，透過討論，推測錯誤行為的動機和目標，將心理調查階段所獲得的資料和目前的問題做連接，對其他成員提出自己的看法，幫助察覺自己錯誤的行為目標，這也是團體諮商比個別諮商更有效的地方。

(四)重新定向（reorientation）

重新定向是阿德勒學派團體諮商最後也是最重要的一個步驟。此階段的主要目標是提供新經驗、訊息和技巧，幫助團體成員產生選擇性的行為，學習與他人互動的新方法。領導者要鼓勵團體成員去做改變，並且相信自己有改變行為和態度的能力，進而重新肯定個人的價值、尊嚴。領導者最後可協助成員訂定簡單且具體的行為契約，並與成員的家長和老師保持聯繫，對成員的行為提供具體的回饋，協助成員的行為逐步改善。

二 阿德勒諮商團體在兒童輔導的應用

阿德勒認為除了天生的智能不足外，每個人都可以做每一件事，他相信兒童的偏差行為只要用對方法，一定可以矯正過來。兒童時期的錯誤與成年後的失敗是一貫的，通常與父母的教養態度有極大的關係。教育的原則應是社會適應，但我們無法期待父母都能了解這個原則，學校教師在輔導兒童之前，有必要先輔導兒童的父母。阿德勒認為每日與孩子在一起的教師是最適合輔導問題兒童的人，只要他們學會了解人格的整體性與人格表現的一貫性，教師可以透過下列方式，有效進行輔導工作。

(一)了解兒童的生活型態

了解兒童的生活型態可以了解兒童所有思想、感情與行為。要了解兒童的生活型態須從孩子對童年最早的回憶、家庭排行、父母的教養態度、常作的夢及引起疾病的外在因素中去尋找。輔導者在談話中自然的與兒童的父母談論這些問題，從回答中得到的資料可以了解兒童早已形成的個人生活型態及他在處理問題時的表現，由此可以幫助了解兒童錯誤的個人邏輯。

(二)辨別兒童偏差行為背後的目標

每一個孩子的行為都有一個目的，但最基本的目的是想在團體中爭得一席之地，顯出自己的重要性。Dreikurs 認為兒童十歲以前的行為目標不出下列四大範圍（黃月霞，1991；楊文貴，1989；Corey, 2007; Dreikurs & Cassel, 1996; Dreikurs & Soltz, 1991）。

1. 尋求注意

這類孩子的不當推論是：自以為只有在大家注意他時，他在世界上才有一席之地。其表現行為有下列四種：

1. 主動建設性行為，如：激烈的言論、熱心公益、參與活動。
2. 主動破壞性行為，如：愛表現、扮小丑、炫耀、搬弄是非、打岔等。
3. 被動建設性行為，如：過分愛乾淨、過分小心、刻意想成為楷模。
4. 被動破壞性行為，如：愛哭、害羞、不愛表現、無精打采。

2. 尋求權力

這類孩子的不當推論是：具有權力才能證明自己的重要性。最明顯的特徵是具有攻擊傾向，其表現行為有：

1. 主動建設性行為，如：發脾氣、反駁、爭論、公然反抗、欺騙。
2. 被動破壞性行為，如：懶惰、倔強、不服從、不在乎。

3. 尋求報復

尋求報復的孩子覺得生命對他不公平，沒有人會喜歡他，不當推論是傷害別人才能在社會中找到自己的地位，就如同別人傷害他一樣。其表現行為為：

1. 主動破壞性行為，如：傷害他人、偷竊、尿床。
2. 被動破壞性行為，如：勉強、被動。

4. 自覺無能

這種孩子將無能當作盾牌，顯出無法勝任任何事，避免任何可能失利的狀況。其表現行為只有被動破壞性行為，如：愚蠢、怠惰、拒絕與人互動。

孩子偏差行為的目的是尋求注意、尋求權力、尋求報復或自覺無能，孩子可以用不同的行為方式來達成他的目的，而同樣的行為方式可能具有不同的動機目的（Corey & Corey, 2006）。面對兒童的偏差行為時，問「為什麼」於事無補，了解行為背後的動機目的，才有可能改變其行為企圖。

三 阿德勒諮商團體的治療歷程與技術

(一)建立治療關係

阿德勒學派的治療者與受輔者是合夥關係，促進此關係的方法是，協助受輔者去察覺自己的資產與長處，而非一味探討他的問題與缺點。因此在起初的階段中，諮商員會藉著傾聽、反應、尊重、相信對方能夠改變及表達真誠等方式建立起治療關係。初期主要使用的技術是投入與傾聽、確認與澄清目標及運用同理心。

(二)探索內心動力

此階段受輔者有兩項目標要達成，一是了解自己的生活方式，二是了解此種生活方式對自己各項功能的影響。此時，諮商員藉著探索受輔者生活上的各項功能而對他做初步的評估，此評估能有系統的描述受輔者家庭中的原有成員、他們彼此間的關係及其生長的環境狀況。評估蒐集的資料包括家庭、星座、夢、幼年回憶及偏好選擇等，蒐集完後應分別做摘述，再配合完整的生活方式評估問卷加以解釋，這份摘要應包括基本錯誤的分析。評估受輔者的生活態度後，接著是鼓勵對方檢查其不當的知覺，向自己的觀點思維挑戰，並記錄自己的優點與才華。

(三)鼓勵洞察

阿德勒學派雖注重支持，但也強調面質，諮商員會鼓勵受輔者發展出洞察力，以察覺錯誤的目標與自我挫敗的行為。解釋是促進洞察的技術，其重點是放在受輔者此時的行為及意圖中的期望，解釋與生活方式有關，即在評估受輔者的生活方式後藉著解釋，令受輔者察覺其生活的方式、目標與意圖、及自用邏輯和此等邏輯如何運作。

(四)引導與協助

此階段常用的技術包括直接法（immediacy）、矛盾法（paradoxical）、彷彿法（acting as if）、潑冷水法（spitting in the client's soup）、把持自己（catching oneself）、按鈕法（push button technique）、避開陷阱（avoiding traps）、設定任務與承諾（task setting and commitment）、終止與總結法（terminating and summarizing the session）等。其他合適的技術包括忠告、家庭作業、幽默、沉默等。

第三節 焦點解決諮商團體

焦點解決團體諮商（solution-focused counseling group）的概念是由Steve de Shazer和Insoo Kim Berg夫婦及其同僚在短期家族諮商中心（Brief Family Therapy Center, BFTC, 1986）發展出來的一種短期諮商方法。以焦點解決為取向之團體諮商，是透過成員彼此分享，提供焦點成員新的思考，並且鼓勵成員尋找正向的例外經驗並加以分享。透過成員間相互的增強而擴大成功經驗的意義，建構新的故事，接著進一步規劃出具體可行的行動，在團體安全與激勵的氣氛下，嘗試做出有利於目標的改變。

一 焦點解決團體諮商的基本假設

Metcalf（1998）的基本假設：

1. 領導者要保持讓團體在非病態的狀態，團體成員為在其生活中的抱怨者，而不是有症狀的人。此外，藉由新的描述問題的方法，將問題一般化和重新定義，讓團體成員接受新的解決方法。

2. 團體成員才是自己世界的專家，因此領導者要接納團體成員主觀的看法，以增進成員與領導者的合作程度。
3. 複雜的問題並不需要複雜的解決方法，領導者要引導團體成員以更簡單的方法來達成目標。
4. 領導者要協助團體成員將注意力放在可以改變的目標上，並設法將目標具體化、行動化、細緻化，且將情緒性的目標轉為行動性目標。
5. 領導者將討論的重心放在團體成員的例外經驗，並善用團體成員的能力與資源，而非促進團體成員對自己或問題之頓悟。
6. 領導者應幫助成員明白任何行動都是一種經驗，而非保證成功的技術，改變隨時會發生，無論發生何種行動皆有可能產生不同的結果，且皆為邁向改變的基礎。

二 焦點解決諮商團體領導者的角色

在團體歷程中，領導者要創造良好的團體環境，引導成員發覺成功經驗、善用自身資源，協助成員減輕受到問題的困擾程度，並發現自己具有的能力，因此領導者的角色較偏向催化，而不是指導或矯正團體成員的問題。Metcalf（1998）認為焦點解決諮商團體的領導者要相信成員是有能力的、能解決自己問題的人，並要以下列問題自我提醒，以發揮焦點解決諮商團體領導者的角色和功能：

1. 我怎麼看到團體成員的改變？
2. 團體成員需要我提供他們問題解決的方法嗎？
3. 我是不是認為自己需要成為「團體成員的問題及解決方法之間的橋樑」？
4. 在這麼忙亂的生活中，他們是怎麼找到時間來參加團體的？
5. 團體成員彼此的關係如何？
6. 下次進入團體之前提醒自己以不同的方式看待成員、對每一成員至少寫下三項優勢之處、假設你的任務只是在觀察團體成員的優點等等？

此外 Metcalf（1998）還提供團體領導者下列要點，以檢查團體是否維持在尋找解決問題之途：

1. 團體成員希望從這個團體獲得什麼？
2. 團體中的成員彼此如何互動？
3. 團體成員以前的成功經驗是什麼？他自己怎麼看待？
4. 在團體之中成員互動的優勢之處是什麼？
5. 團體成員對於團體中討論出來的策略實踐速度有多快、多有效率？對於他人的建議同意嗎？其他人做了什麼以幫助團體成員向目標前進？

三 焦點解決的諮商過程與特色

(一)焦點解決的諮商過程

焦點解決諮商是一種專業的介入，1986 年時 de Shazer 首次將焦點解決的諮商過程分為：

1. 介紹 BFTC 以及諮商的過程。
2. 陳述抱怨。
3. 探討抱怨的「例外」時刻。
4. 確立諮商目標。
5. 確定可能的解決方法。
6. 暫停諮商。
7. 傳達來自團隊的訊息。

諮商員首先將焦點放在協助個案建構新的故事，賦予故事意義，避免引起沮喪的情緒，接著引導個案從問題中找到問題不存在的例外時刻與成功的經驗，探索自己的潛能，再從例外中找尋出可能的解決辦法。焦點解決諮商所有的技巧或是在治療上的調適方法，皆必須視個案情況妥善運用，其目的都是在協助個案經驗正向的改變，並催化個案維持、擴大其正向行為改變，使小改變累積成大改變，並進一步運用個案既有之力量與資源達成改變的目標。

(二)焦點解決的團體諮商的特色

O'Connell（1998）指出焦點解決取向的團體諮商具備 15 項特色：

1. 強調人的潛能、成功及讚美，並且營造一個積極正向的團體氣氛。
2. 聚焦在成員的成功經驗，幫助提升自尊。
3. 強調未來導向，如此更能激發更多的能量與可能性。
4. 在團體中非常強調尋找例外以及成功經驗。
5. 引導個別成員或整個團體設定具體化的目標，避免浪費時間。
6. 強調小的改變，更能使團體中產生積極正向的動力。
7. 鼓勵每位成員對團體負起責任，領導員的角色在於詢問或是提供答案。
8. 引導成員主動並積極參與其他成員尋找解決的方法，如此不僅可幫助成員了解自己的資源與助力，更能參考或借用他人的解決方法。
9. 強調不批評、不質問以及鼓勵成員們談論自己想改變的部分。
10. 不去分析或解釋問題，減少成員的焦慮狀況。
11. 使用描述性和具體化的問句，幫助成員清晰明瞭的討論。
12. 幫助成員列出自己的資源與助力，更能促使成員完成任務。
13. 經驗式的焦點解決任務或作業，比一對一的任務或作業更具影響力及有效性。
14. 不對成員做診斷或給予標籤化。
15. 在團體中可與成員討論。

四 焦點解決團體初、中、後期之工作要點

Sharry（2001）認為焦點解決諮商團體階段包含第一次團體、中間階段團體與最後一次團體，有時還加上一次回顧或追蹤團體。以下將 Sharry（2001）所提的第一次團體、中間團體及最後一次團體之工作要點，分述如下。

(一)第一次團體

1. 不談論問題的對話（problem-free talk）：這樣的談話與聊天相似，領

導者要仔細的聆聽成員們的對話，找出成員的力量、技巧與資源。

2. 討論目標：領導者在第一次團體協助成員訂定自己的目標。
3. 團體規範：領導者開放的與成員討論團體規範，如保密、尊重不同的觀點、傾聽與發表想法。
4. 團體暫停時間：領導者整理剛剛團體成員的分享與討論，形成下一階段要給成員的正向回饋與任務。成員可利用這段時間回想剛剛團體內的討論。
5. 正向回饋：暫停時間結束後，領導者給予成員回饋與任務，而成員也可相互給予回饋。

(二)中階階段團體

1. 討論兩次團體聚會之間的改變，領導者採用 EARS 問句，以探索並強化成員的改變。
2. 協助成員繼續設定目標：成員的個別目標將會隨著團體聚會次數增加逐漸更具體化與細緻化，這也是一個展現自己進步的方式。
3. 與成員協商是否需要改變團體進行的方式等相關事宜。
4. 暫停以及回饋的形成與第一次團體相同。

(三)最後一次團體

1. 回顧團體：領導者協助成員回顧團體學習，思考自己有什麼樣的改變或收穫，以及重視團體的哪些部分。
2. 展望未來：領導者協助成員思考下一步及計劃團體後的生活。
3. 慶祝成員的改變：領導者協助成員總結參加團體的學習，給予其他成員及領導者回饋，鞏固團體的經驗與學習，並強調正向改變。

Sharry（2001）對照 Yalom 的團體療效因素，提出焦點解決團體的療效因素：

1. 團體支持（普遍性、團體凝聚力、宣洩）：在團體分享時，來參加團體的成員有些具有類似困擾或相似的生活經驗，會發現自己不是唯一面對這狀況的人，能夠有效的紓解一些負向的情緒，得到接納，進而提升自我價值。

2. 團體學習（提供資訊、人際學習、發展社交技巧、行為仿效、早期家庭經驗的重現）：成員間可以提供訊息、交換想法、開創正向的溝通環境。
3. 團體樂觀（注入希望）：樂觀、希望、期待對治療效果影響力甚大，在這樣的環境中，個案更有相信自己改變的可能性。
4. 幫助別人機會（利他）：當發現自己對他人的重要性、自尊以及自我價值提升，成員更願意參加團體，以及強化在社會上的適應。
5. 團體賦能（group empowerment）：此為焦點解決團體所特有。具有相同經驗的成員聚集在一起，能聚集彼此的力量，一起討論解決問題的相關資訊，進而產生更多能量來面對問題。

第四節 敘事諮商團體

敘事治療理論（narrative counseling approach）源自後現代的世界觀與社會建構觀，是由 Michael White 與 David Epston 所提出的理論，其基本概念是把問題外化的一個歷程，這個過程可以幫助個體創造出與問題事件不同觀點（perspectives）的想像，透過客觀的角度來修正原先被問題牽動的自我認同，有機會去與自我對話，並將焦點放在自我的改變，增加較為正向和建設性的思考方向（林杏足，2002；易之新，2006；彭信楊，2006；廖士德譯，2001）。敘事治療團體的領導者相信每位團體成員是自己的專家，是自己生命經驗最主要的詮釋者。因此領導者要秉持自己不知道（unknown）「受輔者的生活世界」及「受輔者故事中事件的意義」的謙虛態度，從好奇的立場了解受輔者的挫折、困境和渴望。

團體中透過傾聽每一位成員所說的每一個詞句，並接納個體以自己的語言的觀點與生命經驗。在傾聽的過程中不強化故事的無力、痛苦和病態觀點，鼓勵成員能體驗生命故事中多種不同的讀法及意義，並且把生命答案發揮得更好。

領導者必須知道敘事治療歷程的相關知識；包括要關心個體對生活故

事的解讀、曾有過的經驗，聆聽未知、意義模糊的地方，並細緻的詢問個體如何處理這些模糊地帶，或如何根據過去獨特經驗來開展新故事。談論過程中應避免概括、高空式的語言描述，並且應以樂觀的態度堅持採取人與問題分開、外化「已內化的論述」，與個體共同尋找可開啟的空間。團體領導者在「知道」與「不知道」之間彈性走動，警覺自己對主流論述的觀點，以樂觀、耐心、好奇、了解及更多創造力的傾聽態度，藉著與受輔者建立相互尊重信任的互動關係，促使受輔者產生新的生活意義。

當團體成員們試圖建立自己在團體中的定位及歸屬感受，可能會產生團體內的衝突，其改變來自成員開始鬆動、解構的內在歷程，原先受輔者牢不可破的態度、行為、認知遭受到其他成員的挑戰與衝擊，因而逐漸鬆動、改變、重新鞏固的變化歷程（方紫薇、馬宗潔等譯，2003；易之新，2006）。

一 敘事治療團體的特色

敘事治療的特色（林秀瑛，2007），如下所述。

(一)解構（deconstruction）

「解構」原指摧毀或解除結構的意思，包含著對傳統的徹底顛覆，以及重建新的希望和能力（王子欣，2005）。因此當個體在敘說故事的同時，敘事諮商員藉由解構式傾聽及解構式問話探索其語言多重意義的可能性，以顯現社會主流論述限制、壓迫個體的生活故事，以及尋求脫離社會、文化、政治等運作出來的標準化的新活路，覺察出說聽者之間所傳達及接收意義的落差，鬆動個體的問題故事並邀請彼此補足模糊不明之處，以呈現生活的多重意義。

在敘事治療中，它邀請當事人從各種不同角度來看待自己的故事，了解自己的故事是如何被社會、文化、階級、性別等信念建構出來，並被深深影響的。藉由解構問題的策略，將人視為一獨立的個體，並將人與問題分開來對待。當人確定自己和問題分開時，就能放下原來背負的自我批判，而勇敢的對抗問題。

(二)重寫

敘事治療認為人的生命故事是由平日的故事所組成，其中有挫敗的故事，也有獨特閃亮的故事。受輔者的生活故事雖然經常充滿問題，但是諮商員必須先以虛心的態度了解他（她）的生活故事，並讓他（她）看到自己的挫敗故事是環境建構出來的之後，他（她）背負的重擔就得以減輕。諮商員再藉由正向、有意義的問話，與受輔者探索曾經成功對抗問題故事的獨特結果，整理出對受輔者有獨特意義的故事，讓受輔者獲得更多建構成功的機會。經由交替運用上述的做法，諮商員與受輔者共同尋找其獨特經驗，及替代故事來對抗問題，促使受輔者釋懷於舊有的問題故事，並選擇較喜歡的部分，而發展出自己的新故事。諮商員再邀請受輔者預測新故事繼續發展的生活願景，以及想繼續實行的步驟，來改寫原有問題故事，並達到重新撰寫新生命故事的任務。

二 敘事治療團體技術的使用原則

敘事治療團體中的關鍵技術之使用，其掌握的原則與特色（廖士德譯，2001）包括：

(一)問題外化（externalization）

敘事治療主張問題才是問題，人不是問題，透過讓當事人與故事保持一段距離後對話，較容易聚焦在個案與故事事件之間的對立及相互影響，例如：(1)通常發生了什麼事，會導致「故事事件的發生」取得主導地位而影響你？(2)「故事事件」對你的生活和關係有什麼影響？(3)你是否曾有克服「故事事件」的經歷？指當「故事事件」取得主導地位時，你卻可以不受它影響的經驗？

(二)解構問句（deconstructing）

這是利用詳細解構當事人與故事事件間背景、環境的關聯性，讓當事人對發現主流強勢文化對於本身及故事事件的影響為何（吳熙琄，2006，

2007），例如：(1)你對「故事事件」的概念是什麼？(2)有哪些事件特別影響你的這些概念？這些概念又是受誰的影響？(3)你喜歡這些概念嗎？你對這些概念的經驗是什麼？(4)這些概念如何影響你自己的生活？

(三)獨特結果（unique outcome）的對話

敘事治療認為問題不會一輩子不斷的影響當事人，人的一生中總會有幾次不被問題影響的例外經驗，若能把焦點放在當事人獨特結果中，可以提升當事人正向力量（引自吳淑琬，2007）。

(四)循環影響問句（circulation question）

將獨特結果的故事結果擴大到可以解決問題的新故事，把所建構的新故事擴大到重要他人，形成一種被他們所知覺、可敘說及建構的新情節。反覆把新故事循環重複的被認同，讓故事愈來愈完整及堅定的一種問句（吳熙琄，2007；廖本富，2000）。

(五)文本信件和讚美

敘事治療藉由多種方式增強當事人正向力量，而利用文本信件與讚美是最為具體且強而有力的做法，例如：(1)請成員的重要他人參與諮商晤談，做為成員新故事的見證人，並加以頒獎或讚揚；(2)領導員寫信給每位成員在團體過程中的回饋和其難得之處；(3)請成員寫信給自己，描述自己的進展和努力。

三 敘事治療團體的歷程

敘述治療的主要歷程（Corey, 2005; O'Hanlon, 1994）包括：

1. 鼓勵團體領導者與成員之間建立一種平等、合作的關係，對問題加以定義。
2. 將問題擬人化，並將壓迫性傾向歸因。
3. 了解問題如何困擾、支配和打擊受輔者。
4. 邀請受輔成員從不同的觀點看待自己的故事，並找到替代的意義。

5. 協助受輔成員尋找其生命經驗中困擾問題的例外。
6. 從歷史事件中，找到一種足以從壓迫性的問題中逃離，或打敗問題的新觀點。
7. 請受輔成員思考其渴望的未來是什麼？有一天問題完全被解決了，會發生什麼情況？
8. 去發現或創造一個成員使之成為觀眾，營造出治療外的生活情境，以便可以支持與形成受輔成員的新故事。受輔成員的問題源自社會脈絡，所以有一個支持的社會環境是必需的。

總之，敘事治療的觀點，是將問題從人的身上分離。人並不等於問題，設法去重整與問題的關係，相信人有力量處理自己的問題，找到未來的希望，豐厚了受輔者的生活，學習挫折、面對失敗，找尋自己生命中的意義。肯定受輔者過去所做的努力與存在的價值，陪伴受輔者，了解、聆聽當事人，在失望中找尋希望，從悲傷背後找尋力量；鼓勵受輔者從失敗中看到他的力量與勇敢，看到自己寶貴的地方，重新面對挑戰（張進上，2007）。

CHAPTER

13 團體工作的專業倫理

人由於諮商關係的特殊性與微妙性，諮商員和受輔者間的人際互動行為，就需要受到某些倫理規範的限制……。

牛格正

根據國內諮商輔導的發展現況，輔導員應具備下列專業知能，方能符合諮商專業的最低標準。所謂基本的諮商專業知能或訓練，應包括（牛格正，1983）：

1. 人文訓練

諮商倫理、基礎哲學、人生哲學及邏輯思考訓練。

2. 理論學科

輔導與諮商理論、學習理論、人格理論、團體動力理論、學習輔導理論及生計輔導理論。

3. 諮商技術

個別諮商技術、團體諮商技術、研究法、評鑑技術及諮商資料處理技術。

4. 諮商實務

諮商專業工作與其他專業一樣，有它應遵行的倫理規範。但專業的諮商關係，不同於一般的社會關係，諮商員的行為不僅要受一般專業倫理的限制，同時也不容許任何雙向社交關係的介入。從事此一輔導專業的助人工作，諮商員所負的倫理責任非常沉重，因為諮商關係可能涉及的問題極為廣泛且複雜。從以上幾個諮商輔導的專業倫理問題的分析中，不僅發現國內諮商輔導工作，確實面臨許多專業倫理的問題。諸如人人可從事諮商輔導的普遍觀念，從事諮商服務者專業訓練的欠缺，諮商員與受輔者關係的單純化，以及處理超越個人專業知能的諮商工作等，在在都可能對專業諮商輔導造成負面的影響，且可能損及受輔者的權益。

為使有心從事諮商輔導的人士，及已實際從事諮商輔導的工作者，能對諮商輔導的專業倫理有全盤的了解，以便在工作上有所遵循，藉以保障自身及受輔者的權益，並能以其專業資格及合法地位，發揮諮商輔導的功能，本文謹摘錄「台灣輔導與諮商學會諮商專業倫理守則」相關條文以供參酌。

第一節 台灣輔導與諮商學會諮商專業倫理守則

守則修訂說明

為規範本會會員諮商服務的專業行為，並保障諮商服務的專業品質，本會於民國七十八年初次公佈了會員倫理守則。鑑於社會環境的轉變及諮商師實際的需要，特將原倫理守則予以修訂。首先將主題改為「中國輔導學會諮商專業倫理守則」，並將「會員」改為「諮商師」，以便非會員諮商師也可藉供參考，而「諮商師」一詞亦用以泛稱包含諮商心理師、輔導教師及其他以諮商之專業技術來從事助人工作之專業人員。其次，把原倫理守則許多重覆之處刪除或歸類，並將所有條文重新予以調整，使之更有組織也更有系統。再其次，為便利諮商師查閱，予以分類編碼，並於各條文前加註小標題，使本守則更為簡明、完整而有系統。最後，為因應網路諮商的發展趨勢，本次修訂並新增「網路諮商」一章，以對此一發展中的諮商服務型態加以規範。

前言

台灣輔導與諮商學會（以下簡稱本會）係一教育性、科學性與專業性的組織，旨在聚合有志從事輔導、諮商與心理治療之專業人員，促進諮商學術研究，推展社會及各級學校之諮商工作、幫助社會大眾發展其潛能、創造健康幸福的生活、並促進國家社會及人類的福祉。

本守則旨在指明專業倫理係諮商工作之核心價值及諮商實務中相關倫理責任之內涵，並藉此告知所有會員、其所服務之當事人及社會大眾。本守則所揭示之倫理原則，本會會員均須一體遵守並落實於日常專業工作中。本守則亦為本會處理有關倫理申訴案件之基礎。

1. 總則

1.1 諮商的目的：諮商的主要目的在維護當事人的基本權益，並促進當事人及社會的福祉。

1.2 認識倫理守則：諮商師應確認其專業操守會影響本專業的聲譽及社會大眾的信任，自應謹言慎行，知悉並謹遵其專業倫理守則。

1.3 專業責任：諮商師應認清自己的專業、倫理及法律責任，以維護諮商服務的專業品質。

1.4 與服務機構合作：服務於學校或機構的諮商師應遵守學校或該機構的政策和規章，在不違反專業倫理的原則下，應表現高度的合作精神。

1.5 責任衝突：諮商師若與其服務之學校或機構之政策發生倫理責任衝突時，應表明自己須遵守專業倫理守則的責任，並設法尋求合理的解決。

1.6 諮商師同仁：若發現諮商師同仁有違反專業倫理的行為，應予以規勸，若規勸無效，應利用適當之管道予以矯正，以維護諮商專業之聲譽及當事人之權益。

1.7 諮詢請益：諮商師若對自己的倫理判斷存疑時，應就教諮商師同仁或諮商專家學者，共商解決之道。

1.8 倫理委員會：本會設有倫理委員會，以落實執行倫理守則，接受倫理問題之申訴，提供倫理疑難之諮詢，並處理違反諮商專業倫理守則之案件。諮商師應與倫理委員會密切合作。

2. 諮商關係

2.1 當事人的福祉

2.1.1 諮商關係的性質：諮商師應確認其與當事人的關係是專業、倫理及契約關係，諮商師應善盡其因諮商關係而產生的專業、倫理及法律責任。

2.1.2 諮商師的責任：諮商師的首要責任是尊重當事人的人格尊嚴與潛能，並保障其權益，促進其福祉。

2.1.3 成長與發展：諮商師應鼓勵當事人自我成長與發展，避免其養成依賴諮商關係的習性。

2.1.4 諮商計劃：諮商師應根據當事人的需要、能力及身心狀況，與其共同研擬諮商計劃，討論並評估計劃的可行性及預期的效果，儘量尊重當事人的自由決定權，並為其最佳利益著想。

2.1.5 利用環境資源：當事人的問題多與其所處環境有關，諮商師應善用其環境資源，特別是家庭資源，協助其解決問題，並滿足其需要。

2.1.6 價值影響：諮商師應尊重當事人的價值觀，不應強為當事人做任何的決定，或強制其接受諮商師的價值觀。

2.2 當事人的權利

2.2.1 自主權：諮商師應尊重當事人的自由決定權。

a. 諮商同意權：當事人有接受或拒絕諮商的權利，諮商師在諮商前應告知諮商關係的性質、目的、過程、技術的運用、限制及損益等，以幫助當事人做決定。

b. 自由選擇權：在個別或團體諮商關係中，當事人有選擇參與或拒絕參與諮商師所安排的技術演練或活動、退出或結束諮商的權利，諮商師不得予以強制。

c. 未成年當事人：為未成年人諮商時，諮商師應以未成年當事人的最佳利益著想，並尊重父母或監護人的合法監護權，需要時，應徵求其同意。

d. 無能力做決定者：若當事人因身心障礙而無能力做決定時，諮商師應以當事人最佳利益著想，並應尊重其合法監護人或第三責任者的意見。

2.2.2 公平待遇權：當事人有要求公平待遇的權利，諮商師實施諮商服務時，應尊重當事人的文化背景與個別差異，不得因年齡、性別、種族、國籍、出生地、宗教信仰、政治立場、性別取向、生理殘障、語言、社經地位等因素而予以歧視。

2.2.3 受益權：諮商師應為當事人的最佳利益著想，提供當事人專業諮商服務，維護其人格之尊嚴，並促進其健全人格之成長與發展。（參看 2.1）

2.2.4 免受傷害權：諮商師應謹言慎行，避免對當事人造成傷害。

a. 覺知能力限制：諮商師應知道自己的能力限制，不得接受超越個人專業能力的個案。

b. 覺察個人的需要：諮商師應覺知自己的內在需要，不得利用當事人滿足個人的需要。

c. 覺知個人的價值觀：諮商師應覺知自己的價值觀、信念、態度和行為，不得強制當事人接受諮商師的價值觀。（參看 2.1.6）

d. 雙重關係：諮商師應儘可能避免與當事人有雙重關係，例如下述，但不止於此：親屬關係、社交關係、商業關係、親密的個人關係及性關係等，以免影響諮商師的客觀判斷，對當事人造成傷害。

e. 親密及性關係：諮商師不可與當事人或與已結束諮商關係未超過兩年的當事人建立親密或性關係，以免造成當事人身心的傷害。諮商師若與已結束諮商關係兩年以上的當事人建立親密或性關係，必須證明此等關係不具剝削的特質，且非發展自諮商關係。

f. 團體諮商：諮商師領導諮商團體時，應審慎甄選成員，以符合團體的性質、目的及成員的需要，並維護其他成員的權益。運用團體諮商技術及領導活動時，應考量自己的專業知能、技術及活動的危險性，做好適當的安全措施，以保護成員免受身心的傷害。

2.2.5　要求忠誠權：當事人有要求諮商師信守承諾的權利，諮商師應對當事人忠誠，信守承諾。

2.2.6　隱私權：當事人有天賦及受憲法保障的隱私權，諮商師應予尊重。

2.3.　諮商機密

2.3.1　保密責任：基於當事人的隱私權，當事人有權要求諮商師為其保密，諮商師也有責任為其保守諮商機密。

2.3.2　預警責任：當事人的行為若對其本人或第三者有嚴重危險時，諮商師有向其合法監護人或第三者預警的責任。

2.3.3　保密的特殊情況：保密是諮商師工作的基本原則，但在以下的情況下則是涉及保密的特殊情況：

a. 隱私權為當事人所有，當事人有權親身或透過法律代表而決定放棄。

b. 保密的例外：在涉及有緊急的危險性，危及當事人或其他第三者。

c. 諮商師負有預警責任時。（參看 2.3.2）

d. 法律的規定。

e. 當事人有致命危險的傳染疾病等。

f. 評估當事人有自殺危險時。

g. 當事人涉及刑案時等。

2.3.4 當事人的最佳利益：基於上述的保密限制，諮商師必須透露諮商資料時，應先考慮當事人的最佳利益，再提供相關的資料。

2.3.5 非專業人員：與諮商師共事的非專業人員，包括助理、雇員、實習學生及義工等，若有機會接觸諮商資料時，應告誡他們為當事人保密的責任。

2.3.6 個案研究：若為諮商師教育、訓練、研究或諮詢之需要，必須運用諮商資料時，諮商師應預先告知當事人，並徵得其同意。

2.3.7 團體諮商：領導諮商團體時，諮商師應告知成員保密的重要性及困難，隨時提醒成員保密的責任，並勸告成員為自己設定公開隱私的界線。

2.3.8 家庭諮商：實施家庭諮商時，諮商師有為家庭成員個人保密的責任，沒有該成員的許可，不可把其諮商資料告知其他家庭成員。

2.3.9 未成年人諮商：未成年人諮商時，諮商師亦應尊重其隱私權，並為其最佳利益著想，採取適當的保密措施。

2.3.10 諮商資料保管：諮商師應妥善保管諮商機密資料，包括諮商記錄、其它相關的書面資料、電腦處理的資料、個別或團體錄音或錄影帶、及測驗資料等。

a. 諮商記錄：未經當事人的同意，任何形式的諮商記錄不得外洩。

b. 本人查閱：當事人本人有權查看其諮商記錄及測驗資料，諮商師不得拒絕，除非這些諮商資料可能對其產生誤導或不利的影響。

c. 合法監護人查看：合法監護人或合法的第三責任者要求查看當事人的諮商資料時，諮商師應先瞭解其動機，評估當事人的最佳利益，並徵得當事人的同意。

d. 其他人士查看：其他人包括導師、任課教師、行政人員等要求查看當事人的諮商資料時，諮商師應視具體情況及實際需要，為當事人的最佳利益著想，並須徵得當事人的同意後，審慎處理。

e. 諮商資料轉移：未徵得當事人同意，諮商師不可轉移諮商資料給他人；經當事人同意時，諮商師應採取適當的安全措施進行諮商資料之轉移。

f. 研究需要：若為研究之需要須參考當事人的諮商資料時，諮商師應為當事人的身份保密，並預先徵得其同意。

g. 演講或出版：若發表演講、著作、文章、或研究報告需要利用當事人的諮商資料時，應先徵求其同意，並應讓當事人預閱稿件的內容，才可發表。

h. 討論與諮詢：若為專業的目的，需要討論諮商的內容時，諮商師只能與本案有關的關係人討論。若為諮詢的目的，需要做口頭或書面報告時，應設法為當事人的身份保密，並避免涉及當事人的隱私。

2.4 諮商收費

2.4.1 免費諮商：服務於學校或機構的諮商師為本校學生或機構內人員諮商，乃係諮商師的份內事，不得另外收費。

2.4.2 收費標準：自行開業或服務於社區諮商中心的諮商師可以收費，但應訂定合理的收費標準。合理的收費標準應比照當地其他助人機構一般收費的情形而定，並應顧及當事人的經濟狀況，容有彈性的付費措施。

2.4.3 預先聲明：實施諮商前，諮商師應向當事人說明諮商專業服務的收費規定。

2.4.4 收受餽贈：諮商師應避免收受當事人餽贈的貴重禮物，以免混淆諮商關係或引發誤會及嫌疑。

2.5 運用電腦及測驗資料

2.5.1 電腦科技的運用：在諮商過程中運用電腦科技時，諮商師應注意以下的事項：

a. 確知當事人是否有能力運用電腦化系統諮商。

b. 用電腦化系統諮商是否符合當事人的需要。

c. 當事人是否瞭解用電腦化系統諮商的目的及功能。

d. 追蹤當事人運用的情形，導正可能產生的誤解，找出不適當的運用方式，並評估其繼續使用的需要。

e. 向當事人說明電腦科技的限制，並提醒當事人審慎利用電腦科技所提供的資料。

2.5.2 測驗資料的應用：在諮商過程中運用測驗資料時，諮商師應注意：

a. 解釋測驗資料應力求客觀、正確及完整，並避免偏見和成見、誤解及不實的報導。

b. 審慎配合其它測驗結果及測驗以外的資料做解釋，避免以偏概全的錯誤。

2.6 轉介與結束諮商

2.6.1 轉介時機：因故不能繼續給當事人諮商時，應予轉介。

a. 當事人自動要求結束諮商：若當事人自動要求結束諮商，而諮商師研判其需要繼續諮商時，諮商師應協調其他輔助資源，予以轉介。

b. 專業知能限制：若當事人的問題超越諮商師的專業能力，不能給予諮商時，應予轉介。（參看 2.2.4.a）

c. 雙重關係的介入：若因雙重關係的介入而有影響諮商師的客觀判斷或對當事人有傷害之虞時，應予轉介。

2.6.2 禁止遺棄：諮商師不得假借任何藉口忽略或遺棄當事人而終止諮商，應為當事人安排其他管道，使能繼續尋求協助。

2.6.3 轉介資源：為便利轉介服務，諮商師應熟悉適當的轉介資源，協助當事人獲得其需要的幫助。

2.6.4 結束諮商的時機：在以下的情形下，諮商師可徵求當事人同意結束諮商：

a. 當事人不再受益時，可結束諮商。

b. 當事人不需要繼續諮商服務時，可結束諮商。

c. 諮商不符合當事人的需要和利益時，可結束諮商。

d. 當事人主動要求轉介時，無須繼續諮商。

e. 當事人不按規定付費或因服務機構的限制不准提供諮商服務時，可結束諮商。

f. 有傷害性雙重關係介入而不利諮商時，應停止諮商關係，並予轉介。

3. 諮商師的責任

3.1 諮商師的專業責任

3.1.1 熟悉專業倫理守則：諮商師應熟悉其本職的專業倫理守則及行為規範。

3.1.2 專業知能：為有效提供諮商專業服務，諮商師應接受適當的諮商專業教育及訓練，具備最低限度的專業知能。

3.1.3 充實新知：諮商師應不斷進修，充實專業知能，以促進其專業成長，提昇專業服務品質。

3.1.4 能力限制：諮商師應覺知自己的專業知能限制，不得接受或處理超越個人專業知能的個案。（參看 2.2.4.a）

3.1.5 專業領域：從事不同專業領域的諮商師，應具備該專業所需要的專業知能、訓練、經驗和資格。

3.1.6 自我瞭解：諮商師應對個人的身心狀況提高警覺，若發現自己身心狀況欠佳，則不宜從事諮商工作，以免對當事人造成傷害，必要時，應暫停諮商服務。（參看 2.2.4.b）

3.2 諮商師的倫理及社會責任

3.2.1 提昇倫理意識與警覺：諮商師應培養自己的倫理意識，提昇倫理警覺，並重視個人的專業操守，盡好自己的倫理及社會責任。

3.2.2 維護當事人的權益：諮商師的首要倫理責任，即在維護當事人的基本權益，並促進其福利。（參看 2.1.2；2.2.1-2.2.6）

3.2.3 公開陳述：諮商師在公開陳述其專業資格與服務時應符合本倫理守則之要求。所謂公開陳述包括但不限於下述方式：付費或免費之廣告、手冊、印刷品、名錄、個人履歷表或資歷表、大眾媒體上之訪談或評論、在法律程序中的陳述、演講或公開演說、出版資料及網頁內容等。

a. 宣傳廣告：以任何形式做諮商服務宣傳或廣告時，其內容應客觀正確，不得以不實的內容誤導社會大眾。

b. 諮商師在委託他人為其專業工作、作品或活動促銷時，應擔負他人所作公開陳述之專業責任。

c. 諮商師若得知他人對自身工作做不正確之陳述時，應力求矯正該陳述。

d. 諮商師應避免不實之公開陳述，包括但不限於下述內容：1.所受之訓練、經驗或能力；2.學分；3.證照；4.所屬之機構或組織；5.所提供之專業服務；6.所提供專業服務之學理基礎或實施成效；7.收費標準；8.研究發表。

3.2.4 假公濟私：有自行開業的諮商師不得藉由其在所屬機構服務之便，為自己招攬當事人。

3.2.5 工作報告：發表諮商工作報告時，諮商師應力求具體、客觀及正確，給人真實的印象。

3.2.6 避免歧視：諮商師不得假借任何藉口歧視當事人、學生或被督導者。（參看 2.2.2）

3.2.7 性騷擾：諮商師不可對當事人做語言或行為的性騷擾，應切記自己的專業角色及身為諮商師的專業身份。（參看 2.2.4.e）

3.2.8 媒體呈現：諮商師透過媒體演說、示範、廣播、電視、錄影帶、印刷品、郵件、網路或其他媒體以提供正確之訊息，媒體從事諮商、諮詢、輔導或教育推廣工作時，應注意理論與實務的根據，符合諮商專業倫理規範，並慎防聽眾與觀眾可能產生的誤解。

3.2.9 圖利自己：諮商師不得利用其專業地位，圖謀私利。

3.2.10 互相尊重：諮商師應尊重同事的不同理念和立場，不得冒充其他同事的代言人。

3.2.11 合作精神：諮商師應與其他助人者及專業人員建立良好的合作關係，並表現高度的合作精神，尊重各人應遵循的專業倫理守則。

3.2.12 提高警覺：服務於機構的諮商師，對雇主可能不利於諮商師倫理責任的言行、態度，或阻礙諮商效果的措施，提高警覺。

4. 諮詢

4.1　諮詢的意義：提供諮詢是鼓勵當事人自我指導、適應及成長的關係和過程。

4.2　瞭解問題：諮商師提供諮詢時，應設法對問題的界定、改變的目標及處理問題的預期結果與當事人達成清楚的瞭解。

4.3　諮詢能力：諮商師應確定自己有提供諮詢的能力，並知悉適當的轉介資源。（參看 2.6.3）

4.4　選擇諮詢對象：為幫助當事人解決問題需要請教其他專業人員時，諮商師應審慎選擇提供諮詢的專業人員，並避免陷對方於利益衝突的情境或困境。

4.5　保密：在諮詢過程中所獲得的資料應予保密。（參看 2.3.10.h）

4.6　收費：諮商師為所服務機構的人員提供諮詢時，不得另外收費或接受報酬。（參看 2.4.1）

5. 測驗與評量

5.1　專業知能：諮商師實施或運用測驗於諮商時，應對該測驗及評量方法有適當的專業知能和訓練。

5.2　知後同意權：實施測驗或評量之前，諮商師應告知當事人測驗與評量的性質、目的及結果的運用，尊重其自主決定權。（參看 2.2.1）

5.3　當事人的福利：測驗與評量的主要目的在促進當事人的福利，諮商師不得濫用測驗及評量的結果和解釋，並應尊重當事人知悉測驗與評量結果及解釋的權利。（參看 1.1；2.3.10.b）

5.4　測驗選擇及應用：諮商師應審慎選用測驗與評量的工具，評估其信度、效度及實用性，並妥善解釋及應用測驗與評量的分數及結果，避免誤導。

5.5　正確資訊：說明測驗與評量工具技術時，諮商師應提供正確的訊息，避免導致誤解。（參看 2.2.1.a）

5.6　解釋結果：解釋測驗及評量結果時，諮商師應考慮當事人的需要、理解能力及意見，並參考其他相關的資料，做客觀、正確和適當的解釋。（參看 2.5.2.a、b）

5.7 智慧財產權：諮商師選用測驗及評量工具時，應尊重編製者的智慧財產權，並徵得其同意，以免違反著作權法。

5.8 施測環境：諮商師應注意施測環境，使符合標準化測驗的要求。若施測環境不佳、或受測者行為表現異常、或有違規事件發生，應在解釋測驗結果時註明，得視實際情況，對測驗結果之有效性做適當的評估。

5.9 實施測驗：測驗與評量工具若無自行施測或自行計分的設計，均應在施測者監督下實施。

5.10 電腦施測：諮商師若利用電腦或電子科技施測，應確定其施測的功能及評量結果的正確性。（參看 2.5.1；2.5.2）

5.11 報告結果：撰寫測驗或評量結果報告時，諮商師須考慮當事人的個別差異、施測環境及參照常模等因素，並指出該測驗或評量工具的信度及效度的限制。

5.12 測驗時效：諮商師應避免選用已失時效之測驗及測驗資料，亦應防止他人使用。

5.13 測驗編製：諮商師在運用心理測驗及其他評量技術發展和進行研究時，應運用科學之程序與先進之專業知識進行測驗之設計、標準化、信效度考驗，以力求避免偏差，並提供完善的使用說明。

6. 研究與出版

6.1 以人為研究對象：諮商師若以人為研究對象，應尊重人的基本權益，遵守倫理、法律、服務機構之規定、及人類科學的標準，並注意研究對象的個別及文化差異。

6.2 研究主持：研究主持人應負起該研究所涉及的倫理責任，其他參與研究者，除分擔研究的倫理責任外，對其個人行為應負全責。

6.3 行為規範：諮商師應遵循做研究的倫理規範，若研究問題偏離研究倫理標準時，應特別注意防範研究對象的權益受損。

6.4 安全措施：諮商師應對研究對象的身心安全負責，在實驗研究過程中應先做好安全措施。（參看 2.2.4.f）

6.5 徵求同意

6.5.1　自由決定：諮商師應尊重研究對象的自由決定權，事先應向研究對象說明研究的性質、目的、過程、方法與技術的運用、可能遭遇的困擾、保密原則及限制、以及諮商師及研究對象雙方的義務等。（參看 2.2.1）

6.5.2　主動參與：參與研究以主動參與為原則，除非此研究必須有其參與才能完成，而此研究也確實對其有利而無害。

6.5.3　缺乏判斷能力者：研究對象缺乏判斷能力不能給予同意時，諮商師應盡力解釋使其瞭解，並徵求其合法監護人或第三責任者的同意。（參看 2.2.1.c；2.2.1.d）

6.5.4　退出參與：研究對象有拒絕或退出參與研究的權利，諮商師不得以任何方式予以強制。（參看 2.2.1）

6.5.5　隱瞞或欺騙：諮商師不可用隱瞞或欺騙的方法對待研究對象，除非這種方法對預期的研究結果有必要，且無其他方法可以代替，但事後應向研究對象做適當的說明。

6.6　解釋研究結果

6.6.1　解釋蒐集的資料：完成資料蒐集後，諮商師應向研究對象澄清研究的性質及資料的運用，不得延遲或隱瞞，以免引發誤解。

6.6.2　解釋研究結果：研究完成後，諮商師應向研究對象詳細解釋研究的結果，並應抱持客觀、正確及公正的態度，避免誤導。

6.6.3　糾正錯誤：發現研究結果有誤或對當事人不利時，諮商師應立即查察、糾正或消除不利現象及其可能造成的影響，並應把實情告知研究對象。

6.6.4　控制組的處理：實驗研究需要控制組，實驗研究結束後，應對控制組的成員給予適當的處理。

6.7　撰寫研究報告

6.7.1　客觀正確：撰寫研究報告時，諮商師應將研究設計、研究過程、研究結果及研究限制等做詳實、客觀及正確的說明和討論，不得有虛假不實的錯誤資料、偏見或成見。

6.7.2　誠實報導：發現研究結果對研究計劃、預期效果、實務工作、諮商理念、或投資利益有不符合或不利時，諮商師仍應照實陳述，不得隱瞞。

6.7.3 保密：諮商師撰寫報告時，應為研究對象的身份保密，若引用他人研究的資料時，亦應對其研究對象的身份保密。（參看 2.3.1；2.3.10f）

6.8 發表或出版

6.8.1 尊重智慧財產權：發表或出版研究著作時，應注意出版法和智慧財產權保護法。（參看 5.7）

6.8.2 註明原著者：發表之著作引用其他研究者或作者之言論或資料時，應註明原著者及資料的來源。

6.8.3 二人以上合著：發表或出版之研究報告或著作為二人以上合著，應以適當的方式註明其他作者，不得以自己個人的名義發表或出版。

6.8.4 對著作有特殊貢獻者：對所發表或出版之著作有特殊貢獻者，應以適當的方式給予鄭重而明確的聲明。

6.8.5 利用學生的報告或論文：所發表的文章或著作之主要內容係根據學生之研究報告或論文，應以該學生為主要作者。

7. 教學與督導

7.1 專業倫理知能：從事諮商師教育、訓練或督導之諮商師，應熟悉與本職相關的專業倫理，並提醒學生及被督導者應負的專業倫理責任。

7.2 告知督導過程：督導者應向被督導者說明督導的目的、過程、評鑑方式及標準，並於督導過程中給予定期的回饋及改進的建議。

7.3 雙重關係：諮商師教育者應清楚地界定其與學生及被督導者的專業及倫理關係，不得與學生或被督導者介入諮商關係，親密或性關係。（參看 2.2.4.d；2.2.4.e）

7.4 督導實習：督導學生實習時，督導者應具備督導的資格，善盡督導的責任，使被督導者獲得充分的實務準備訓練和經驗。

7.5 連帶責任：從事諮商師教育與督導者，應確實瞭解並評估學生的專業能力，是否能勝任諮商專業工作。若因教學或督導之疏失而發生有受督導者不稱職或傷害當事人福祉之情事，諮商師教育與督導者應負連帶的倫理責任。

7.6　人格陶冶：諮商師教育者及督導者教學與提昇學生的專業知能外，更應注意學生的專業人格陶冶，並培養其敬業樂業的服務精神。

7.7　專業倫理訓練：從事諮商師教育者應給學生適當的倫理教育與訓練，提昇其倫理意識、警覺和責任感，並增強其倫理判斷的能力。

7.8　理論與實務相結合：諮商師教育者應提供學生多元化的諮商理念與技術，培養其邏輯思考、批判思考、比較及統整的能力，使其在諮商實務中知所選擇及應用。

7.9　注意個別差異：諮商師教育者及督導者應審慎評估學生的個別差異、發展潛能及能力限制，予以適當的注意和關心，必要時應設法給予發展或補救的機會。對不適任諮商專業工作者，應協助其重新考慮其學習及生計方向。

7.10　教育課程

7.10.1　課程設計：應確保課程設計得當，得以提供適當理論，並符合執照、證書或該課程所宣稱目標之要求。

7.10.2　正確描述：應提供新近且正確之課程描述，包括課程內容、進度、訓練宗旨與目標，以及相關之要求與評量標準，此等資料應為所有有興趣者可取得，以為修習課程之參考。

7.10.3　評估回饋：在教學與督導關係中，諮商師應根據學生及被督導者在課程要求上之實際表現進行評估，並建立適當之程序，以提供回饋或改進學習之建議予學生和被督導者。

8. 網路諮商

8.1　資格能力：實施網路諮商之諮商師，應具備諮商之專業能力以及實施網路諮商之特殊技巧與能力，除應熟悉電腦網路操作程序、網路媒體的特性、網路上特定的人際關係與文化外，並具備多元文化諮商的能力。

8.2　知後同意：提供網路諮商時應進行適當之知後同意程序，提供當事人相關資訊。

8.2.1　一般資訊：應提供當事人有關諮商師的專業資格、收費方式、服務的方式與時間等資訊。

8.2.2 網路諮商特性：應提供有關網路諮商的特性與型態、資料保密的規定與程序，以及服務功能的限制、何種問題不適於使用網路諮商等資訊。

8.2.3 電腦網路的限制與顧慮：有關網路安全與技術的限制、網路資料保密的限制，特別應對當事人加以說明。

8.2.4 未成年當事人：若當事人為未成年人時，諮商師應考慮獲得其法定監護人的同意。

8.3 網路安全：實施網路諮商時，在網路通訊上，應採必要的措施，以利資料傳輸之安全性與避免他人之冒名頂替。如：文件的加密，使用確認彼此身分之特殊約定等。諮商師亦應在電腦網路之相關軟硬體設計與安全管理上力求對網路通與資料保存上之安全性。

8.4 避免傷害：諮商師敏察網路服務型態的限制，避免因網路傳輸資訊之不足與失真而導致在診斷、評量、技術使用與處理策略上之失誤，而造成當事人之傷害。諮商師應善盡保密之責任，但面臨當事人可能自我傷害，傷害他人或涉及兒童虐待時，諮商師應收集資訊，評估狀況，必要時應採取預警與舉發的行動。

8.5 法律與倫理管轄權：在實施網路諮商與督導時，應審閱諮商師、當事人及督導居住所在地之相關法律規定與倫理守則以避免違犯。

8.6 轉介服務：諮商師應盡可能提供當事人其居住地附近之相關諮商專業機構與諮商師之資訊與危機處理電話，以利當事人就近求助。網路諮商師應與當事人討論當諮商師不在線上時的因應方式，並考慮轉介鄰近諮商師之可能性。

8.7 普及服務：網路諮商師應力求所有當事人均能得到所需之諮商服務，除在提供電腦網路諮商服務時能在使用設計上盡量考慮不同當事人使用的方便性之外，亦應盡可能提供其他型態與管道的諮商服務，以供當事人選擇使用。

第二節 團體輔導專業倫理

本文所指的團體輔導，是泛指團體諮商、會心團體、學習團體、成長團體等團體工作。換言之，是指透過較嚴謹的團體歷程，並由輔導者的催化引導和團員的互動而達成團體目標的「團體」而言。

團體輔導專業倫理的重要性有三：

1. 從事團體工作的人愈來愈多，對領導者的能力、資格，不能不提出一個標準，以維持專業服務的品質。
2. 諮商是一種專業。諮商關係的建立、維持、發展及結果，是一種非常微妙的過程，需要專業的知識與技能來維持。而這種過程不是中立過程，而是可使當事人更好或更壞的過程。因此，諮商員的行為無形中涉及專業倫理的問題（引自牛格正，1983）。
3. 在團體歷程中，團員的開放、情感的介入、秘密的維護、個人意願的問題，在在都顯示其複雜性遠超過個別輔導，極需要一個倫理規範供團員持守。

一 專業倫理

所謂專業，從倫理學的觀點來看，凡具有專業能力的人，才能從事的一種職業。專業的標準，即自我規範（self-discipline）與自我檢定（self-licensing）（Kottler & Van Hoose, 1977）。國內對於輔導專業人員的倫理規範，並未制定一定的標準，因此我們僅能從專業知能或訓練方面，提出最低限度的一個標準。一般而言，專業諮商員應修習或接受以下的訓練：

1. 人文訓練：諮商倫理、基礎哲學、人生哲學或邏輯思考訓練。
2. 理論學科：輔導與諮商理論、學習理論、人格理論、團體動力理論、學習輔導理論及生計輔導理論。
3. 諮商技術：個別諮商技術、團體諮商技術、研究法、評量技術及資料處理技術。
4. 諮商實務經驗。

二 輔導人員專業倫理一般守則

1. 輔導人員應避免由於自己人格缺陷及偏見而危及輔導關係，並應保護被輔導者遭到不利。
2. 輔導的服務不能強加於被輔導者，同時輔導員不能給予任何「治療」的保證。
3. 輔導人員不應對自己的家族、親密的朋友從事輔導工作，因此種雙重關係可能危害被輔導者的利益。
4. 當輔導人員的地位因某種特殊原因不能絕對保密時，應在進行輔導之前，事先告知被輔導者自己的地位。
5. 輔導員應遵守所處社會之道德標準。
6. 輔導人員如將輔導資料交給被輔導者之父母、監護人或其他有責任之非專業人員時，應對被輔導者保證接受資料者為合法人士。
7. 在輔導機構從事輔導工作者，不應私下接受被輔導者的金錢報酬，若所提供之服務需收費，必須顧及被輔導者的經濟的負擔，並需獲得社會之支持與信任（引自劉家煜，1977）。

三 團體輔導專業倫理標準

1. 輔導員（領導者）的首要義務是尊重團員人格的統整，並增進其福祉。
2. 從諮商中所發展的諮商關係與資料，應予保密。在團體諮商中，輔導員應針對團員的開放內容，訂定保密準則。
3. 如果團員已參加另一個團體，在團體歷程進入諮商關係之前，輔導員必須和該專業人員聯繫，並獲得許可。若專業人員反對，則應終止輔導關係。
4. 團員的處境對其本身或其他團員有明顯且緊急的危險時，輔導員應採取直接的行動或通知有關當局，若可能，可與其他專業人員研商。
5. 團體歷程的摘要、錄音、錄影等應視為僅可用在諮商方面的專業資料，不得任意公開。諮商資料的公開，只有在當事人許可下方可為之。
6. 在諮商訓練及研究上使用有關的團體資料，必須對團員身分加以掩飾並保密。

7. 在團體進入諮商關係時或之前，輔導員有義務澄清團體的目標、規則、限制及技術。
8. 輔導員有權和其他專業人員討論團體事宜。
9. 若在團體中無法提供團員專業性協助，則應考慮終止諮商關係，並有義務轉介其他合適之專業人員。
10. 團體中所使用治療上的實驗方式，應明告受實驗的團員，同時應負責其安全。
11. 若輔導員由諮商關係中獲悉某種情況可能對他人有所損害，則應將此情況告知有關當局，但對當事人身分應加以保密。
12. 團體歷程之中或之後，可配合個別專業性協助。

除了上述 12 點外，Patterson（1972）訂定的「團體的倫理標準」亦是團體輔導員所需熟悉的。其中包括：

1. 團體經驗的廣告和宣傳，應當謹慎、小心，盡量保持在客觀、理智的水準上來實施。此外，廣告應當簡單、直述、避免評價，且不應超出專業範圍之外。
2. 明確敘述輔導員的資格、學會會籍、訓練、證件及學歷，且不做誇張或不實的報導。
3. 輔導員有義務揭示團體一般的方式、程序、目標、方向，其中若使用特殊的方法，應明白告訴團員。
4. 輔導員應慎重審查團員是否適於參加團體，不適合的團員應理智並妥善處理。
5. 應當避免不當的操弄團體，企圖阻礙團員的結合，或強迫團員接受某些心理壓力。
6. 輔導員有責任維護團體內的安定、和諧，以避免團員在心理上、生活上遭受傷害。
7. 輔導員有責任在團體結束後，對某些因團體經驗帶來負面效果的團員，進行追蹤輔導。

四 資料保密問題

1. 保密義務應視情況而改變，並非一成不變。
2. 資料應否保密應視性質而定，若該資料已是公開或很容易成為公開者，則不需保密。
3. 資料本身不具任何傷害性，則不需保密。
4. 若資料對輔導員或輔導機構具有使用價值且必須使用者，則不受保密限制。
5. 資料之保密應以團員的權益與聲譽為主，即使與法律相違，輔導員亦應保障團員之權益。
6. 資料之保密亦應考慮輔導員的聲譽與權益，使其不受傷害或攻擊。
7. 資料之保密亦應考慮無辜第三者及社會之權益。

美國人事及輔導學會指出：諮商關係的紀錄，包括諮商面談紀錄、測驗資料、錄音及其他文件，均屬專業資料，若使用在諮商、研究、教育訓練上，應對當事人（團員）的身分完全保密，避免傷害當事人。此外亦指出，諮商員可以請教於任何專家，研商有關當事人的問題。另外，在錄音、錄影及資料使用提出一簡要的原則：

1. 必須取得當事人的同意。
2. 使用對象應限於專業人員，使用的目的應限於專業的目的。
3. 使用時，當事人的身分及權益部分應予以刪改或刪除。

第三節 美國團體諮商員的專業標準

就性質和功能而言，團體輔導和團體諮商有其相似、相通之處，但也有相異的部分，從事輔導工作者，不能不對其中的差異做深入而正確的了解。從相關的文獻中，可以看出團體諮商員對團體的影響是多面性的。James 和 Therese（1984）的研究發現：高自尊（self-esteem）的諮商員比低自尊的諮商員更能有效的影響團員，使其產生積極的思想概念。從美國學校輔導工作的現況來看，團體諮商被廣泛的用在處理閱讀障礙、學習困擾、

情緒障礙、戒菸、未婚懷孕及離婚家庭子女等問題上，這與國內使用團體諮商的情況頗多雷同之處。

為了讓團體諮商愛好者了解並建立基本的專業標準觀念，本文就美國心理輔導學會（AACD）1984 年通過並實施的「團體諮商員的專業標準」加以論述。

一 團體諮商員的專業標準

(一)前言

鑑於諮商員（輔導員）在輔導過程中，需有能力和當事人（被輔導者）建立起協助的關係；同樣的，諮商員亦被要求具備團體諮商運作的專門知識和技能。團體工作（group work）專業人員學會支持此一觀點，並視團體工作知能的充實為諮商員養成教育中重要的一環。

團體諮商專業的標準所揭示團體帶領者（group leader）在認知和實務上需要的能力，也正是團體工作專業人員學會（Association for Specialists in Group Work）長久以來所認定的標準。

(二)團體諮商的定義

團體諮商是由一連串人際互動歷程的活動所組成，注重在意識的思想和行為，並由具有專業資格（professional credentials）的諮商員來帶領並運作，基本上團員是正常的，因此透過團體歷程，得以處理團員職業、教育、個人、社交及其相關的切身問題。

(三)團體諮商專業能力的範疇

為了在團體諮商中善盡一個專業人員的職責，諮商員必須具備一般性的基本能力。這些能力適用在不同層次及不同的專業領域。此外，諮商員亦應專精一種或一種以上專業工作領域，如學校諮商與輔導、高等教育學生人事服務或社區心衛中心所需的專業性能力。

(四)合格團體諮商員應證明具備下列團體工作的專業知識

1. 能說出三種或三種以上主要團體諮商理論的相似性和相異性。
2. 能說明團體動力的基本原則，熟悉團體歷程形成治療效果的有利因素。
3. 認識團體諮商員可能影響團員的個人特質，例如個人的優缺點、成見、價值觀念和其他的因素。
4. 了解團體諮商有關的倫理問題及團體中必須考慮的因應措施。
5. 在個人的專業領域中，參與有關團體諮商的研究。
6. 熟練自己採用的團體歷程，並有能力區分團體輔導、團體諮商、團體治療及人際關係訓練等模式。
7. 在團體發展的各個階段中，有能力且有效力的利用團體歷程的有利因素，例如團體的互動、諮商員的角色特質等。
8. 了解團體歷程中團員可能採取有助於團體成長和衰退（facilitative and debilitative roles）的各種角色。
9. 熟悉團體諮商和團體歷程，可能引發對團員有利或不利的影響事件。

(五)合格團體帶領人應具備下列的專業能力

1. 能辨別並評估團體諮商前團員的準備水準（起點行為）。
2. 能表達一個簡單、具體並完整的團體諮商定義。
3. 能辨識團員的自棄行為（self-defeating behaviors）。
4. 能描述並帶領一個自己運用、適合團員年齡、需要的團體諮商模式。
5. 能正確認定團員間非語言行為的表達方式。
6. 在團體發展的不同階段中，適時展現所需要的技術。
7. 能認識並有效的處理團體歷程中的偶發事件。
8. 能適當的處理打岔（disruptive）團員的問題。
9. 能有效運用團體諮商的主要策略、技術和方法（procedures）。
10. 能在自然的情境中，提供並使用有效的方法，藉以協助團員產生改變，並從其他團員中獲得改變的支持。
11. 有效運用附屬的團體結構力量（adjunct group structures），例如自我監

控（self-monitoring）、契約訂定等心理作業方式。

12. 能使用基本的團體帶領者介入技術，如對過程的說明（process comments）、共鳴性的反應（empathetic responses）、自我開放及面質等技術。
13. 能有效的透過催化作用，以產生有利於治療性的情境和力量。
14. 能有效並和諧的和協同帶領者（co-leader）一起搭配工作。
15. 能在適當的時間開始並結束每一次聚會，同時，也能順利的終止、結束全部會期（活動）。
16. 能提供追蹤輔導的種種措施，藉以維繫並支持團體諮商的長久效果。

CHAPTER 14 團體動力發展的結果

人凡走過的必留下足跡，凡努力過的必產生效果。

依凡

第一節 理論發展的迷思與正解

對許多人而言，團體動力是一門既陌生又熟悉的專業理論，因此，在社會科學的發展中，它所處的地位以及貢獻是備受矚目的。即使是今天，團體動力對某些人而言，仍存在著某些爭議的問題，如：

——團體動力是一種逐漸滲入的思考方式（ways of thinking），用以處理個人或團體問題，而非以傳統的教學方式達成目標。此點不一定能被接受。

——團體動力真正的性質和目標為何？此點最易造成觀念的混淆和誤解。

——在團體動力理論建立的過程中，是否曾加入不當的觀念，導致整個理論的信服力降低？

類似的爭論或批評，正指出團體動力理論上嚴重的弱點和缺失。當你詳閱本書前 13 章後，可能會產生某些疑問，本章將列舉出常見的問題，並提出作者的看法，盼望能澄清某些問題的真實意義，而不致增添讀者們的疑慮。

(一) 隨著團體動力新知識和方法的擴增，會不會使得心存私心的人更容易操縱團體以遂其心願？

一般來說，大多數的知識都有可能被用在好的或壞的兩方面，就像銳利的斧頭，可用來砍樹頭或人頭一樣。除非終止人類的進步，否則知識的爆發，將無可避免地會被用到不利於人類的方面。但是在團體動力的理論中，有兩個安全的保障（built-in safeguards）以防患未然：

1. 社會科學家們很敏銳的覺察到問題的嚴重性，因此在新知識、技術的傳遞中，樹立了道德倫理的規範。除了在文獻上有極豐富的資料來探討倫理問題外，在訓練的過程中，亦會安排探討專業倫理的內容。
2. 在團體動力的訓練中，有兩個基本要素能確立反操縱（anti-manipulative）並達成訓練的效果：其一是團體中鼓勵成員分享；其二是團體訓練成員蒐集並研判發生在團體裡的一切現象。

(二) 由於團體動力強調團體行為，會不會造成團員個性（individuality）的喪失，而有由團體思考（group-think）取代個人思考的危險？

對研究團體動力的學者們來說，以上的批評可說是最不友善的了。因為從團體的研究中，不難發現：

1. 當團體的溝通愈深入，團體凝聚力提高時，成員們相互依賴的行為將有增無減。
2. 當成員對團體的動力過程不熟練時，很容易造成專制的領導。此時領導者的好惡，便直接影響團體的發展。

事實上，保有成員個性最好的方法，可能是提供成員判斷及抗拒順從所需的知識和技術。此外，鼓勵成員建設性的表達自己的觀點與感受，也是很有用的方法。從事團體動力研究的學者們，已致力於廣泛的傳播團體動力的新知識；而從事團體動力臨床應用的學者們，則除了訓練團體的領導者外，亦大量的訓練團體內的所有成員。

(三) 團體動力是否太專注團體歷程，而疏忽了團體工作的內容？

有些批評者注意到，團體愈來愈注重動力過程（dynamic processes）的觀察，以致疏忽觀念的產生、相聚的歡愉、抉擇的擬定及其他實質的成果等。有些實際從事團體動力的人，認為團體初期最易發生的危險是，錯把引人入勝的團體歷程認為是團體的終極目標。為了防止類似問題的發生，學者們已建立一套防患的措施，以便在情況發生時，適時的給予警告和提醒，在我們的經驗裡，最大的危險莫過於當成員離開團體後（團體結束），對團體的主要活動內容與方式印象深刻，且急於放手一試；但對活動過程裡細膩的引導技術、重要的轉捩點、對人性的尊重等，均視為是理所當然，而未能深入的體驗。

(四) 對經驗缺乏或訓練不足的團體領導者而言，由他們使用團體動力技術，會不會造成一些傷害？

由於團體動力在活動過程中，鼓勵開放並表達團員感受，要是團體領導者並未受較嚴謹的訓練來帶領團體，這時成員表露（expose）太深的情緒，的確有某種程度的危險。團體動力學者專家們已承認這個事實，並做了補救的措施。在最近的團體領導者訓練課程裡，已一再的提出不要讓訓練不足的團體領導者去帶領團體的呼籲。除非團體領導者已在細心的督導下有了完整的見習時間（apprenticeship），並且對傷害性情緒的表露（traumatic overexposure of emotions）有豐富的處理經驗與技術。此外，一個授信（the credentials of approved）制度的機構應成立，負責檢視團體帶領者的經驗、資格與訓練背景，並進而評估其能力是否足以帶領團體。

(五) 某些狂熱者（zealots），會不會只熱衷於敏感訓練，而忽略甚至捨棄團體歷程和方法的訓練？

毫無疑問的，類似的危險是存在的，然而這種情形只有在訓練方案裡全盤考慮到訓練的需要時，才可能遭遇到。事實上，這也不算是太嚴重的問題，要是它成為一個事實之後，我們就得想辦法來彌補這個缺口了。

(六) 總結（summing up）

到目前為止，團體動力的效果（accom plishments）似乎滿吸引人的。探討團體動力的文獻，也頗多好評。團體動力已展現人類潛能新的遠景（new vitas of human potentiality）。在這遠景中，團體動力已為社會工學（social technology）帶來一個比過去一百年內物質工學（material technology）的發展更神奇、更快速的效力。這些年來，團體動力已成為一門學問，其內涵已超越我們所能理解並應用的範圍。

今天，我們對團體動力的了解，似乎僅停留在膚淺的表面而已。相信隨著時間的到來，團體動力將會有更令人欣慰的發展。不僅在人際關係知識領域的擴張，同時也包含了使用這些理論去改善人際事務（practical human affairs）的種種問題。盼望社會科學領域中的學者、專家們在探討團體動力新的領域方面，有更多令人振奮的突破。此外，也希望在這個過程中，有心的讀者們也能加入我們的行列，成為「團體工作」的工作夥伴。在有限的歲月中，透過無限的團體動力去完成「成己達人」、「自助助人」的心願。

第二節 代表性的研究理論

一 團體諮商的研究理論

從事團體諮商的輔導工作者愈來愈多，但有關團體諮商的研究理論並不多見。本文擬探討影響團體諮商效果的因素，及影響團體諮商效果研究的因素，以做為團體諮商研究上的參考。

Zander（1976）認為對任何形式的團體歷程所做的研究，長久以來都被研究方法和觀念上的難以突破困擾著。Priddy 和 Gallagher（1984）亦認為，在有關的團體研究中，成員主觀的印象和客觀的支持性資料之間，仍存有一段距離，有時從事團體工作的研究者繼續努力。事實上，在團體諮商的研究理論中，原本不包括影響團體諮商效果的因素在內；但影響團體諮商效果的因素，一定會影響研究的效果。因此，在探討團體諮商的研究理論之前，宜先探討影響團體諮商效果的因素。

(一)影響團體諮商效果的因素

1. 團體帶領者變項方面

Rogers 認為團體諮商效果欠佳的原因，以團體帶領者的諮商技巧欠佳為主（劉焜輝，1977）。Kaye的實驗發現，能力好的團體帶領者，其團體諮商效果亦較好。

影響團體帶領者的主要因素有三：

(1) 人格特質

Corey（1977）認為勇氣、表率、表露、關愛、信心、開放、寬容、影響力、活力、新奇、自我覺察、幽默、創造力等是有利的特質。何長珠（1980）認為應包括開放、彈性、自信、幽默、積極性、真誠愛人、溫暖、關照、客觀性、成熟和統整等。

(2) 團體領導技術

何長珠（1980）認為應包括：

1. 反應技術——傾聽、複述、反映、澄清和摘述。
2. 交互作用技術——解說、接連、阻止、支持、設限、保護和聽取眾意等。
3. 行動技術——發問、探測、調律、面質、分享和示範等。

Corey（1977）則提出 15 項領導技術，如傾訴、反映、澄清、總結、解釋、問話、面質、支持、阻止、診斷、試驗、評估、催化、同理心、終結。

(3) 專業知能

潘正德（1985a）根據美國心理輔導學會 1984 年通過並實施的團體諮商員專業知識，歸納出：

1. 能說三種或三種以上主要團體諮商理論的相似性和相異性。
2. 能說明團體動力的基本原則；熟知團體歷程中，形成治療效果的有利因素。
3. 認識團體諮商員（團體帶領者）可能影響團員的個人特質，如個人的優缺點、成見、價值觀及其他因素。
4. 了解團體諮商有關的倫理問題及團體中必須考慮的因應措施。
5. 在個人的專業領域中，參與有關團體諮商的研究工作。
6. 熟練自己採用的團體歷程，並有能力區分團體輔導、團體諮商、團體治療及人際關係訓練等模式。
7. 在團體發展的各個階段中，有能力且有效率的利用團體歷程的有利因素，如團體互動、諮商員的角色特質等。
8. 了解團體歷程中，團員可能採用的有助於團體成長和衰退的各種角色。
9. 熟悉團體諮商和團體歷程中，可能引發對團員有利或不利的影響事件。

在專業能力方面，歸納 16 點：

1. 能辨別並評估團體諮商前成員的準備水準（起點行為）。
2. 能表達一個簡單、具體並完整的團體諮商定義。
3. 能辨識團員的自棄行為。
4. 能描述並帶領一個由自己選用，並適合團員年齡、需要的團體諮商模式。

5. 能正確認定成員間非語言行為的表達方式。
6. 能在團體發展的不同階段中，適時展現所需要的技術。
7. 能認識並有效處理團體歷程中的偶發事件。
8. 能適當處理離心（disruptive）成員的問題。
9. 能有效運用團體諮商的主要策略、技術和過程。
10. 能在自然的情境中，提供並使用有效的方法，以協助成員產生改變，並從其他團員中獲得支持。
11. 能有效運用附屬的團體結構力量（adjunct group structures），如契約訂定、自我監控（self-monitoring）等心理方式。
12. 能使用基本的團體帶領者介入技術，如過程說明、同理反應（empathetic responses）、自我開放及面質等技術。
13. 能有效的透過催化作用，以產生有利於治療的情境和力量。
14. 能有效並和諧的協同帶領者一起搭配工作。
15. 能有適當的時間開始並結束每一次聚會；同時，也能順利的終止、結束全部會期（活動）。
16. 能提供追蹤輔導的種種措施，藉以維繫並支持團體諮商的長期效果。

2. 團員變項方面

(1) 年齡

團體諮商所需之語言和非語言溝通能力須達到相當水準以上才能收效。Rogers 認為團體諮商最適宜的年齡是 10 歲以上，60 歲以下，不過他又認為經驗豐富的輔導員，選用適當的活動內容，並妥善安排諮商過程，即使四歲的幼童亦可從中獲益（劉焜輝，1977）。

(2) 智力

智商低者不容易從人際互動的過程中體會其中的意義，因此對自己的問題較不能產生領悟。William 等人曾對 400 個案例進行調查研究，發現智商愈低者，其諮商失敗率愈高。例如智商在 110 以上者，失敗率為 10%；智商在 80 至 89 者失敗率為 23%；智商在 70 至 79 者，失敗率高達 66%（劉焜輝，1977，頁 68）。

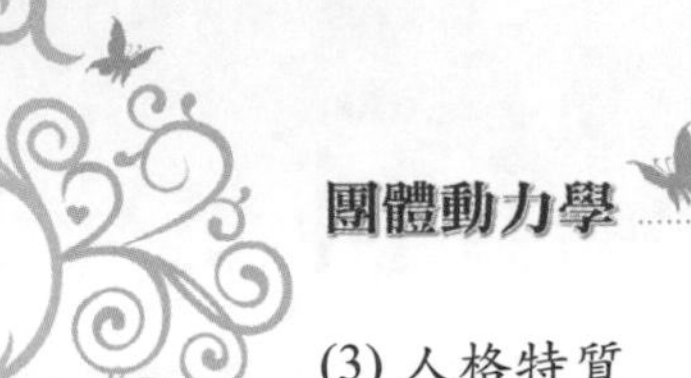

(3) 人格特質

Mitchell（1975）認為有責任感、有成就感、富創造性、精力旺盛的人，最容易從團體諮商中得到幫助。另Hamachek（1971）則認為需父母與成人之「情感性支持」的兒童較需「工具性支持」的兒童之諮商效果為差。Harrison和Libin認為具「人際導向」（person-oriented）之人格類型的人，比具「工作導向」（work-oriented）之人格類型的成人諮商效果佳（Mitchell, 1975）。吳淑敏（1986）亦認為成員經歷會心團體經驗後，會因其人格類型的不同，而影響其接受輔導的效果。

(4) 求助動機

Lieberman 和 Borman（1979）根據成員參加團體的動機和目的，歸納成終結目的型、過程目的型、聯誼（social-hedonistic）目的型三種。終結目的型是以個人壓力之解脫、自我察覺（awareness）、個人問題解決、人際關係、社交與生活型態之改變為主；過程目的型是以相似—契合（similarity-communion）、認知——訊息的歷程、情感支持、關係建立為主；聯誼目的型則以交誼為主。Hoerl（1972）認為成員是否有積極尋求協助的意願，會影響團體諮商的效果。Ellenberger 則認為唯有成員心理上已有準備時，才能自團體諮商中獲得益處（Patterson, 1984）。一般而言，求助動機愈強，效果愈佳。

3. 中介變項方面

所謂中介變項是指團員人數、活動（會期）次數與間距、內容性質（結構與非結構）、團體特質（異質與同質）等。

(1) 團員人數

Shertzer和Stone（1974）認為工作團體最合適的人數是 5 至 15 人，輔導團體 12 至 25 人，學習團體 8 至 12 人，團體諮商 6 至 12 人，成長團體 8 至 12 人，治療團體 4 至 10 人。Benjamin（1978）認為 10 至 15 人均可，但以 12 人最好。Loeser 認為 4 至 8 人是最理想的諮商團體（謝水南，1984）。

(2) 會期之長短

團體諮商會期之長短，須視問題的嚴重性及團體目標而定。Verny 發現，平均每一成員約需停留在團體中達一年到一年半；而Rogers根據個人經驗指出：一般團體諮商，只需6至15次即可使成員有效的處理自己的問題（劉焜輝，1977；Verny, 1974）。

(3) 內容性質

據 Levin 之研究，發現非結構性諮商活動之效果較佳，因非結構性活動使諮商情境曖昧不明，較易誘發團員之感情涉入（emotional involvement）。Bach 的研究中，發現結構性活動的效果較佳，因活動中有目標可循，可減少表達時的焦慮，對不善用語言表達的團員較有利（Levin & Kurtz, 1974）。Eagan 認為使用結構性活動，有助於積極的改變，較之成員無目的、不確定的摸索來得好。Bednar、Mclnick 和 Kanl 亦認為在團體早期若缺少結構性，則會加重成員的焦慮、恐懼和不合實際的期望。Glasser也認為團體輔導的內容，最好採取有組織、事先設計的方式，使討論、活動的內容有一主題（吳淑敏，1986）。國內吳鼎隆（1983）則發現結構與非結構活動，對內、外控學生心理反應並未有顯著的差異。而一般人認為結構性活動的效果較佳，理由有：

1. 自我的涉入（ego involvement）較廣較深。
2. 團體凝聚力較大。
3. 團體參與較多。
4. 活動內容配合目標，減少試探期間，及偏離主題之機會。
5. 減少因自由表達而產生之焦慮（Levin & Kurtz, 1974）。

(4) 團體特質

是指團體的組成是同質或異質而言。同質與異質之別在於團體成員條件是否一致或相類似（洪有義，1981）。異質變項包括問題類別、人格類型、性別、年齡、智慧、教育背景、社會地位、文化等。因此，凡團員中有一項異質變項，即屬異質團體；反之，若條件相類似，則屬同質團體（吳淑敏，1986）。關於同質或異質，謝水南（1984）有不同的看法，他認為在生理特質方面，如：性別、種族等確有同質團體；但由於個人身心特質

各有其獨特性，因此並無所謂的同質團體。

到底團體特質是同質效果佳或異質效果佳呢？根據研究，目前仍無定論。Joel贊成有相似問題的成員；Winder也主張團員應具有同性質背景（何長珠，1979）。Patterson 認為凡屬溝通問題，同質團體較好，因為彼此之間較能互相了解、接納、溝通，而且也較容易形成凝聚力（吳淑敏，1986）。Stock亦認為同質團體較能促進彼此的溝通及同理的了解，學習氣氛較佳，因而諮商效果亦較佳（Cooper, 1987）。

然而 Lakin 認為為促使團員有較多互動的機會產生，應採異質設計；Slavson 認為男女兩性混合的異質性團體較佳（何長珠，1979）。Furst 和 Yalom 也同意，基於一般治療的觀點，在密集互動團體治療上，異質團體的輔導效果優於同質團體（Patterson, 1984）。Benjamin認為異質（猶太人和阿拉伯人）團體對於增進種族了解的效果優於同質團體（Benjamin, 1978）。Hofman（1961）發現由人格結構不同的團員組成異質團體，解決問題的能力較佳。

(二)影響團體諮商效果研究的因素

有關團體工作的研究可定義為：

1. 在什麼團體環境下；由
2. 哪一個理論背景的團體帶領者；對
3. 哪一類問題性質的團員；使用
4. 哪一種團體模式；產生
5. 哪些改變。

基於研究的需要，研究者擬從：評量模式、實驗控制、實驗對象及團體帶領者四方面來探討：

1. 評量模式方面

Gazda（1968）認為有關團體的評量模式，最常見的是效果評量，其次是不同變項的比較評量及過程評量。在評量的方式上，Lieberman（1976）認為可由成員自評、團體帶領者、觀察員、重要關係人透過觀察、錄影分析、紀錄、實際生活等來做評量。在評量的內容上，Martin 曾將團體諮商效果的評量效標分為內在效標（internal criterion）與外在效標（external criterion）。前者是測量與諮商內容直接有關的事項，不包含諮商內容以外的態度或行為；後者則測量與諮商內容無直接關係的事項，如認知、態度、行為改變等（Copper, 1987）。一般常見的諮商效果評量，大都採外在效標評量；但最近以來，由於從事團體研究的人愈來愈多，使用內在效標的評量，亦有增多的趨勢。

2. 實驗控制方面

過去，由於研究法訓練的不足，團體諮商計量研究的文獻雖多，但其中甚少對實驗過程做嚴謹的控制。Gazda（1971）統計分析美國自 1938 至 1970 年間 145 篇團體諮商的研究報告，發現其中 20%沒有控制組或統計控制，而設有控制組、採隨機分派的占 45%，只有 20%採配對隨機與配對分派並用。國內有關團體的研究，大多數採前、後測控制組、實驗組設計（郭國禎，1983；潘正德，1985c；謝明昆，1981；吳淑敏，1986；吳錦釵，1985；楊淑娟，1985），少數採所羅門四組設計（鄔佩麗，1984；李執中，1980）。

3. 實驗對象方面

團體諮商一般以不超過 12 人為佳（宋湘玲，1978）。因此團體諮商研究的實驗對象，大都屬小樣本。以小樣本獲得的實驗結果，欲推論到大群體上是要很慎重的。要是團體成員由選修諮商心理學課程的學生或研究生組成，亦即實驗對象是選修相關課程的學生，則實驗結果究竟有多少代表性，仍然有待查證（林瑞欽，1981：823-824；Cooper, 1987）。Priddy（1987）認為最理想的實驗對象，應該來自統計上的隨機取樣，並隨機分派到不同團體。在盡可能的範圍內，設置多組的團體，容納較多實驗對象所獲得的資料將更具代表性。

4. 團體帶領者方面

團體帶領者是團體諮商成敗的關鍵。但許多研究都忽略團體帶領者身心特質與團員態度、行為改變兩者間的相關，以至部分學者懷疑諮商效果只是由帶領者個人的專業、工作態度、服務熱忱，及團員對帶領者的信心、期望等因素共同促成的暫時性「安慰劑效果」（placebo effect），而非由諮商內容與過程造成的真正效果（Cooper, 1978）。

此外，即使在團體帶領者的人格特質被有效控制的情況下，團體的研究仍會因團體帶領者個人的喜好、領導風格及團體內團員間與帶領者間的互動而產生不同的結果（Priddy, 1987）。因此，有關團體帶領者的影響因素，似乎有待進一步的研究。

總之，有關團體諮商效果的研究，待解決的問題仍多，從事實徵研究時，應避免不必要的缺失，以增加研究的精確性與客觀性。

（本文原載於《輔導月刊》第 25 卷，第 9、10 期，1989 年出版）

二 小團體輔導的研究理論——單一受試研究設計

(一)前言

根據 Floyd Hulse-Killacky 和 Morran（1989）的研究指出，即使在研究法日益精進的今天，小團體的研究仍然無法避免的會遇到因研究法不足（缺失），而限制或影響研究結果的準確性或概括性（推論）。事實上，國內有關小團體的研究也遇到同樣的問題。潘正德（1988）指出，目前小團體的研究包含三種類型：

1. 以團體為變項的比較研究。
2. 以團體或個體改變的效果研究。
3. 以團體發展為變項的過程研究。

不論是上述哪一類型的研究，多少仍會碰到隨機取樣與分派、評量工具、團體帶領者變項、團體變項、研究方法、統計方法或評量結果的內、外在效度等問題。在從事小團體輔導研究的人愈來愈多的情況下，有必要對相關的研究理論做系統、全盤的了解與整理，這是本文撰寫的主要目的。本文將介紹一個實用、卻少見的實驗研究法——單一受試研究設計。

(二)單一受試研究設計的意義

單一受試是以一個人或一個團體為實驗單位。由於本研究是針對團體輔導而寫，故把單一受試（single-subject）或 N=1 定義成一個團體。換言之，即以單一實驗組為研究對象，而不另設對照組如控制組或糖衣組（placebo）的設計。研究者可以直接對單一的實驗單位（實驗組），選擇介入處理的輔導策略（自變項），並進而觀察對某一效標行為的效果（依變項）。

基本的單一受試研究設計有兩種類型。一為 ABAB 設計，二為多重基準線設計。

(三)ABAB 設計

1. ABAB 設計又稱倒返設計（reversal design）

適用於單一受試團體中，能用來評估介入處理與標的變項的質量變化之關係。一般而言，標的變項是指可觀察的行為，但有時團體的特質，亦可權充為變項之一。不過特質的評量，必須符合能清楚觀察、或用量表重複施測不影響施測結果等要件。

2. ABAB 設計由四個階段組成

(1) A1 階段

亦稱最初基準線階段。在本階段中，標的變項的行為次數或量表測量出的量化數據，在介入處理之前的一定時間內，均被有系統的記錄。

(2) B1 階段

亦稱為初介入處理階段。在本階段中，研究者根據研究的目的，對實驗組施予某種訓練或輔導措施。

(3) A2 階段

亦稱追蹤基準線階段。在本階段中，介入處理的訓練或措施被停止，也就是停止實驗處理。但當某些與標的行為或特質相矛盾（對立）的行為或特質產生時，介入處理的操作仍是必要的。

(4) B2 階段

亦稱追蹤介入處理階段。在本階段中，再一次恢復介入處理的措施。有關的訓練或策略可以繼續延用，但也可以採用不同的介入處理技術。

3. ABAB 設計的架構

若用圖表來說明的話，本設計的架構如下：

A1		B1		A2		B2
基準線	──→	介入處理	──→	基準線	──→	介入處理

本研究設計，可以根據實際需要做若干的修訂。例如為了提高對介入處理效果的敏感度，可以增加基準線和介入處理階段的次數；同時，也可以針對一個標的變項，做兩個或兩個以上介入處理的互動評估。

4. 設計的應用

以下用簡單的實例來說明本研究設計的應用：

假設一個團體輔導員期望在一個團體中，評估口語介入對增加情感性敘述溝通次數的效果。在獲得並記錄標的行為次數的基準線（A1）後，每當一個情感性敘述出現時，隨即加入介入處理的口語表達（B1）。在第三階段時（A2）取消所有介入處理的措施。最後，每當情感性敘述出現時，再次恢復加入處理的措施（B2）。研究者期待最理想的結果是，當介入處理措施加入之後，情感性敘述的次數立即增加；但當介入處理措施取消後，情感性敘述的次數立即回到最初基準線的次數。

倘若介入處理的措施被取消，而標的變項的次數或數據並未恢復到最初基準線的水準時，研究者便可得到一個結論，即標的變項的改變，並非單一的來自介入處理的措施產生的影響。某些團體行為，如自我坦露和團體對質等，會隨著團體的發展而增加其次數，同樣的，在團體的凝聚力上，也會有相同的現象（Bednar, Melnick, & Kaul, 1974）。為了這個緣故，ABAB 設計並不適合做為團體互動技巧行為的介入處理效果之評估。除非整個研究能在較充裕的時間下進行，以避免當介入處理停止後，標的行為出現的頻率會產生整體性的改變。在團體中，為了更有效區別實驗性介入處理標的行為的效果，研究者可能希望在同一時間內，針對一個以上的團體，進行不同的實驗性介入處理之研究，那麼以下所介紹的多重基準線設計，將是很理想的方法。

(四)多重基準線設計

多重基準線設計是由ABAB設計演變而來的。這種設計可以使研究者從團體中對多樣化的變項效果獲得較多的控制。例如團體進行時間的長短等。這種經過改變後的設計，用在介入處理對團體行為或特質的效果研究上是很理想的。此外，也適用在不同情境，如教室、家庭、工作中團體處理對成員行為或特質的效果研究上。多重基準線設計的研究架構為：

團體、變項、情境 A：○○○ | ○○　○○　○○○
團體、變項、情境 B：○○○　○○ | ○○　○○○
團體、變項、情境 C：○○○　○○　○○ | ○○○

上圖中，○代表觀察，垂直線 | 代表介入處理的操作。Kratochwill（1978）認為這種設計有三種基本的變化類型：

1. 多重基準線設在所有的受試者上

這種設計，係對標的變項的時間效果上，給予較多的控制。其中，介入處理的措施，被使用在超過一個以上的受試團體中。經過處理後，這些團體會產生若干程度不同的變化。在上圖中，每一個橫排代表不同的受試團體。隨著介入處理的實施，期盼每一個團體在標的變項的數量有所改變。例如某位輔導員可能希望能評估出領導者介入處理後，對團體互動技巧，如自我坦露之類的效果，此外，輔導員也可希望在團體會期進行過程中，能掌握此一標的行為的改變情形。因此，輔導員可透過隨機分派的方式，將受試者分到三個團體中。在某一個時間內，受試者均能在每一個團體中聚集在一起。在獲取每一個團體的標的行為之基準線資料後，輔導員在第一個團體的第三個會期、第二個團體的第四個會期及第三個團體的第五個會期，實施介入處理的措施。每一個團體均可交互的被當作是無介入處理的控制組。隨著介入處理的實施，標的行為出現的次數，在每個團體中也被期待隨著增加。

2. 多重基準線設在所有的變項上

這種設計，係研究者在單一受試團體上，利用介入處理而對一個以上的標的行為產生的效果進行研究。這種類型的設計，概念上的排列，是和上圖滿相像的。每一橫排代表在受試團體中可被觀察到的各種標的變項。在獲取每一個標的變項的基準線資料後，分別在第三次、第四次和第五次團體會期中，實施介入處理以增加標的行為出現的次數。隨著介入處理的實施，我們可以假設每一個標的行為會跟著增加。

3. 多重基準線在所有的情境上

這類設計對於標的變項在團體處置之外的情境所呈現的效果之評量，有獨特的功效。此外，這類型的設計，在概念上的排列和上圖是相一致的。每一橫排代表用來觀察標的變項的各種情境。例如某位輔導員可能對成員（學生）在學校和家中的小丑行為有興趣，並欲透過特殊的團體處理來減低這些行為。於是，在獲取成員在學校、家中的標的行為的基準線資料後，便開始做團體處理。團體處理首先針對成員在學校內的標的行為加以處置；隨後處理家中的標的行為。在團體持續進行告一段落時，對成員標的行為實施第一次評量，此外，並在團體會期結束後的某一時間裡，再實施一次評量，以此做為團體效果的評估。

(五)單一受試設計的統計分析

利用可觀察的記錄資料做分析、解釋，是否能成為評量團體介入處理標的行為效果的一種方法，長久以來，一直是爭議不下的問題。部分研究者如：陳碧玲（1990）、潘正德（1990b）、林瑞欽（1981）、陳若璋、李瑞玲（1987）、Floyd、Morran 和 Diana Hulse-Killacky（1989）、Dianna Hulse-Killacky 等人（1991）等人建議當檢核記錄資料時，宜慎選統計方法，藉著合適的統計方法，使研究者能探討微弱、不顯著，但卻是有意義的介入處理效果。對團體諮商員而言，能同時使用可觀察的資料做解釋，並配合統計的分析，使得微小但有意義的介入處理效果其被重視的程度與機會大大的提高。

一般而言，被用來分析單一受試資料的統計方法，可分成兩大類。其一是時間系列分析；其二是統計歷程分析。時間系列分析包括幾個固定的程序，在這些程序當中，一個由第一個等級到較高等級組合而成的標的變項內容，被用來觀察、記錄和研究。統計歷程分析則包括幾個無母數考驗，這些考驗被用以描述標的變項的一般趨向或類型。其分析歷程包括：一般性考驗、符號考驗和隨機化考驗。相對於時間系列的分析，這些考驗用在連續觀察的標的變項內之微妙改變，是較不敏感的。再者，在ABAB設計中，使用這些測驗時，需要有幾個階段的設計來配合，同時在每個階段中，均需有觀察的設置。此外，這些測驗的結果統計，並不需要進一步統計方法上的訓練，直接可以用手來計算處理；有些則需借助於電腦的套裝軟體來完成。至於如何取得使用電腦操作的資訊，以及其他無母數統計考驗的方法，則可參閱黃瑞煥（1985）、林邦傑（1986）、嚴世傑（1986）、Bruning和Kintz（1987）等人所著之《套裝軟體使用手冊》，及相關的統計學參考書籍。

(六)結論

本文所介紹的研究設計，僅是許多研究設計中的少數而已；本研究設計可用來研究單一或少數成員的團體，了解在團體處理中或後的效果到底如何。在國外臨床心理治療和諮商輔導的研究中，ABAB和多重基準線研究設計的類型與變化，已被廣泛並大量的使用。Kratochwill（1978）和Hersen 和 Barlow（1976）三人的著作，可以提供最充分、最好的說明，有興趣的讀者，可做深入的探討並了解。

儘管單一受試設計的使用性價值頗高，但不可避免的它也有某些缺失，例如時間系列實驗的結果面臨內外在效度的問題。由於實驗無法對領導者、成員及團體歷程效應，或發展的變項做有效的控制，這是美中不足之處。這些因素雖與實驗性的介入處理無關，但很可能會影響標的變項的改變。團體雖接受同一類型的處理，但團體的某些特質仍有很大的差異，因此對於可能具有某些特質的團體母群而言，單一受試團體較無法提供一個代表性的樣本。利用單一團體所得到的唯一評量結果之發現，亦無法直接推論到其他的團體。解決上述問題的第一個方法是，透過隨機取樣的方式選取團體成員，並隨機分派到每一個團體裡；倘若是使用多重基準線設計的話，則應設計一個以上的團體，以增加代表性。第二個有效且被支持的做法是，透過不同的團體，在同一種實驗設計中得出並累積更多相同的結果和發現，如此則可信度將更高。

單一受試設計雖然有上述限制，但若比起其他較嚴謹的團體實驗設計而言，在評估團體的介入處理之成效資料上，仍是十分有效的。國內團體工作者，如黃秀瑄（1981）等人的研究即可見一斑。

根據陳若璋、李瑞玲（1987）的研究，國內有關團體研究的統計方法，以單變項共變數分析最多，其次為單項變異分析與T檢定法；此外，已有少數研究採用多變項異數或共變數分析。今後若能多加利用本設計，必能為團體輔導實務工作者提供更寬廣的研究領域與更實用、簡便的研究方法。

三 小團體輔導的研究理論——研究撰寫之考量

(一)前言

許多專家學者如陳秉華（1990）、陳若璋等（1987）、Bednar和Kaul（1978）等人均指出：有關團體諮商、心理治療、社會工作的小團體研究，在概念上或研究法，若能在團體領導者、團員、治療處理，和團體效果之間的關係與變項有更嚴謹、周延的說明，而使研究的架構更清晰，那麼，團體研究的可信度（credibility）一定會提升。有些學者進一步指出：在現有的團體研究中，雖然長久以來均在變數較多的情況中進行，但團體工作者仍然從重複類似的團體工作之團體研究中，評估出極有意義的團體成果來（Diana, 1991）。

一般而言，國內（陳秉華，1990；陳若璋等，1987）或國外的學者，對團體研究的發展，不論在質與量上，大多持肯定的態度。有為數不少的團體輔導工作者，對本身正在進行的團體，大多抱持著樂意撰寫成研究報告的態度。但不能否認的事實是，在第一線從事團體輔導的工作者，在數量上雖占有極大的比例，但其中卻很少或甚至沒有將團體實務的工作成果，有系統、有組織的整理成報告或論文。這實在是輔導專業的一大損失。仔細探究其原因，最主要的應該是在輔導專業的培養過程中，並未給予團體輔導工作者撰寫研究的充分訓練。

基於以上原因，本文的主要目的，便在於探討撰寫團體研究報告時，經常會遭遇到的問題。期盼能對輔導實務工作者有所助益。

(二)概念性的考量

在準備撰寫團體研究報告時，某些概念性的問題，是有必要先加以澄清。以下僅就研究問題對團體工作專業領域的意義、明確性及背景資料做說明：

1. 研究問題的清晰

研究問題的清晰與否，是撰寫小團體研究時需第一優先考量的問題。根據 Conyne（1984）研究指出，在團體研究上最常見的三個問題是：

1. 研究問題的提供，無法使讀者充分了解研究的目的或意圖。
2. 研究問題的提出，對團體工作專業領域沒有太多的意義，而降低研究報告被接受的程度。
3. 研究報告無法確認與研究問題相關連的背景資料。

這三個問題的意義及避免產生問題的方法，分別敘述如下：

(1) 研究問題對團體工作專業領域的意義

團體研究所提出的研究問題，常是團體工作中所遭遇的問題，因此與團體工作者有切身的關係，是大多數團體工作專業者共同所感興趣的。其研究結果的發現、討論與建議，對團體工作實務的專業知識必有助益。基本上，一個研究者明確陳述研究問題，對於團體工作的廣大讀者而言，是非常有意義的。然而，當研究者無法在研究中清楚的陳述研究問題時，對讀者而言，其意義性就大為減低了。

(2) 研究問題的明確性

Kaul 和 Bednar（1986）指出團體諮商與心理治療的研究理論，已不再停留於「團體是否有效」的簡單問題。它已進步到更具體、更有意義的研究問題，如：「變項與變項的關係」、或「明確的團體變項和團體目標關係」等。類似的研究結果，能幫助讀者更徹底的了解到領導者、團員、團體發展、治療方式和其他影響效果的因素，是如何複雜的互動著。因此，一個清楚的研究問題和相關的假設，以及認定在特殊變項和變項間的關係，則成為研究的主要趨勢。由於研究問題的明確性提高，使得團體的研究領導更廣，更能引人入勝。

(3) 研究問題的背景資料

當研究者在撰寫一個團體研究時，研究者需要很清楚的陳述研究問題的由來及其相關的背景資料。一個清楚具體的問題陳述，一定會明確指出哪些問題是曾經被提出並解決，而哪一些是未解決的。換言之，問題的陳述應該是以過去的研究指出，而未經實徵研究去驗證的問題為基礎。在已有的文獻中，直接從別人明顯或隱含的問題中，勾畫出研究問題。

研究者藉著對相同問題的研究結果做一個完整的、明確的回顧，才能具體的說明有關的背景。其中文獻的回顧必須包括：過去研究發現的完整摘要，已發表的理論性報告及過去研究遭到的限制等。由於研究者能對相關的理論與研究發現做完整的文獻探討，研究者便能進一步的說明自己的研究所具備的特色，並引導讀者了解該特色，及本研究的發現對團體工作實務上的涵義。

(三)研究方法上的考量

一般研究論文的研究法方面，包括了研究對象、研究工具、研究步驟、資料處理等項目。在這些項目中，研究者應該對研究進行的過程做一完整的說明。其中最主要的是描述研究中，各個環節相扣的細節，以及說明與研究相關的各種變項，使讀者能清楚了解整個研究的架構，並據以做為重複實施類似團體時之參考。Bednar和Kaul（1978）認為早期有關團體的研究，就遇到因發表出版的研究報告不足，而導致參考文獻欠缺的問題。針對此點，他們進一步說明可能的一個原因是，許多發表的團體研究中，在研究法部分，均未做精確、詳細的描述，導致讀者們無法複製重做（replicate）或更深入探討同樣的問題。因此唯有在研究報告中能重視研究方法的清晰與資料的完整，研究者才能幫助讀者進一步評估哪些研究發現是可應用在自己的專業實務或專業研究中。以下幾項，是研究方法經常要考慮的：

1. 團體的描述

在研究中描述一個團體時，如能先說明團體的特定目標和一般性目標，以及團體活動的特質，對讀者而言將是十分有益的。在不同的團體實驗處理中，任何不相同的介入處理措施，也應詳加說明，例如實驗組與控制組在處理過程中有何不同的處理和限制等。此外，當研究者在描述實驗處理過程時，若能對所有使用的專有名詞做具體而清楚的定義，將有助於讀者對研究中所描述的內容深入了解。

Kiesler（1966）發現許多諮商與心理治療的研究中，常習慣性的使用許多專業名詞，這些名詞均具一般性（普遍性）的意義；但在不同的研究中，這些名詞還可能有不同的定義。此外，Kiesler 認為研究中對變項和實驗程序上的敘述，也偏模糊，無法具體呈現。其中最強烈的批評是 Bednar 和 Kaul（1978、1987）、Dies 和 MacKenzie（1983）所提出的，在有關團體的研究中，團體研究的性質和內容（content）常未清楚的交代。有關實驗組和控制組的說明，應該精確到足以使後來的研究者，能依說明組成具有相似性質的團體，並且使用同樣的方法去操作團體，最後得到相似的結果。

2. 團體參與者與領導者的描述

團體研究對參與團體成員的說明，應該是愈詳細愈好。研究中對團體參與者的描述，盡可能包括下列項目：

1. 男性、女性的數目。
2. 種族或膚色的數量分配。
3. 教育和職業背景的數量分配。
4. 成員先前的經驗。
5. 參與團體或參與研究的動機。
6. 特質的同質性或異質性。

在異質性團體的研究報告中，有關團體參與者的說明，如成員進入團體各階段遭遇的問題，或診斷性、評量性資料的提供，非常重要。任何與團體參與者有關的資料，均能有助於讀者在自己的團體實務上或研究中去比較並了解選取樣本、組成團體過程的缺失，並進而避免這些缺失。對團體領導者明確、詳盡的說明，亦能使研究主題更加清晰並增加研究的可信度。在描述團體領導者時，可以從年齡、種族、教育與職業背景、接受過的專業訓練、團體經驗與團體領導者的資歷等方面來說明。此外，團體領導者不論是帶領全部實驗組團體，或部分實驗組團體，團體領導者如何接受訓練，如何成為熟悉團體歷程的團體工作者等，均應詳加說明。

3. 分派團體成員的方法

在實驗研究中，針對成員如何分派到不同的團體，應有清楚的交代。通常利用隨機分派，將樣本分派到不同團體的方法，被認為是在實驗法團體研究中，減少誤差變異量（error variance）的最好方法。但從邏輯或專業的標準來看，利用一個嚴格的隨機抽樣隨機分派方式選取樣本，分派樣本經常是困難重重，甚至是不可實施的（Stockton & Morran, 1982）。減少誤差的理論和兼顧成員利益的倫理相衝突，是團體研究的老問題。

在某些研究中，受試樣本可能可以確實做到隨機分派，但在隨機分派的過程中，可能也容許某些程度的改變。在某些情況中，隨機分派受試的條件無法配合時，隨機分派團體為了實驗組或控制組，便成為減少無法控制的誤差量之變通辦法。

因此，在描述隨機分派受試者到團體的過程中，作者應該清楚的說明是否採隨機的方式。倘若完全隨機的取樣過程無法做到，研究者的責任便在如何減低分派不當的誤差，或討論缺乏隨機分派如何限制研究發現的正確性和推論，兩者之間擇一敘述以做交代。

4. 評量的技術

在團體諮商或團體治療的研究中，另一個最常見的批評是，對團體歷程或成果所用的評量工具，未見清楚而具體的說明：此外，也無法為所使用的工具，在心理計量上的周延性和合適性（psychometric soundress appropriateness）提供充分的證據（Bednar, 1987）。有關團體評量工具的說明，應該包括內部一致性信度、重測信度、內容效度、建構效度等內容。評量工具的信度和效度必須達到某種程度以上，評量工具的使用才有意義。信度愈高，測驗分數受到誤差的影響愈小，就愈能代表其真正的分數，亦即測驗的分數精確性（accuracy）愈高。由於小團體的成員以不超過 13 人為限，亦即屬小樣本的受試者，因此必須使用高信度的評量工具，否則所獲得的結論將是不正確的。此外，效度高，表示愈能測量所欲測量的特質。使用效度較差的評量工具，在結果的解釋和下結論方面，均需採謹慎小心的態度。

事實上，可供研究團體現象的理想評量工具仍是相當欠缺的，因此，愈來愈多的研究者為了他們個人研究的需要、發展出自己的量表。這種專門用來使用在研究團體的自製量表不僅可行而且是值得鼓勵的。這種詳盡（elaborate）擬定的量表，能為未來的研究提供更多的選擇，使得評量多樣化。為了使這些量表發揮最大的效益並廣為使用，量表擬定的目的及心理計量的證據，應該清楚的加以說明。

研究者在使用新的評量工具前，最好先使用與團體受試者同一母群的受試者（未參與團體）做預試。預試結果可做為分析評量工具的信度、效度及可用來支持工具穩定性的理論基礎；這些資料均應在研究中逐一說明。

5. 性別的偏見

性別偏見是團體諮商研究者在主導、分析、從事研究報告時，會遭遇的重要問題。Altmaier、Greiner 和 Griffin-Pierson（1988）曾為此而出一個專為防止團體諮商研究者之性別偏見，並力求公平的綱要。其中研究者有以下的建議：

1. 認識所有的研究法其先天上的優、缺點。
2. 謹慎並合宜的定義與性別差異有關的名詞。
3. 當一個現象的原因是中性的，描述這現象時，不宜附加本研究不加以探討的解釋性說明。
4. 解釋所有性別有關現象時，宜覺察有的現象經常具有重複性誘因，必須謹慎推理，理性的做結論。
5. 審慎解釋並描述情境的背景因素，如團體成員性別的組合，實驗組與

控制組中的性別差異等。

(四)研究結果的解釋

一般研究中，研究者在研究結果的解釋，通常有兩個重要任務。第一，將統計考驗所得的發現賦予意義；並和早期相關主題的研究做一整合；第二，根據研究發現，在團體工作實務上和未來研究兩方面，提出應用上的建議。其中第二個任務包括提出由研究結果產生的新問題，這些問題可成為未來研究者的研究緣起或動機。

1. 未來研究和實務上的應用

研究者能不能提升研究結果所代表的意義，主要在於統計考慮結果的討論。因此，討論和結論應該是同樣重要的。但研究理論和實務之間的區別，也是眾所周知的事實，某些團體研究的結果，可能有助於團體實務；然而，另外的結果，可能更能應用在團體未來的研究上。一般而言，大多數團體諮商和心理治療的研究，無法輕易的被分類成單純的理論或實務研究，因為大多數的研究結果，均同時被研究者和實務工作者所應用著。

2. 研究的限制

團體工作的研究者甚少能免除研究法的缺失（不足），因而限制了研究發現的精確度或概括性（generalizability）（Stockton & Hulse, 1983; Stockton & Morran, 1982）；而研究者也習慣在研究的結論部分提出類似的說明。事實上，研究上的限制，並不會減低研究的價值。相反的，一個研究如能坦誠的討論研究法的限制，並描述這些敘述對研究結果的精確度和概括性的影響，研究本身仍是可以被接受的。這類的討論，並不需要自我貶損或嚴厲批判，但應該提醒讀者資料解釋上的不夠周延，或解釋時應注意的事項。

(五)撰寫研究報告的正確觀點

研究者在撰寫研究報告過程中，必須考量到許多繁瑣的細節問題，此外，概念的澄清、各詞的定義、研究法的使用及文字的敘述等亦是煩人的事，許多研究者每想到這些，便感到洩氣。雖然如此，任何一個團體工作者，只要有心投入時間、心力在研究報告的撰寫，一篇概念清晰、結構嚴謹的作品亦可能被完成。因此，有心撰寫團體有關的研究報告者，首先必須建立一個正確的觀點，即為了止於至善，撰寫研究報告的過程便似完成一個最高品質的作品，是一種助人又利己的工作。

為了實現這種理想，結合有經驗、有熱忱的專業人員、學者，組成一個支持性系統，以協助有心撰寫團體研究報告者去完成作品，是十分有幫助的。這個支持性系統的成員，可以提供下列的協助：

1. 在研究報告初稿完成時，給予建議和討論。
2. 協助研究者了解相關的回饋支應，並根據反應適度修改初稿。
3. 開放成員過去撰寫研究所遭遇的問題，及解決問題的經驗。
4. 協助研究者決定最合適的期刊發表論文。
5. 當研究報告被退稿，或被退回需做重大修正時，對研究提供支持、信心和鼓勵。

(六)結語

團體諮商是一種頗具影響力的輔導方式。由於團體歷程中，各種可能影響的變數較多，因此，在研究報告的撰寫上，亦遭遇較多的困難，但這並不降低研究報告的價值。相反的，團體諮商的效果需更多實徵性研究來支持，此外，團體諮商員亦需要從別人的研究報告中，吸收寶貴經驗以增進自己的專業技能，因此小團體諮商的研究，值得鼓勵。

本文從實務的觀點探討在撰寫研究報告時，在概念上及研究法上的考量，同時針對研究結果的解釋，提出個人的觀點，期盼對有心從事團體研究的專業人員有些許的助益。

（本文原載於《輔導月刊》28 卷，第 11、12 期，1992 年出版）

四 小團體輔導的研究理論——測量方法的選擇

一般說來，場地研究（field research）是難度較高的研究。其原因是變項難以控制；再則研究過程易有疏漏。小團體輔導的研究亦屬場地研究的一種，無可避免的會遇到無數變項干擾的問題。在小團體的研究中，由於小團體實驗研究的特殊性質，導致許多因素如：同時事件、成熟、前測經驗、測量工具、統計迴歸、取樣、隨機分派、成員流失等因素直接或間接影響實驗的內在效度。因此，在選擇小團體研究的測量方法時，就必須更謹慎了。

本文的主要目的，在於檢驗幾種廣被使用的測量和評鑑方法，其中有四種測量方法，是用來檢驗成員在接受過團體諮商處理之後，在態度方面的變化情形。這些方法的優、缺點，也將分別加以分析。

到目前為止，已有很多實徵研究顯示：經由團體諮商處理後，可協助成員態度改變。不論國內外，很多研究均支持團體諮商的正面效果（陳若璋，1986；陳秉華，1990；潘正德，1990b；Gutsch & Bellamy, 1966; Krivatsy-O'Hara, Reed, & Dixon, 1985）。儘管這些研究用不同的方法來蒐集資料（data collection），但是它們所得的研究結果，卻常被籠統、概括性的討論，並做成結果，而未有系統化的分析。例如Myrick和Dixon（1985）使用多重方法（multiple method）來蒐集資料，在測量中學生態度改變情況之後，他發現參與諮商團體的成員，在課堂中的態度和行為都獲得顯著的改善。Krivatsy-O'Hara 等人使用成果問卷（outcome questionnaire）來蒐集態度變化的資料，結果發現成員有正向的態度改變。Krivastsy-O'Hara等人使用成果問卷來蒐集態度變化的資料，結果發現成員有正向的態度改變。且在比較諮商處理前與處理後學生的參與型態，也驗證團體諮商能成功的影響成員態度的改變。Halliwell、Muselle和Silvino（1970）使用控制組的實驗設計（controlled experimental design），來測量諮商處理前和處理後的態度變化，結果發現中學男生在這兩組間沒有顯著差異，但中學女生在實施八個星期的團體諮商之後，在知覺（perception）上有顯著的差異。

由上面的研究結果顯示：許多小團體的研究忽略了許多有意義、有研究價值的團體資料，只注意到效果的評量，較少注意到過程的評量；另外，由哪些因素造成團體效果的出現，亦無法清楚的交代。此外，由於研究設計的目的和資料蒐集的方法，對於最後的結果是相當重要的，因此身為一個團體工作的研究者，必須進一步說明他們為研究目的所做的實驗設計之實用性與相關性，才能使後來的研究者類化到新的實驗情境中，能有所依循。

在介紹測量方法之前，我們必須對小團體的研究（research）和評鑑（evaluation）先下一個定義。這兩者之間的差異包括：

1. 對某個範圍的議題來說，研究是在尋找一般性可用的措施（general application）；而評鑑則是在尋找最佳的方法，來解決某個特別的問題。
2. 研究是在找一個中性評價的理論（approach）；而評鑑則是在尋找出效果（outcome），以解決某個存在的問題。
3. 研究的動力常是來自於要增加人類的知識，且常強調對相關變項的嚴格控制；而評鑑強調資料來源是多重的，不必控制太多變項，且在自然的情境中實施。
4. 研究有一定程度的自發性；而評鑑是被動的，常是為了決定某個計劃的可行性而實施。儘管這些區別仍不是很清楚，但是對於從事團體工作而言，卻是相當重要的。在很多案例中，評鑑特別強調價值判斷，因此在評鑑團體效果時，所使用的評量方法必須是能反映出設計者的特別需求。

研究和評鑑的區別，對於資料的形成和蒐集有很重大的影響，有時一些較特別的團體研究，會將研究方法與其他幾種共同評鑑的方法一起合併使用（參考表 14-1）。

❖ 表 14-1　評鑑的方法

成果測量	使用時機	對象
知覺量表	處理前、處理後	實驗組和控制組
Likert 量表問卷	處理後	實驗組和控制組
開放式問卷	處理後	實驗組
個案研究法	處理後	實驗組

成果測量 1（知覺量表）的研究方法，是使用 Likert 量表來測量處理前（pretreatment）和處理後（posttreatment）的反應情形。它包括測量控制組和實驗組。將蒐集到的資料，透過二因子的變異數分析（two-way ANOVA），分析其變化的情形。成果測量 2 是使用 Likert 量表問卷來測量處理後的反應；成果測量 3，則是用開放式問卷（open-ended questionnaire）測量處理後的情形；成果測量 4 是個案研究法。上述四種成果測量所著重的觀點不同，因此適用的時機、對象亦不同。

在傳統的研究理論中，研究設計的目的在比較成員參加團體後，是否在各個設計的向度上和控制組有顯著的差異。當具有顯著差異時，即顯示團體處理的效果已經產生。以下是四種測量的方法，及其優缺點：

(一)成果測量

第一種測量團體效果的方法，是使用一個量表來測量三種成員知覺的現象。測量的分析可採用等組或不等組的實驗設計，根據前測、後測的資料加以分析。這些資料的取得並非全是隨機分配的結果，因為成員是依自己的意願加入團體。研究的假設是：儘管成員參加各個團體的意願不同，但經過訓練有素的領導者，根據團體成長的理論基礎，從事正規但非學院式的團體帶領，可使每個團體的成員在對自己、學校或家庭的態度上，傾向正向的變化。一般情形，要求所有參與團體的成員都必須做完前測與後測的測量，但由於實驗組成員是屬於自願性的，而控制組成員大多是被動的，因此，有些成員沒有完成前測或後測，這些成員的資料將不做分析。

此一類型的研究中，獨變項是成員是否參與團體；而依變項有二至三個，甚至更多，例如：(1)學校環境的知覺；(2)家庭環境的知覺；(3)自我知覺。評量工具大多屬 Likert 類型的量表來測量依變項。實驗組與控制組在實驗處理前、處理後都必須接受同一測驗的測量。選做測量的工具，尤需考慮其是否是標準化測驗？信度、效度是否足夠？實用性是否具備？

實驗組成員和控制組成員在第一次團體前先給予前測，而後測最好在團體結束後二至四週實施。一來可避免情感性因素左右測驗結果；二來可讓成員回到現實生活中有所體驗再實施。追蹤測量可在團體結束後兩個月至一年實施。

統計考驗可利用二因子變異數分析（two-way ANOVA）分析測量的資料，也可利用 T 考驗來檢驗每個團體前測、後測的差異。要是抽樣無法做到隨機取樣，使得實驗控制有困難，只能藉助統計控制的方法減少誤差，此時最好的統計方法便是共變數分析。以前測為共變量，探討前測影響力被排除後，實驗處理是否有顯著的差異存在（潘正德，1990b）。

(二)Likert 量表

第二種蒐集資料的方法，是以 Likert 類型的四分量表或五分量表，在團體結束之後施測。量表中的選項，最好與團體目標有直接或間接的關係，且環繞在成員知覺有否改變的主題上。不過在此種情境之下蒐集資料，有些限制必須留心處理：

1. 成員在團體初期大多抱著新鮮或新奇的感覺，這種感覺隨著團體進行而逐漸降低，甚至消失。
2. 領導者的熱誠可能會消退。
3. 部分課堂的教師可能將人際關係和團體技巧帶入課堂之中，正向的團體效果可能被推廣到整個學校環境之中，因此使得團體的效果不易顯示出來。由此方法所蒐集的資料，其複雜度雖比不上成果測量，但所得的反應也合乎心理計量的屬性，測量所獲得的資料，也具有同樣的意義。

(三)開放式問卷

第三種測量是在團體結束後，針對團體或成員所做的回饋。使用的測量工具是開放式問卷。其中包含幾題開放式問句。如：

1. 對於團體，我最喜歡的部分是……。
2. 團體可改善的部分是……。
3. 我個人的收穫有……。

開放式問卷的好處，是具有高的彈性和自由空間，讓成員表達出個人真正的想法。其優點是對問題做深入的了解，且真實性較高；但其缺點是資料的記錄和數量化不容易。雖然如此，倘若在問卷的編擬上能有周詳的考量，依問題性質給予等距量尺（interval scale）的量化，即可解決上述缺失。小團體諮商輔導結束後，使用開放式問卷做為評估工具，有時比標準化的測驗工具更能獲得團體效果的相關資料；這也是目前國內有關小團體研究大量採用開放式問卷為輔助工具的主要原因（楊誌卿，1984；潘正德，1990b）。

(四)個案研究法

所謂個案研究法（case study）是指採用各種方法蒐集有效的完整資料，對單一的個人或社會單位做縝密而深入研究的一種方法（郭生玉，1984）。個案研究的目的有三：一為解決個人現有的問題；二為提供假設來源；三為提供具體的實例。

不論是國內外，使用個案研究法來探討個別成員在團體內改變的情形甚為少見。此一現象充分說明了團體特質與個案研究法的限制。小團體輔導是由一位領導員（催化員）透過一連串的人際互動系列活動，引導成員探索自己及他人，在團體歷程中增進自我的成長與發展。基本上，成員的組成雖控制在 13 人以內，但有些成員並非有強烈意願，有些可能不適應團體歷程，因此成員的流失占了一定的比率。此外，有些成員並非有嚴重的個人困擾問題，只是透過團體更了解自己而已，未必有需要深入去做個案研究。即使部分成員可以實施個案研究，但仍遭到某些限制。例如：研究結果無法推論到來參加團體的其他個案；容易流於研究者主觀的偏差，而誤導結果。

個案研究法雖有以上限制，但並非完全不適用小團體輔導的研究。事實上，團體中使用個案研究法，亦有下列三個優點：

1. 依研究的目的，選擇必要的資料，深入了解成員。
2. 有彈性的蒐集成員資料。有關成員資料的形式、數量、來源、蒐集的程序、方法沒有固定不變的規定，研究者可以自行決定。
3. 個案研究是在自然情境下研究各種影響成員發展或成長、改變的因素，故研究結果具有很高的價值和應用性。

(五)結論

本文介紹四種小團體輔導研究可使用的測量方法，這四種方法各有其優點與限制，因此難以區分好壞、優劣。最主要的考量是，要看研究者的研究目的、團體實驗處理的目標、團體特質而定。此外，測量既是在蒐集客觀性的資料，其過程便是研究者根據一套量尺給成員、事件的特質分派數字的歷程，故選擇測量工具之前，勢必優先考慮是否具備良好的特徵，如信度、效度、測量的構念、實施的難易、常模、標準化樣本與實用性等問題。由於愈多的團體工作者開始注意到團體資料全面性的意義，這使得小團體輔導的研究愈來愈重視廣泛資料的蒐集。因此研究中使用兩種以上的測量方法與工具，是今後小團體研究必然的趨勢。Splaine（1981）指出，研究者如果要使他們的研究工具有更寬廣的意義的話，他們就必須懂得折衷一點，使用多種測量方法，蒐集多樣性資料，以解釋更多團體現象並回答各種研究問題。

（本文原載於《學生輔導通訊》，27 期，1993 年 5 月出版）

五 團體諮商歷程中的防衛機轉

自從佛洛伊德首創防衛機轉理論後的數十年間，防衛機轉便成為了解人類行為最熱門的主題。心理動力論者和心理分析論者，莫不把受輔者防衛機轉的運作，視為治療處理的重點之一。因此，近年來，防衛機轉已成為個別和團體心理諮商或治療連續不斷歷久彌新的研究材料（Block & Cronch, 1985）。目前，許多諮商學者更進一步以多元化的理論觀點來定位防衛機轉，將防衛機轉當作是諮商過程中的主要構成要素。

但長久以來，學者們大多從個別諮商或心理治療的角度來探討防衛機轉（Clark, 1991），而在團體諮商的文獻中則較少觸及，此一現象更顯示出防衛機轉在輔導實務的重要性（Gazda, 1971）。本文的主要目的是從團體互動的模式來界定團體歷程中的防衛機轉，並從團體實務的觀點提出處理的策略和方法。

一般而言，防衛機轉是藉著潛意識對現實的扭曲，來減低個人痛苦的情感和衝突（Clark, 1991）。當防衛機轉屢次被用在處理個人內在經驗時，團體諮商正好提供一個觀察受輔者防衛機轉的難得機會（Rutan, Alonso, & Groves, 1988）。在團體歷程中，諮商員可針對受輔者所運作的防衛機構，進行評估或直接的介入處理。

嚴重的防衛作用，可能會損害個體處理情感的功能，使成員在團體互動過程中，始終停留在表面化的關係而無法深入。此一現象可經由諮商員和團體成員結構性的回饋，協助受輔者對其防衛機轉有所覺察，進而開始去澄清他們內在的衝突行為（Bach, 1954）。但要是處理不當，也可能適得其反，使之更加惡化。例如一位容易受傷的個體，在受到團體成員的言詞攻擊時，可能會加重其防衛，並經歷更持久的痛苦（Slavson, 1964）。因此，團體諮商員在營造一個安全和支持的團體環境時，始終扮演著關鍵性的角色。有經驗的諮商員在團體歷程中，隨時不忘以建立一個寬容、友善、開放及有利於溝通的團體為職志。

以下僅從團體前的準備、團體歷程與防衛機轉的初步處理，及確認與進一步處理的策略等三方面來論述。

(一)團體前的準備

團體前的晤談，可針對成員的防衛機轉給予初步評估，同時根據此一評估做為擬定團體計劃的參考，一般受輔者（成員）在與諮商員晤談時，會有意無意的表現出他們在壓力下經驗到的相類似的防衛機轉，此一現象使得諮商員在團體開始前，即可了解個體的一般狀況。例如在一個團體中，有一位長期酒癮的女士，她使用否認的防衛，堅稱自己從沒有酗酒的問題。諮商員在晤談後，對照實際狀況便可發現其中的問題所在。此外，投射技術在衡鑑受輔者的防衛上，也是非常有用的方法（Clark, 1991）。例如一個年長的男性堅稱自己「沒問題」，後來在句子完成測驗中，他填寫出「我正遭受著從未有的孤單和寂寞」。有時團體成員的相關資料，亦可由不同的方式投射出來，例如軼聞趣事的描述、先前的價值觀以及其他的觀察方式等，都有助於對受輔者防衛的鑑定。

對個體防衛機轉的了解，可幫助諮商員決定團體的組成份子，並篩選合適的成員。一個人可能因為他（她）防衛脆弱的本性，而無法具有參與團體所需要的準備。例如一個高度焦慮的寡婦，可能經常使用否認以避免成員了解她生活中的失落感。當她一旦加入團體，可能會增加她的焦慮，並超過她所能忍受的程度。另外，有些受輔者也可能有類似情感分裂的狀況，在團體中，他們明顯地表現出種種阻礙治療進展的可能反應（Slavson, 1964）。

了解受輔者個體的防衛狀況，可使諮商員更容易促成團體成員間的相互包容和心理的平衡。例如某些成員若習慣性的使用理性防衛，占據發言機會，雖表達了許多觀點，但卻仍無法與成員產生互動，建立良好的關係。此一現象說明了，在團體中個體成員表現出獨特的防衛作用時，將關係成員相互的認識和了解（Slavson, 1964）。團體諮商員了解這些狀況後，如能在團體前預先和成員溝通、協調，取得成員的信任和共識，將可減少防衛機轉的負面影響，也間接的提高正面的功能。

有經驗的團體諮商員，均會在正式團體前，安排團體前的預備會議（pre-group）。藉此會議介紹團體的性質和功能，並為成員實施定向服務（orientation），事實上，亦可將防衛機轉在此一時期中先預做處理。處理的措施包括初步評估、篩選成員、了解個別成員、充分溝通並取得共識等。

(二)團體歷程與防衛機轉的初步處理

團體歷程是指團體發展過程中所形成的各個階段，及各階段所包含的特徵。從互動的觀點來看，團體諮商過程為團體中成員與成員、成員與領導者之間行為互動的總和（陳碧玲，1990）。雖然學者專家們對團體歷程中各階段的劃分及其特徵有不同的觀點，但一般而言，均循著團體發展的軌跡與方向做說明。因此，有關防衛機轉的處理，亦以團體歷程的三階段：關係建立、整合、完成加以說明。

關係建立階段著重在成員間信任、接納和了解的發展。倘若成員在團體中感覺到更安全，他們便愈能表現出真實的自我，因此更能覺察他們的防衛反應（Corey & Corey, 1992）。在整合階段中，成員（個體）將持續的由團體獲得回饋，並開始去檢視被扭曲的認知，基本上，成員的認知體系是防衛的核心（Clark, 1991）。完成階段包括成員經由結構式活動，被鼓勵對他們的行為做更進一步反應的互動經驗，透過此一經驗，引導並強化成員從防衛中做正向的改變（Patterson & Eisenberg, 1983）。

1. 關係建立階段

團體初期，增進安全的治療氣氛是必要的。團體諮商員會試圖去建立一個非評價性的支持性的情境。因此，當團體被催化後，成員開始表露自己，同時也被其他成員鼓勵去冒險探索自己。這種經驗，無形中增加了團體內信任的感覺。在團體初期，回應（reflection）的技術是一種非常有用的介入工具，它可用來提升成員被了解的知覺（Jacobs, Harvill, & Masson, 1988）。當凝聚力在團體中發展成形時，團體動力便自然明確的引導成員開放並表露他們的感覺，於是在互動的狀況下獲得回饋，得到其他成員的支持（Corey & Corey, 1992）。

然而，當成員過早對質或攻擊其他成員時，便會直接破壞團體的凝聚力，此一現象一般被歸類為「裸露的防衛」（stripping defenses）（Cavanagh, 1990）。例如，一個負債累累的成員（受輔者）使用合理化的防衛，去為他生活中過度的飲酒辯解時，其他成員若認定此人是為了喝酒找「藉口」、「理由」時，便會苛刻的譴責、排斥他。類似事件的結果，不但增加受輔者的焦慮或敵意，甚至經驗到強烈的怨恨和團體的不信任感。倘若諮商員未能及時提供關鍵性支持時，此一現象仍會繼續發生。當受輔者的自我防衛瓦解時，他們在自我揭露（self-disclose）時會感到高度的威脅，而減少自我揭露的行為。總之，一個人被迫過早揭露內在的訊息，會使他處在心理受攻擊且易受傷害的狀態中。

團體領導者必須保護每個成員的隱私，因此，由團體成員提出的要求，類似立即的、完整的「整批交易式」的自我揭露必須被制止（Block & Crouch, 1985）。諮商員為使受輔者免於處在被傷害及不利的狀況下，而試圖制止受輔者一些閒聊或長篇大論的溝通行為時，應該避免使用侮辱或人身攻擊的方式對待受輔者（Corey & Corey, 1992）。例如團體中多少會有習慣性保持沉默的成員，他們極少表露其感覺或看法，當其他成員熱烈的討論時，他們只是安靜的坐在一旁。要是其他成員突然出現激烈的言詞如：「在……討論中你從沒表達你的意見，你到底在隱藏什麼？」「我猜想你一定心裡有鬼！」此時諮商員應該立即制止成員的責難。有經驗的諮商員通常會先制止責難的成員，接著再同理反應處理受責難的成員。換言之，當諮商員發覺到團體成員被攻擊時，必須果斷的、明確的給予優先處理。

團體中諮商員（領導者）應鼓勵團體成員相互給予回饋，以利諮商員的觀察和了解；但在實施之前，必須在禁止對某位成員的防衛做毫無遮攔的攻擊和促成有益的成員觀察之間，先做好效益的評估。貿然行事，只有徒增困擾罷了。減少因回饋、評論造成言詞傷害最好的方法，是要求成員以較結構的方式重新複述一遍。例如當一個成員陳述：「你太深沉了，你真是個懦弱無用的人！」諮商員的反應是，「你似乎有些話要說，但你的夥伴聽到你的話似乎很難過，你能否用其他的方式表達呢？」這種介入的技術，一般稱為「修改」（altering）。

在團體成員互動下，有時成員的回饋或評論不僅正確，而且具有治療性效果，不需諮商員太多的介入。就如上述的例子，一個團體成員可能會說：「我看得出當你強忍住感受時，你會有很多的不舒服，但你並未準備好讓痛苦發洩出來。」

當團體成員耳濡目染之餘，開始去仿效諮商員的行為，認同並肯定制止發言的價值，修改和鼓勵具有治療功能的支持性陳述時，團體運作的模式便被建立起來了（Gazda, 1989）。

另一種處理的策略，主張把焦點放在個體的防衛過程，但相對的減低自我揭露的強度，這是一般普遍使用的方法（Yalom, 1985）。諮商員在適當時機，應該詢問團體成員，是否經歷到其他成員相類似的防衛反應。例如一位受輔者持續的使用合理化防衛來辯護他的客觀行為時，諮商員可以用支持的方式來處理：「當其他成員與你意見不合時，接受不同意見對你來說似乎是困難的一件事；團體中是否還有其他人也同樣感到失望，而有相同的反應？」這種方式可使諮商員在成員澄清防衛的同時，也讓其他成員了解自己生活中的合理化經驗。

當諮商員告知或指出兩個或多位成員相類似的防衛機轉時，聯結成員彼此的防衛，是減低威脅的方法之一。例如當諮商員對經常使用反向防衛（reaction formation）的一位成員說，「妳說過當事情變糟時，責備他人是比較容易的。」接著，諮商員馬上對另一個成員說：「這不也正是目前發生在你身上的狀況嗎？」

正如其他成員一般，諮商員也容易受到防衛作用的影響，因此諮商員必須對自己使用的防衛機轉更敏銳些（Rutan & Stone, 1984）。諮商員本身使用防衛時，可能會表現在逃避某些主題，或表達某些不適當的感受。例如一個團體領導者可能會以疲勞為原因，合理化的處理團體不情願探討的問題，而事實上，諮商員可能因在討論這個問題時，會處於高度焦慮狀態中，而阻止他們的探討。當諮商員察覺到個人使用防衛時，必須檢查團體的動力和任何其他反移情的問題（Rutan, Alonso, & Groves, 1988）。一般而言，在澄清諮商員為團體所運作的防衛機轉時，藉由諮商員頓悟式的自我揭露，是特別有效的一種方法。例如當一位受輔者掙扎於轉移敵意的感受（displacing hostile feeling）時，諮商員適時揭露他（她）如何經驗過類似的反應，如此不但為受輔者提供一個嶄新的體驗，也為團體建立一個良好的分享典範。

確認團體成員的防衛機轉，一般可在團體前的晤談或經由其他的程序中完成。但不可否認的是，有些案例必須在個人與團體成員互動後，諮商員才可能觀察到，並確認其中的防衛。不管如何，敏銳覺察並確認團體成員的防衛機轉，在團體初期是需要費些心力才能有所得。事實上，這樣的努力，需要靠關係的建立才能竟全功。但這也是過去團體諮商訓練中，最被忽略的一環。

2. 整合階段

在團體中一旦建立起安全、信任的氣氛，成員防衛情感因素的強度會減弱，在此狀況下，檢視防衛機轉的認知基礎，可能性將為之大增，在團體諮商（治療）的第二階段中，受輔者曾經竭盡心力加以防衛的自我脆弱部分，變得較不具威脅感了。此時，團體成員經常會做支持性卻帶有挑戰意味的回饋，有經驗的諮商員會減少不必要的介入，並針對成員的回饋加以修改。在整合階段中，通常有三種治療的介入技術——面質、認知重建及解釋。這三種介入技術，不僅常用，而且非常有效。

(1) 面質（confrontation）

有時防衛機轉有如天生的特質，足以扭曲現實（reality），引起受輔者的對立，而成為衝突行為的根源。面質為一種對受輔者立即回饋的方式，它藉著支持性的澄清，來觀察受輔者使用防衛機轉時所呈現的不協調與不一致。通常諮商員或較資深的成員，會以一種直接的、敘述的、非詰問的方式來示範如何面質（Corey & Corey, 1992）。其他成員則跟著以一種類似挑戰的方式，去面質成員適應不良的行為。雖然團體可能專注於某一成員防衛的處理，但其他成員仍可藉由面質的觀察，逐漸覺察到他們自己的防衛過程。

每一種防衛機轉都可能透過多種的面質方式來處理；換言之，各種面質的方式，可以處理同一種防衛機轉。以下分別以三個不同的例子來說明：

例一，某位成員使用理性化（intellectualization）做為防衛時，諮商員面質：「你之前說希望能表達愈來愈多的感受，但你一直理性的在分析情況，就如同你現在做的一樣。」

例二，另一位受輔者不斷的使用投射做為防衛，被一敏感的團體成員面質：「你似乎總是預期我們會以某種方式來傷害你，但是你能指出任何一次發生在我們團體的事實嗎？」

例三，一位使用合理化機轉的受輔者被面質：「你的腿已痊癒兩個星期了，但你剛才說，你仍無法到處走動去找工作。」

當團體中某些成員強化或證實了面質的可靠性後，受輔者便開始再去確認他（她）站不住腳的行為舉止。

有時團體中可以發現，數名成員同時使用類似的防衛以避免觸及令他們痛苦的主題（Scheidlinger, 1968）。例如在離婚團體中的成員，可能會討論人口統計資料及離婚的社會性涵義，因此，為了避免感受處理離婚為他們個人生活再次帶來的痛苦，成員便集體使用理性化的防衛。此時，諮商員可當面與成員們面質：「我剛剛聽到成員們說了很多離婚對社會造成的影響，但我似乎還沒聽到它如何影響你們。」

(2) 認知重建（cognitive restructuring）

認知重建的目的在於改變受輔者的信念，從負面的自我挫敗態度轉變為有建設性的認知（Corey, 1990; Meichenbaum, 1977）。諮商員與團體成員可以建議各種可供選擇的方式以提供受輔者一個新觀點去了解問題。一般而言，有創意的方法可促使受輔者再次審視自己的狀況，以免只侷限在事情的問題層面，而能看到較有利的情況，或甚至找到可利用的資源（Nicholas, 1984）。

例一，一名女性成員透過團體逐漸了解到她使用投射的防衛，這使她確實改變了對人的觀點。經過這段歷程後，團體成員及一般曾受過傷害及被脅迫的人們，可能會視這些經驗為無害，或甚至是有益的。這當中的改變，有時真是令人難以置信。

例二，一位過度拘謹的受輔者，在團體中逐漸覺察到他使用的壓抑防衛而視團體為治療的安全地方，並開始檢視長久以來一直限制他社交發展的問題。

例三，受輔者經過認知的重建，漸漸覺察到他對藥物濫用的否認防衛，且能夠主動的抗拒藥物的誘惑。

由上面的三個例子可以看出，認知重建是受輔者受到團體成員的挑戰，而以一種有選擇性的、有目的的方式去解釋其生活經驗。

(3) 解釋（interpretation）

對許多受輔者而言，了解自己矛盾的行為及改變個人的觀點，可激勵一個人以更具建設性的方式重新過生活。然而，對其他受輔者而言，在他們能夠進行更多有意義的探索之前，可能需要先探究其防衛機轉的來源。

一般而言，這種治療性的介入技術，是以一種易於理解且有意義的方法，協助受輔者去整合過去和現在的行為（Vander Kolk, 1985）。在解釋的過程中，提供一種歷史的觀點，可使受輔者領悟到他們使用防衛機轉的原因或動機（Bach, 1954）。這種情形，就如同先前的經驗可以被推論的聯結到現在的種種功能一樣，受輔者從中了解到因果關係及轉變的歷程。

從轉移作用（displacement）的意義來看，更支持了解釋的可能性。當受輔者有了攻擊性情緒時，亦即當受輔者轉移情緒到幾個易受攻擊的團體成員時，諮商員應指出：「我很意外的發現，似乎你對團體成員的情緒反應，就像你曾經對待家中某些成員的那種憤怒情緒一樣。」在團體歷程中，有時受輔者會嘗試著去領悟為什麼他（她）持續保持理性化而不表達情感所代表的意義。因此，諮商員可以做這樣的解釋：「今天這種情況，可能是你以理性的言詞做為保護，就像小孩習慣於待在安全的地方一樣。」

諮商員本身所受的訓練和經驗，可使他（她）們盡可能的有系統的陳述正確的解釋，同時，在觀摩諮商員的反應之後，更多資深的成員也能夠做口頭上的解釋（Block & Crouch, 1985）。例如一位成員對另一嘗試努力節制合理化機轉的成員說道：「這不會又是你長久以來一直以原諒自己做為逃避的另一個方式吧？我想沒有人真正認為你該為此做辯解的。」由其他成員所做的解釋來看，團體成員的確提供了一種了解和支持，間接的協助上述成員接受其他成員的假設看法。

在團體治療（諮商）中，解釋性的引導應考慮頻率、時間長短、深度、內容和方式。在受輔者尚未準備好忍受某些壓力並了解介入技術之前，不應貿然使用解釋（Slavson, 1964）。更進一步說，當諮商員針對成員做解釋時，其他成員也同時聽到解釋的內容同樣的被影響著，因此在解釋之前，諮商員應先探討並評估成員過去—現在相關之能力（Scheidlinger, 1982）。在團體中，成員可能提供未成熟或不合適的解釋，在此狀況下，諮商員必須加以制止，同時協助成員再次明確的表達他們的假設性看法，以達成解釋的效果。

3. 完成階段

當受輔者在其他團體成員的鼓勵下，增加了對自己防衛機轉的了解之後，便開始運用較少的防衛和較多的適應方式去面對自己的問題。因此，當成員努力嘗試去拋棄受侵害數年之久的行為時，團體便成為成員經驗新行為的場所。在完成階段中，其重點是在建構受輔者的行為模式，及整理有用的團體經驗並結束團體。

在此期間，諮商員和團體成員經常會明確的看到某些成員正向改變的行為。針對防衛機轉的改變，成員可能有以下的描述：

「你現在比較能接受批評了！」（否認）。

「我已許久沒聽到你為你的行為找藉口了！」（合理化）。

「自從你讓內在真正的你表現出來後，我覺得更喜歡你了。」（理性化）。

在團體即將結束時，有時團體成員會以依賴、無助和相關的表達方式表現出退化的行為。這個現象與個體成員表現退化行為的防衛機轉頗為相似。正如其他阻抗（resistant）行為一樣，諮商員必須在團體即將結束時，針對成員退化反應的糾纏有心理準備，並協助他們修通（work through）此一障礙。

(三)確認與進一步處理的策略

1. 否認（denial）

當受輔者拒絕接受因他（她）不適當的行為所應負的責任，或拒絕承認不利的情況時，即為否認作用。有時，個體會試圖使團體成員相信某些問題已經解決，不再是問題，或某些討論是沒有意義的（Corey, 1990）。一般而言，團體會對受輔者的否認與機轉本質上的錯誤和不一致屢次提出挑戰。隨著受輔者持續的否認，團體經常會要求該成員減少或去除防衛（Yalom, 1985）。諮商員應適時制止具有敵意或氣勢凌人的成員影響團體氣氛，左右成員互動，同時因勢利導協助其他成員機敏的進行觀察。例如：某位成員可能對經常使用否認防衛的成員說「嘿！你從不承認你的錯誤，你真是個奇怪的人。」諮商員立即反應「你似乎有些話要說，但你能不能用婉轉的、不使他難堪的方式來表達呢？」

2. 轉移（displacement）

當受輔者將情緒轉向易受傷害的成員，而非實際的對象時，此即為轉移。個體成員情緒的來源可能牽涉到家庭或其他人，或是與此刻情況不相關的某一情境。在團體內，受輔者的敵意或攻擊性經常指向較不具威脅的團體成員或諮商員身上（Corey, 1990）。在團體成員互動的影響下，成員很可能產生防衛，或加入攻擊那個替代的對象。諮商員應制止受輔者或其他成員帶有敵意的互動，並引導改變他們的反應及表達方式。例如諮商員先制止某個成員敵意的轉移：「你的敘述嚴重的傷害到那位成員了。」接著，當敵意的轉移顯得較微弱時，諮商員可以進一步的說：「你對那位成員似乎有強烈的情緒，你能以不傷害他的方式來表達嗎？」

3. 認同（identification）

受輔者把自己比擬為某個受欽羨的人或其他成員，即為認同。換言之，個體在行為上表現出類化的現象，並對某一具備理想特質者表達由衷的讚賞。對此，團體成員的反應一般是較多樣化的。由自然幽默的取笑，再轉變為真誠的關懷，最後進一步探究其心理的真實狀況等方式均可能出現。此時，諮商員很重要的任務，是盡量避免這位受輔者成為團體成員取笑的對象，並努力去催化成員，使他們在潛在的、不利某一成員的結構性反應上，有明顯而直接的改變。例如諮商員促使成員去改變他原先譏諷式的評論：「當你表現得像阿諾史瓦辛格時，真是荒謬極了。」並使他改換成「當你表現出真實的自我時，我比較喜歡你。」

一般內射式投射（introjection）的防衛機轉與認同極為相似，其相似之處在於受輔者假裝具有一種害怕、忿恨或被愛戀的態度和價值觀（Clark, 1991）。

4. 理性作用（intellectualization）

當受輔者使用高深而抽象的術語，卻帶著極少量的情感來表達時，即為理性作用。一般常見的理性作用，可以在一個有強烈情緒牽動的團體中，找到一點端倪。有時，在這樣的團體中，可以發現某一位受輔者一直以一種超然的、理智的、事不關己的態度與他人互動。剛開始時，團體成員會對他精確洗練的詞彙產生深刻的印象，但很快的就會對其有限的情感投入感到厭煩，且逐漸感受到他們被當成說教的對象。在此一狀況下，諮商員可以引導成員在討論中去體驗情緒和感受，但極端憤慨的情緒互動，仍需要被制止或加以轉變來表達。例如若有成員對經常使用理性為抗拒的受輔者說：「你總是說得像演講似的，為什麼你不回顧現實呢？」諮商員可要求成員換個方式說：「你習慣性的使用有技巧的、高層次的方式說話，這樣讓我難以把你所說的和你本人聯想在一起。」當受輔者以微量的情感去討論充滿情感、痛苦的主題時，這種隔離自己的防衛機轉與理性作用是有關連的（Clark, 1991）。

5. 投射（projection）

受輔者否認不被接受的行為，或歸因到其他人身上，稱為投射作用。受輔者可能從團體成員及諮商員身上，再次經驗到與其父母手足或其他家人有關的情感，並與之相聯結（Corey, 1990）。在此情況下，團體成員將會非常的厭惡被不正確的指控具有某種特質，而一般的情形是，成員會有立即、直接而堅決的反應。諮商員是否應制止受輔者過度敵意的言論，這是見仁見智的問題。因為許多團體成員會立即駁斥受輔者的敘述，直接給予必要的反應。但有時，成員可能被諮商員要求改變對投射防衛者的表達方式。例如當某一成員說：「很多時候，你咒罵那些並沒有犯錯的人，我覺得你真的令人無法忍受。」在回應諮商員要求改變表達方式後，成員可以說：「我的意思是，你把責任都歸咎到那些無辜的人身上去了。」

6. 投射認同（projective identification）

受輔者否認自身令人難以忍受的行為，並歸咎到其他成員身上，此時某一成員會被激怒，並表現出相類似的反應來，當成員被激怒而有所反應時，反而被受輔者視為是種輕蔑的行為（Masler, 1969）。受輔者經常會習慣性的壓制某一成員令人作嘔的評論，而此一成員又將在情緒化中陷入另一個惡性循環的互動中。於是，受輔者挑釁的、頑強的行為，便會逐漸引起其目標對象中和其他成員的批評。在此狀況下，諮商員經常要加以制止，避免受輔者遭受其他成員的侮辱。因此，對使用投射認同的受輔者採取制止或改變敘述的方式有時是必要的。例如某個成員說：「我再也受不了了，你使得每個人都對你敢怒不敢言！」諮商員改變其說法為：「你批評到每個人了，似乎每位成員都被你激怒了，而你又因他們對你發火而不喜歡他們。」

7. 合理化（rationalization）

團體中，合理化作用是受輔者試圖以似是而非的陳述為他不被接受的行為找藉口。團體中一般的情況是，個體會反覆的陳述某種無法控制的狀況當作是問題的根源所在（Corey, 1990）。因此，團體會建議受輔者對其自身的遭遇做選擇性的解釋，因為這些解釋幾乎毫無通融的被受輔者堅持著或反對著。事實上，團體成員會針對受輔者陳述的矛盾部分做回饋（Slavson, 1964），要是在互動過程中，出現愈來愈多指責和謾罵時，諮商員應該適時給予制止或改變互動的方式。例如成員對反覆使用合理化的受輔者說：「對你所做過的愚蠢的事，你所能做的，似乎只是找理由來原諒你自己罷了。」經過諮商員的要求，成員改變其陳述為：「你似乎寧願原諒你自己的所作所為，而不願為它負起責任。」

8. **反向作用**（reaction formation）

受輔者誇張的表達及道學作風的陳述，在內容上恰與他個人真實的信仰和感受相反，此即為反向作用。通常個體會強調他具備的優良特質，而壓抑其他成員的表現機會（Sarnoff, 1960），因此，團體成員會屢次感受到受輔者的不真誠，而開始檢視他言行理念中的矛盾處。在此狀況下，團體成員的回饋，經常是對受輔者行為中的矛盾處加以澄清，而諮商員應制止或改變成員過度批評的表達方式。例如當成員對使用反向作用的受輔者說：「你以為你比其他人優秀，但事實上你是不如人的。」諮商員要求成員改變責難的態度，並說道：「舉例來說，我們現在正討論性的問題，而你卻不屑加入討論，你知道你與我們同樣的想要去討論它。」

9. **退化作用**（regression）

受輔者退回到早期發展階段的行為型態，稱為退化作用。受輔者於團體中表現出不成熟的行為，從溫和的嘲笑到嬰孩似的啼哭，均屬此範疇（Corey, 1990）。團體成員經常以提供支持性的回饋作為對抗（coping），藉此方式協助受輔者能再認他的防衛反應（Block, 1969）。在一些案例中，團體成員的反應可能更加速受輔者的退縮，因此諮商員應適時制止或改變這種互動方式。例如使用退化作用的受輔者被團體成員挑戰道：「你只會嘲弄他人，也不想一想自己表現得像個未經世故的人！」諮商員應要求此一成員改變說詞為：「你如此的嘲笑他，令人感到不平，我愈來愈不喜歡你。」

10. **壓抑**（repression）

受輔者將無法忍受的想法或舊經驗，從意識層面加以排除或壓制，稱為壓抑。一般團體所感興趣的各種主題，不見得是受輔者所關心的，或此一主題無法明顯對個人產生情緒上的影響（Freud, 1965），倘若其他團體成員在討論較熟悉的話題時受到支持肯定，那麼，成員將增加對團體的信賴程度，而開始加速揭露具威脅性的話題（Slavson, 1964）。但團體成員若以充滿敵意的態度促使個體表達其情感性行為，則應該被制止或改變。舉例來說，若成員對壓抑抗拒的受輔者說：「你只是坐在那裡從不說話，我實在受不了你！」諮商員可要求他改變說法：「我願意多聽聽有關你的事，你有什麼可以說的呢？」

11. 消解作用（undoing）

受輔者藉由退回原來的觀點或立場，試圖否認先前的某種行為，或表現出強烈的自我責備，甚至對被指出的過錯產生過分的罪惡感等，藉以減輕某些壓力。在團體中，受輔者最先以一種令人不愉快的方式表現，然後再一一為自己的舉動賠罪認錯，此即為團體中的消解作用（Yalom, 1985）。受輔者的這種行為，在團體初次出現時，會顯得很突兀；若繼續出現，成員會變得無法忍受，並開始有言語上的攻擊，此時諮商員必須加以制止。例如成員對受輔者說：「你一直說一些愚蠢不中聽的話，然後又為這些事道歉，你是不是哪裡不對勁了？」諮商員可以要求他改成「我已經注意到你如何用此一方式來混淆人們，但事實上你隨後又以抱歉的方式反悔你先前所說的。」

(四)結論

從團體開始結束的歷程中，正因為團體成員的防衛機轉，提供了團體發展的種種挑戰和機會，因此諮商員和成員均能從防衛機轉的覺察中，得到頓悟和成長。從實務的觀點來看防衛機轉可由團體中直接的觀察，及透過工具的衡鑑加以確認。在各個階段中，成員概念性的防衛改變歷程，絕對有助於諮商策略的擬定與介入。一般常見的介入處理策略，包括制止或改變對某一位易受傷的受輔者不適當的反應方式。在團體諮商歷程中，由於成員的支持和挑戰，團體本身便是一個有效的媒介來修正或轉變受輔者的防衛機轉，使受輔者能更真實的面對自己並邁向成長。

（本文原載於《學生輔導通訊》，31 期，1994 年 3 月出版）

六 團體歷程研究的新工具——Hill 口語互動矩陣

(一)團體歷程的基本觀念

1. 團體歷程的意義

團體歷程（group process）是指團體發展過程中所形成的各個階段，及各個階段所包含的種種特徵。從互動的觀點來看，團體諮商歷程為團體中成員與成員、成員與領導者之間行為互動的總和（陳碧玲，1990）。Bednar和Kaul（1978）將團體歷程分為現象（phenomenon）及互動（interaction）兩種內涵。以現象為重點的研究，通常會檢視團體的凝聚力、自我表露、成員之間的回饋及團體結構等（Fuhriman, Dtuart, & Gray, 1984）；而以互動為重點的研究，則針對成員間的口語與非口語互動進行探討。陳若璋、李瑞玲（1987）指出：團體歷程包含領導者及成員的角色、地位、口語與非口語內容、團體規範、凝聚力、團體氣氛及工作型態等變項。

「團體」為多人的組合。多人組合的團體，其互動的類型、焦點、形式，將因團體的不同而有所差異（陳若璋、李瑞玲，1987）。其差異的多寡、原因，一直是團體歷程所欲探討的主題。方紫薇（1990）指出：團體歷程研究的最終目的，在於想找出造成團體效果的有意義變異之來源。故團體歷程研究比團體效果研究更進一步想去探討各變項如何發生影響作用的研究。從研究的觀點來看，團體歷程是一個連續性、複雜化的轉變過程，在這過程中，許多變項交互作用在一起，最後產出結果來。從理論的觀點來看，團體歷程和團體效果之間，必然存在一些關係（潘正德，1996）。陳秉華（1993）進一步指出：諮商效果的向度包括傳統的鉅觀—結果（macro-outcome）和新的微觀—結果（micro-outcome），前者著重整個諮商結束後，帶給個案的全面性改變；後者則看中每次諮商過程中，帶給個案的各個小的影響。由上可知，團體歷程研究的對象是介於前置因素（領導員向度、成員向度、團體處理向度）與後效因素（團體效果）之間的中介因素（團體過程向度、團體階段發展向度），其對團體效果的影響力，是直接而具體的（陳若璋、李瑞玲，1987）。

2. 團體歷程的研究變項

以國內有關團體歷程變項的研究來看，主要集中在：自我揭露變項（林瑞欽，1983）；涉入程度變項與效果（程泰運，1985）、團體氣氛變項（程泰運，1985；謝麗紅，1995）、團體親密度變項（端木蓉，1981）；口語互動行為變項（蔡茂堂等，1981；吳英璋等，1984；陳碧玲，1990；潘正德、陳清泉、王海苓、鄧良玉、陳成鳳，1995；潘正德，1996）；領導行為變項與效果（程泰運，1985；張素雲，1984）；治療因素與效果（李玉禪，1992；何紀瑩，1994）；過程與分析效果（李島鳳，1994；潘正德等，1995；謝麗紅，1995；潘正德，1996，1997b）（引自潘正德，1998）。近年來，則開始以口語互動行為團體歷程為重要研究變項（陳碧玲，1990；趙喬，1991；謝麗紅，1995；潘正德，1995）。此一轉變，至少有兩個意義：一為有關團體歷程的研究，即使在同一變項上，常因前置因素或中介因素的影響，而得到差異甚大或完全相反的結果。二為口語行為直接反映出團體的溝通內容及工作型態，因此比其他變項更容易找出影響團體效果的有意義變異之來源（方紫薇，1990；潘正德，1997b）。因此，口語互動行為在團體歷程的研究中，已是愈來愈被重視的變項。

(二)口語互動矩陣的基本觀念

1. Hill 口語互動矩陣的意義

Hill Interaction Matrix（簡稱 HIM）最初是由 Hill 和 Coppolino 在 1954 年完成，並於 1962 年以目前的形式推展出來。在初期，HIM 是被用來了解並分析小團體的互動過程，如會心團體、訓練團體及討論團體等，但後來亦被應用於個別晤談上。此矩陣包含內容（content）及工作（work）兩個向度（型態），藉這兩個向度評量領導者與成員，或成員與成員之間的口語互動。其中，內容向度包括主題、團體、個人及關係：(1)主題是指團體以外的話題，如局勢、天氣等；(2)團體是指與團體相關的話題；(3)個人是指與團體成員相關的話題；(4)關係是指與成員彼此間有關的話題。

工作向度包含五大類，分別是反應式、傳統式、肯定式、推測式及面質式：(1)反應式是最初層次的，即指對領導者的問話做簡單的回應；(2)傳統式十分類似平常的聊天與寒暄，是社交導向的互動行為；(3)肯定式是指成員表現出對抗來自團體壓力的行為，如爭辯、敵視、表達不滿或以語言攻擊他人，表面上是在呈現問題，但並未有尋求幫助的動機。以上三者屬於工作前型態；(4)推測式是指討論或推論與成員相關的問題，團體中出現幫助者與被幫助者的溝通模式；(5)面質式是指成員具有洞察力了解其他成員的問題，真實的投入問題的解決與處理，或對質可能的逃避行為並面對核心問題，其中蘊含著緊張與冒險。以上兩者屬工作型態。HIM 是將工作向度做水平排列；內容向度做垂直排列，形成 Hill 的矩陣（Hill, 1977a, 1977b; Silbergeld, Thune, & Manderscheid, 1980）。根據 Hill 的分類，應有 4×5 共 20 種口語類型，但由於反應式僅適用於嚴重心理困擾者，而不適於一般諮商團體，因此僅使用 16 種口語類型。對治療價值而言，1 至 4 級第一象限為有些微的幫助；5 至 8 級第二象限是有些幫助；9 至 12 級第三象限是比較有幫助，而 13 至 16 級第四象限是最有幫助（陳碧玲，1990；Hill, 1977a, 1977b; Silbergeld et al., 1980）。此外，HIM 又可依四個象限分成四組：主題中心工作前、主題中心工作、成員（個人）中心工作前及成員中心工作。

上述四象限能用以說明團體發展過程的脈絡，及成員個人的狀況如何影響團體發展（趙喬，1991）。Gruner 和 Hill（1973）在「團體發展的三階段」中指出：第一階段為適應與熟悉（orientation），其中第一象限的口語行為參與量最多；第二階段為探索（exploration），其中第二、三象限的口語行為參與量最多；第三階段為生產與製造（production），其中第四象限的口語行為參與量最多（引自趙喬，1991）。

2. Hill 口語互動矩陣的優點

Sisson、Sisson 和 Gazda（1977）認為，就助人關係而言，團體能營造出一種促使自己與他人成長的互動關係，因此，團體中的每個成員皆可能從團體得到幫助而有助於團體成員的成長。Silbergeld、Manderscheid 和 Koenig（1977）亦指出：在一個團體中，重要的不只是領導者與成員的關係，成員間的互動更是促使個人發展與成長的利器。因此，一個能測量與分析團體互動過程的工具就變得十分重要了。

另外，Yalom（1985）認為，團體歷程的口語互動行為，是指團體成員間或領導者與成員間正在進行的、流通的溝通（陳碧玲，1990）。在有關口語行為的研究中，Hill 的互動矩陣及 Bales 互動過程分析系統（Bale's Interaction Process Analysis）是最常被使用的工具。就性質而言，Hill 的互動矩陣是一種多向度的行為系統，將團體歷程的口語互動行為分為內容和工作兩個向度，以評量成員與成員的互動，及領導者與成員的互動（Hill, 1977a, 1977b）。這兩種向度的分類方式，可以真實又可靠的記錄所有團體歷程中的口語互動資料（陳碧玲，1990）。潘正德等（1995）亦發現，利用 Hill 的互動矩陣，不僅能將互動過程中的口語行為加以記錄並分類，且能有助於對每一個團體的每一個會期之溝通內容及工作型態做系統化的分析和了解。Garry 認為 HIM 在建構或評估團體成員的進展方面，是一個很有意義的工具（陳碧玲，1990）。Boy（1971）更具體指出，HIM 具有四個優點：(1)它具有很高的表面效度；(2)它涵蓋所有團體歷程的口語敘述；(3)該矩陣很容易教導；(4)其主要焦點在溝通的過程，而非推論的理論架構（陳碧玲，1990）。Kanas 和 Smith（1990）進一步指出：HIM 的分類系統也可以教導給不同背景的治療者或輔導員，並用在不同性質、類型的團體上。由於 HIM 具備上述的種種優點，多年來，它一直是研究小團體互動過程的主要工具。正如 Sisson 等人（1977）所言，就信度與效度而言，HIM 可能是測量長期團體輔導過程最有效的工具。因此，DeLucia（1997）認為 HIM 可做為成員參與團體的意願，及偏愛的口語互動程度之最有用的預測工具。Werstlein 和 Borders（1997）亦認為，HIM 的分類系統可用做各類小團體口語互動內容與品質的評估工具，且可用來做為團體督導、訓練的重要內容。

(三)Hill 口語互動行為評量的影響因素

以 Hill 口語互動矩陣建構的工具包括；HIM、HIM-G、HIM-A、HIM-B 四種。其中，最常為研究所用的工具是 HIM 逐句分析系統（HIM），又稱 HIM-SS（statement by statement）。此一系統雖然費力，且經常碰到分析計分的問題，但由於獲得的資料豐富、詳細，故仍為一般研究者所偏愛。

而HIM-G則是試圖取代HIM而設計，它包括72個評量題目，由裁判、觀察員、領導員或任何沒有概念的人在觀察或聽了過程錄音帶後填答，大約20分鐘可以完成。其信度、效度約.80以上（Hill, 1977a, 1977b）。HIM-A與HIM-B大致上具有相同的性質，其題項共有64題，作答方便。綜合研究發現，HIM及其工具具有下列影響因素，使用前宜先考量：

1. 使用者的因素

Sisson等人（1977）指出，在使用Hill互動矩陣分析互動過程時，評量者須經過訓練或以前有過評量HIM的經驗，而且必須測試評量者間（inter-rater）信度及評量者本身（rater）的信度，以免影響其分類的正確性。Hill對HIM-G所做的評量者間（inter-rater）的信度係數超過.80以上（Hill, 1977a, 1977b）。此外，Conyne和Rapin（1977）以及陳碧玲（1990）都指出：當治療者是編碼者（評分者）又是研究者時，若再加上工具的使用等變數，可能會造成評量上的不精確。另一個影響HIM效果的因素是，研究者常因使用Hill互動矩陣中的16級分類太冗長及分散，以致常簡化只用HIM的四個象限來歸類，因此使得實驗結果受限，如使用16級分類的方式，可能會有較顯著的發現（Lewis & Mider, 1977; 引自潘正德，1996）。潘正德（1996）發現，使用16級分類確實太分散，導致某一級或某一類型口語次數太少或0，因而影響統計分析。

此外，有時因受測者和評量者人為的誤差因素，而影響HIM的分類效果，因此Magyar、Apostal（1977）建議：

1. 使用HIM-B施測時，必須要求不同受測團體的受試者間，不能討論彼此團體的性質，以避免結果受到影響。
2. 為避免評量者由於知道團體次數的順序所帶來的偏見，評分時，每一錄音（影）片段不按團體次數的順序排列，而是隨機分配給不同的評量者，才能保持客觀性。

2. HIM本身的因素

Silbergeld等人（1977）的研究指出：隨著團體過程的發展，領導者所引起的互動增加，互動時間長度反而縮短，而成員的互動時間逐漸增長。此一結果對治療雖有助益，但卻無法直接比較出平均個人的說話次數。因為HIM的評分定義中，將連續的、未被中斷的談話算作一個互動單位，所以某一成員連續長時間的說話，和一個較短的說話單位，都同樣會被評入相似的內容和工作型態。因此他們認為，HIM的評分定義可做某些調整以反映這些差異。此外，同一類型，甚至完全相同的口語對話，在不同的情境或互動關係中，可能代表不同的意義與不同的口語類型，如何避免這些實質問題可能導致誤差的出現，亦是值得重視的。不過潘正德等（1995）認為在編碼的過程中，由於口語互動常有前後語句的相關性存在，因此，只要稍加留心，注意相關因素，如氣氛、互動方式、語氣、音調、對話者的關係等，即可解決此一問題。雖然 HIM 的評分方式被廣泛而大量的採用，近年來有許多評論質疑這種方式的適切性，並指出建立一種改良的評分定義是必要的。如此可進一步比較口語互動次數的差異，並避免同一語句永遠被編碼為一種口語類型的缺失。

3. Hill-G 量表的缺失

另一個可能會影響 HIM 評量效果的因素，是評量工具之一的 HIM-G 量表。Hill 於 1965 年建立一種較簡易的 HIM-G 量表，內容包括 72 個題目，供評量者勾選，以取代逐句式（statement-by-statement）的評量方式。在 HIM-G 中，工作型態的反應式（responsive）並未列入，所以 HIM-G 中包含 4×4（內容×工作型態）16 級。每一級中有四個題目，從每一小級中的得分總合起來再加以解釋和比較。Powell（1977）的研究，曾探討是否每一小級中的四個題目有足夠的內部一致性和相關性，亦即探討是否已測量同一性質的口語行為。但研究結果顯示，HIM-G每一小級中的題目相關性不高，沒有足夠的信度以測量所預測的行為，因此建議HIM-G應進一步修訂，或改以新的題項取代目前的格式。至於已使用HIM-G的研究，Powell 建議須對其結果的解釋重新再檢視。此一建議，也是國內研究考慮評量工具時，捨棄 HIM-G，而寧願花費時被時間與心力採用 HIM 逐句分析的原因之一。

(四)Hill 口語互動矩陣對團體工作的貢獻

綜觀國內近年來有關Hill口語互動矩陣的研究（陳碧玲，1990；趙喬，1991；潘正德，1995；謝麗紅，1995，1996，1998），已支持該矩陣理論，並證實此一工具適用在國人所帶領的團體，做為評估團體帶領者口語行為內容與工作類型的工具（謝麗紅，1995；潘正德，1997b；1998）。此外，亦可做為預測成員參與團體的意願、互動方式偏愛程度的預測變項（DeLucia, 1997）及團體領導者的督導評量工作（Werstlein & Borders, 1997）。綜合國內 Hill 口語互動矩陣的研究，大致上已達到下列結論，對今後團體工作帶領者的訓練、督導，有一定的貢獻：

1. 重視領導者口語行爲與成員口語行爲的關連性

團體歷程中，領導者與成員口語行為有極為相似的變化（陳碧玲，1990；潘正德，1998）。潘正德（1997b，1998）、謝麗紅（1995）更發現領導者與成員口語行為有正相關存在。潘正德（1998）進一步指出，在口語類型上，關係、推測、第一、第四象限口語行為達到顯著的正相關。團體領導者若能熟悉 Hill 的口語行為之分類系統，適時使用合宜且高品質的口語行為，將可催化、引導團體成員做有效的溝通、互動，同時在互動的過程中，領導者的口語行為，無形中也成為成員模仿、學習的對象。

2. 重視口語行爲與團體結果效果的相關

口語互動行為、同盟、團體氣氛之間有顯著的相關存在，這些歷程變項彼此相關且相互影響，而共同影響團體效果（謝麗紅，1995）。團體、面質、第一象限口語行為與團體感受量表的結果效果有顯著的正相關（潘正德，1998）；主題、團體、傳統、肯定口語行為與團體支持達到顯著的負相關；成員、第三象限口語與團體支持達到顯著的正相關，關係口語與認知獲益達到顯著正相關，推測口語與情緒獲益達到正相關，面質口語與情緒獲益、認知獲益達到正相關，第二象限口語與認知獲益達到負相關，第四象限口語與情緒獲益、認知獲益達到顯著的正相關（潘正德，1998）。由上可知，較高品質的口語行為中，成員、關係、推測、面質、第三、四象限口語行為中，主題、團體、傳統、肯定、第二象限口語分別與結果效

果達到負相關。在團體歷程中，帶領者如適量使用品質不高的口語行為，是提高團體結果效果值得正視的問題。

3. 重視口語行爲與團體過程效果的相關

成員、關係、推測、第三象限、第四象限、口語分別，與團體自評或分測驗達到顯著的正相關（潘正德，1998）。潘正德（1997）亦發現，關係、推測、面質、第四象限口語與自我評量有顯著的正相關。可見 Hill 互動矩陣中，較高品質的口語行為與團體過程效果達到顯著的正相關。

4. 重視口語行爲與成員對團體領導者的整體評價的相關

潘正德（1998）發現，團體口語與領導者評量表的得分達到顯著的負相關，成員、推測、第四象限口語與領導者的整體專業能力的評估，有正面或負面的影響，頗值得重視。

5. 口語行爲對團體效果有某種程度的預測能力

潘正德（1997b）發現，傳統、關係、第三象限口語可以解釋過程評量總變異量的 56%；關係、肯定口語可以解釋團體結果評量總變量的 36%。潘正德（1996）發現，由自我評量、第二象限與肯定口語，可以解釋家庭關係效標變項的總變異量的 80.52%。潘正德（1998）發現，第四象限口語可以解釋自我評量總變異量的 33%；面質口語能解釋團體感受量表總變異量的 20%。

6. 訓練團體帶領者熟練面質口語的技術

Kanas 和 Smith 發現，最高程度的團體治療效果是面質口語行為。潘正德（1997b，1998）亦發現並支持此一觀點。不過謝麗紅（1995）的研究卻發現，面質、肯定口語使用愈多時，容易引起逃避、衝突的團體氣氛；同樣的，若成員避免討論面對自己問題的責任，或彼此摩擦、衝突和不信任，則可能引發成員以肯定、面質口語來探討彼此的關係及此時此地的互動。事實上，團體氣氛可能和過程效果（評量）有關係，但和結果沒有顯著的關係（潘正德，1998）。因此，面質口語行為的熟練，並在最適當的時機使用，是團體帶領者催化、引導訓練的主要技術。

7. 團體會期短、時間少，團體的帶領者尤應重視第三、四象限口語行為的使用

國內的研究（謝麗紅，1998；潘正德，1997b）已大概能支持Hill互動矩陣理論的治療價值，其中第一象限為有些微幫助，第二象限為有些幫助，第三象限為比較有幫助，第四象限為最有幫助（Hill, 1977a; Silbergeld et al., 1980）。就治療價值增加量而言，亦大多集中在第三、四象限口語行為（Rae et al., 1976）。由於國內團體的實施，在會期上約在8次至12次，總時間約在16小時至25小時，遠比國外的20次以上會期，及30小時以上時數為少，因此團體各階段的發展並非直線式的循序漸進，由第一象限口語而第二、三、四象限口語行為（趙喬，1991；潘正德等，1995）。因此，大多團體領導者的個人領導風格（理論背景、專業知能、溝通方式），而呈現特有的口語行為，幾乎在團體初期，及大量使用第三、四象限口語行為（潘正德，1996；潘正德，1997b，1998）。為有效帶領團體，治療價值較高的第三、四象限口語行為的使用，有必要加強。

8. 熟悉 Hill 口語互動矩陣，以提升團體帶領者的專業素質，並做為有效的評估工具

從口語行為的編碼分類，可以清楚的了解每一個團體在團體歷程中，口語行為的變化趨勢（潘正德，1997b）。潘正德（1998）進一步發現，不同理論取向團體在團體歷程中，不論是內容、工作、象限口語，都有其常用的口語行為，且領導者間及單一理論取向團體內，在團體初期、中期、末期的口語行為大多有顯著的差異。換言之，透過Hill口語互動矩陣的分類系統，不僅記錄同一團體內口語行為的變化趨勢，更可比較不同理論取向團體間的差異，因此，可做為團體歷程研究或督導、訓練的重要變項與工具（Werstlein & Borders, 1997）。

(五)Hill 口語互動矩陣使用的展望

自1990年國內第一篇使用Hill口語互動矩陣研究報告以來，陸續有幾篇專門以Hill口語矩陣為主要研究工具的報告。從該矩陣在團體歷程研究的應用來看，其理論已被支持，且證實為有效的評量工具。在複雜的團體歷程諸變項中，口語已是不可忽視的重要變項。由於 Hill 口語互動矩陣具備多項優點，可預見的未來，該矩陣將是口語行為研究最主要的工具之一。不過，逐句編碼分類曠日費時，若能早日以國人為樣本，修訂常模，改為紙筆問卷施測，使用率將大為增加。其對團體歷程的研究，領導者訓練，專業督導品質的提升將有很大的貢獻。

參考文獻

中文部分

方紫薇（1990）。團體評估與團體研究（上）。**諮商與輔導，60**，25-30。

方紫薇、馬宗潔等譯（2003）。**團體心理治療的理論與實務**。台北：桂冠。

牛格正（1983）。諮商專業倫理問題之探討。**輔導月刊，19**（2），2-9。

王慧君等人（1990）。**團體領導者訓練實務**。台北：張老師。

王麗斐（1984）。**任務團體中決策行為之溝通過程研究**。彰化師範大學輔導研究所碩士論文，未出版，彰化市。

台北市教師研習中心（1986）。**團體輔導講義彙編**。台北：作者。

台北市教師研習中心（1991）。**成長的足跡：教師成長團體理論與實務**。台北：作者。

朱秉欣（1973）。**怎樣改善人際關係**。台中：光啟。

朱進財（1987）。**師專學生自我統整的相關因素及成長團體訓練效果之研究**。國立政治大學教育研究所博士論文，未出版，台北市。

朱進財、陳嘉皇（1986）。**小型團體輔導在課堂上的應用**。屏東：屏東師專。

何長珠（1979）。認知與認知行為兩種不同諮商歷程對大學生人際關係技巧訓練效果之評量。**輔導學報，2**，59-93。

何長珠（1980）。**諮商員與團體**。台北：大洋。

何紀瑩（1994）。**基督教信仰小團體對提高大專學生生命意義感的團體歷程與效果研究**。國立台灣師範大學教育心理與輔導研究所碩士論文，未出版，台北市。

吳秀碧（1985）。**團體諮商實務**。高雄：復文。

吳武典（1983）。我國國中資優教育之評鑑。**資優教育季刊，10**，1-9。

吳武典、洪有義（1984）。**如何進行團體諮商**。台北：張老師。

吳秉恩（1986）。**組織行為**。台北：華泰。

吳英璋、李文瑄、郭照美、康淑美、趙淑員、陳珠璋（1984）。門診精神分裂病患團體治療的互動過程分析。**中華民國神經精神醫學會會刊，7**（2），12。

吳英璋等（1981）。慢性精神病患行為治療之臨床試驗：團體代幣系統方法的應用。**中華民國神精精神醫學會會刊，6**（2），1-7。

吳淑敏（1986）。**會心團體經驗對高工學生適應能力與人際關係效果之研究**。國立台灣師範大學教育研究所碩士論文，未出版，台北市。

吳淑琬（2007）。敘事治療在性侵受害者之應用。**諮商與輔導，253**，2-5。

吳就君（譯）（1986）。**家庭動力學**。台北：大洋。

吳鼎隆（1983）。**成長團體經驗對內外制握學生心理反應之影響**。高雄師院教育研究所碩士論文，未出版，高雄市。
吳熙琄（2006）。**豐厚生命故事——敘事治療工作坊**。研習資料。
吳熙琄（2007）。**豐厚生命故事的敘事進階小團體：見證**。未出版講義。
吳錦釵（1985）。**自我肯定訓練課程在師專團體輔導效果之研究**。台灣師範大學輔導研究所碩士論文，未出版，台北市。
呂勝瑛（1981）。**成長團體的理論與實際**。台北：遠流。
宋湘玲、鄭熙彥、林幸台（1978）。**學校輔導工作的理論與實施**。台中：文鶴。
李玉嬋（1992）。**實習教師校能訓練團體與同儕支持小團體輔導在團體歷程、治療因素與效果之比較研究**。國立台灣師範大學教育與心理輔導研究所碩士論文，未出版，台北市。
李美枝（1979）。**社會心理學**。基隆：大洋。
李島鳳（1994）。**酒癮患者配偶團體的團體過程與效果分析研究**。東吳大學社會工作研究所碩士論文，未出版，台北市。
李執中（1980）。**大學生成長團體的研究**。台灣大學心理研究所碩士論文，未出版，台北市。
易之新（譯）（2006）。**敘事治療——解構並重寫生命的故事**。台北：張老師。
林至善（2006）。**我國大學院校學生事務長領導風格、領導行為與領導效能關係之研究**。國立台灣師範大學公民教育與活動領導學系博士論文，未出版，台北市。
林杏足（2002）。敘事諮商簡介：基本概念與諮商過程。**輔導通訊，70**，32-35。
林秀瑛（2007）。**母職挫折故事在敘事取向成長團體中的解構與重寫**。國立台南大學教育學系輔導教學碩士班碩士論文，未出版，台南市。
林邦傑（1986）。**統計方法的選擇與統計電腦套裝程式的使用**。台北：正昇。
林英正等譯（1991）。**商業心理學**。台北：桂冠。
林家興（1978）。會心團體經驗對自我實現之影響。**政治大學教育與心理研究，2**，155-168。
林振春、王秋絨（1992）。**團體輔導工作**。台北：師大書苑。
林清山（1992）。**教育統計學**。台北：東華。
林瑞欽（1981）。**學習團體互動過程中的自我表露行為研究**。國立台灣師範大學輔導研究所碩士論文，未出版，台北市。
林瑞欽（1983）。學習團體互動過程中的自我表露行為研究。**師大輔導研究所碩士論文概要，1 輯**，41-48。
林薇（1993）。如何透過溝通建立師生關係。**學生輔導通訊，25**，45-49。
邱連煌（1997）。價值澄清與學生管教（五）。**國教天地，121**，43-46。
邱麒忠（1986）。諮商團體中領導者與領導力之探討。**輔導月刊，23**（1），24-31。
洪有義（1981）。**團體輔導**。台北：心理。
夏林清（1980）。**青年同輩團體輔導計畫**。台北：大洋。
夏林清、麥麗蓉合譯（1987）。**團體治療與敏感度訓練／歷史、概念與方法**。台北：張老師。
張景然、吳芝儀譯（1995）。**團體諮商的理論與實務**。台北：揚智。
張進上（2007）。在敘說中成長（上）——敘述的基本概念。**國教之友，58**（3），41-49。
郭生玉（1984）。**心理與教育研究法**。台北：精華書店。

郭國禎（1983）。**會心團體經驗對人格適應影響研究**。彰化師範大學輔導研究所碩士論文，未出版，彰化市。

陳秉華（1990）。輔導策略與輔導效果實證研究的回顧與檢討。**教育心理學報，223**，237-260。

陳秉華（1993）。**諮商改變歷程的研究新典範論文**。發表於國立彰化師範大學舉辦之「諮商歷程」學術研討會，彰化市。

陳若璋（1986）。大學生憂鬱症類別與過去重大生活經驗關係的研究。（資料來源：成大圖書館微縮室 NSC76-0301-H002017）

陳若璋、李瑞玲（1987）。團體諮商與治療研究的回顧與評論。**中華心理衛生學刊，3**（2），179-216。

陳碧玲（1990）。**團體互動行為模式之分析**。彰化師範大學輔導研究所碩士論文，未出版，彰化市。

彭信揚（2006）。敘事治療在網路諮商的諮商實例。**諮商與輔導，249**，30-35。

曾華源（譯）（1990）。**團體技巧**。台北：張老師。

曾麗娟（譯）（1989）。**讓我們更親近：靈活運用團體技巧**。台北：張老師。

程泰運（1985）。**個人特質及對團體氣氛、領導取向、領導者涉入的評量與涉入度、滿意度的相關研究**。東吳大學社會學研究所碩士論文，未出版，台北市。

黃囇莉、李茂興（1991）。**組織行為**。台北：揚智。

黃月霞（1991）。**團體諮商**。台北：五南。

黃秀瑄（1981）。**認知戒菸策略對國中學生抽菸行為的影響研究**。國立師範大學輔導研究所碩士論文，未出版，台北市。

黃國隆（1982）。員工為何能安於其位？剖析員工個人屬性、需求層次、工作特性，與工作滿足的關係，**管理評論，1**（1），18-38。

黃惠惠（1993）。**團體輔導工作概論**。台北：張老師。

黃瑞煥（1985）。**統計學應用程式集**。台北：儒林。

楊文貴（1989）。阿德勒模式團體諮商對國小適應欠佳兒童的輔導效果研究。**台北師範學院學報，2**，25-70。

楊淑娟（1985）。**護校學生成長團體之實驗**。彰化師範大學輔導研究所碩士論文，未出版，彰化市。

楊誌卿（1997）。**團體經驗對大學新生個人適應態度之影響**。國立彰化師範大學諮商輔導研究所碩士論文，未出版，彰化市。

賈樂安（1988）。團體動力的正思與迷思。**輔導月刊，24**（2、3），29-47。

鄔佩麗（1984）。**工廠青年人際關係訓練效果之研究**。台灣師範大學輔導研究所碩士論文，未出版，台北市。

廖士德（譯）（2001）。**故事、知識與權力**。台北：心靈工坊。

廖本富（2000）。敘說治療的問句技巧。**諮商與輔導，176**，15-22。

端木蓉（1981）。**學習團體親密度發展歷程之研究——其與自我成長及社會焦慮之關係**。國立台灣師範大學輔導研究所碩士論文，未出版，台北市。

趙喬（1991）。**訓練團體之領導者和成員互動關係對團體經驗內涵之影響**。輔仁大學應用心理研究所碩士論文，未出版，新北市。
劉家煜（1977）。心理輔導人員之專業道德守則擬議。**測驗與輔導，20**，305-306。
劉焜輝（1973）。**團體輔導研究**。台北：漢文。
劉焜輝（1977）。**輔導理論的哲學基礎**。台北：天馬。
潘正德（1985a）。團體歷程對自我概念及自我肯定之影響。**輔導月刊，21**（4），5-10。
潘正德（1985b）。了解團體行為。**輔導月刊，22**（1）。
潘正德（1985c）。團體輔導的理論與實務。**光武工專大成崗，20**。
潘正德（1988）。**團體動力**。台北：心理。
潘正德（1990a）。一般性團體諮商、認知模式團體諮商對五專一年級內向性適應欠佳男生的效果研究。**光武工專學報，15 期**。
潘正德（1990b）。**團體動力**。台北：心理。
潘正德（1992）。小團體輔導之研究理論——單一受試研究設計。**學生輔導通訊，19**。
潘正德（1993）。小團體輔導之研究理論——測量方法的選擇。**學生輔導通訊，27**，72-77。
潘正德（1995）。**團體動力學**。台北：心理。
潘正德（1996）。Hill 口語互動行為與團體效果之關係暨相關因素之研究——以家庭探索團體為例。**中華輔導學報，4**，203-257。
潘正德（1997a）。通識課程教師及工學院學生對通識課程設計之調查研究。**中原學報，25**（4），53-67。
潘正德（1997b）。Hill 互動矩陣理論在成長團體的驗證。行政院國家科學委員會結案報告（NSC86-2413-H-033-002）。
潘正德（1998）。團體歷程中口語互動行為與相關變項之研究。**中原學報，26**（4），73-98。
潘正德、陳清泉、王海苓、鄧良玉、陳成鳳（1994）。大學生團體諮商歷程中的口語互動行為分析及影響團體效果相關因素之研究。**中華輔導學報，2**，120-159。
潘正德、陳清泉、王海苓、鄧良玉、陳成鳳（1995）。大學生團體諮商歷程中的口語互動行為分析及影響團體效果相關因素之研究。**中原學報，23**（2），43-56。
蔡承志（譯）（1991）。**組織行為**。台北：桂冠。
蔡茂堂、陳俊營、陳永成、劉偉民、陳珠璋（1981）。會談式團體心理治療過程之評估：貝氏互動過程分析。**中華民國神經精神醫學會會刊，7**（2），99-107。
鄭伯壎（1990）。**領導與情境——互動心理學研究途徑**。台北：大洋。
鄭伯壎（2005）。**華人領導——理論與實際**。台北：桂冠。
鄭伯壎、周麗芳、樊景立（2000）。家長式領導——三元模式的建構與測量。**本土心理學研究，14**，3-64。
駱芳美（1983）。團體人數多寡對團體互動的影響之探討。**輔導月刊，19**（2），14-21。
駱芳美（1984）。從凝聚力的詮釋談凝聚力在團體動力中的角色。**輔導月刊，20**（2），1-9。
駱芳美（1985）。性別與年齡因素對團體互動之影響。**輔導月刊，23**（1），10-15。
謝水南（1984）。**團體諮商對適應欠佳學生的矯治效果之實驗研究**。國立台灣師範大學教育研究所博士論文，未出版，台北市。

謝麗紅（1995）。**成長團體過程與團體效果之分析研究**。國立彰化師範大學博士論文，未出版，彰化市。

謝麗紅（1996）。**準諮商員對老人的態度、從事老人諮商意願、所受專業訓練及其未來老年生活態度之研究**。台北：中華輔導與諮商學報。

謝麗紅（1998）。**團體諮商領導能力評量表編製與相關研究**。中國輔導學會四十週年慶學術研討會。

嚴世傑譯（1986）。**SPSS/PC 使用手冊**、台北：儒林。

英文部分

Areán, P. A., & Ayalon, L. (2010). Preventing depression relapse in older adults. In C. S. Richards & M. G. Perri (Eds.), *Relapse prevention for depression*. Washington, DC: American Psychological Association.

Areán, P. A., & Ayalon, L. (2005). Assessment and treatment of depressed older adults in primary care. *Clinical Psychology: Science and Practice, 12*(3), 321-335.

Bach, G. R. (1954). *Intensive group psychotherapy*. New York: Ronald Press.

Bales, R. F. (1950). *Interaction process analysis: A method for the study of small groups*. Reading, MA: Addison-Wesley.

Bales, R. F. (1970). *Personality and interpersonal behavior*. New York: Holt, Rinehart & Winston.

Bass, B. (1965). *Organizational psychology*. Boston: Allyn and Bacon.

Bavelas, A., & Barrett, M. (1951). An experimental approach to organizational communication. *Personnel, 27*, 386-397.

Bednar, R. L., & Kaul, T. (1978). Experiential group research: Current perspectives. In S. Garfield and A. Bergin (Eds.), *Handbook of psychotherapy and behavior change*. New York: Wiley.

Bednar, R. L., & Kaul, T. J. (1987). Conceptualizing group research：A preliminary analysis. *Small Group Behavior, 9*, 173-191.

Bednar, R. L., Melnick, J., & Kaul, T. J. (1974). Risk, responsibility, and structure: A conceptual framework for initiating group counseling and psychotherapy. *Journal of Counseling Psychology, 21*, 31-37.

Bennis, W. G., & Shepard, H. A. (1965). A theory of group development. *Human Relations, 29*, 415-457.

Bion, W. R. (1961). *Experiences in groups*. New York: Basic Books.

Black, T. E., & Higbee, K. L. (1973). Effects of power, threat, and sex on exploitation. *Journal of Personality and Social Psychology, 27*, 382-388.

Blau, P. M. (1964). *Exchange and power in social life*. New York: John Wiley & Sons.

Bloch, S., & Crouch, E. (1985). *Therapeutic factors in group psychotherapy*. Oxford: University Press.

Block, S. L. (1969). Notes on regression in groups. *Comprehensive Psychiatry, 10*, 128-135.

Boy, A. V. (1971). Group procedures in counseling: Influences affecting its credibility. *Psycho-*

therapy: Theory, Research & Practice, 8(4), 333-337.

Brunning, J. L., & Kintz, B. L. (1987). *Computational handbook of statistics*. Glenview, Illinois: Scott, Foresman & Co.

Byrne, D. (1969). Attitudes and attraction. In BerkowitzL (ed.), *Advance in experimental social psychology* (Vol. 4, pp. 35-90). New York: Academic Press.

Byrne, D. E., & Wong, T. J. (1962). Racial prejudice, interpersonal attraction, and assumed dissimilarity of attitudes. *Journal of Abnormal and Social Psychology, 65*, 246-253.

Campbell, D., & Stanley, J. (1963). *Experimental and quasi-experimental designs for research*. New York: Rand McNally.

Carkhuff, R. R. (1969). *Helping and human relations*. New York: Holt, Rinehart, and Winston.

Carron, A.V. (1982). Cohesiveness in sport groups: Interpretations and considerations. *Journal of Sport Psychology, 4*, 123-138.

Cartwright, D., & Zander, A. (1968). *Group dynamics: Research and theory*. New York: Harper & Row.

Cartwright, D., & Zander, A. et al. (1953). *Group dynamics: Research and theory*. Evanston, IL: Row Peterson.

Clark, A. J. (1991). The identification and modification of defense mechanisms in counseling. *Journal of Counseling & Development, 69*, 231-236.

Constanzo, P., & Shaw, M. (1966). Conformity as a function of age level. *Child Development, 37*, 967-975.

Conyne, R. K. (1984). Thoughts about the future of group work. *The Journal for Specialists in Group Work, 9*(2), 66-67.

Conyne, R. K., & Rapin, L. S. (1977). A HIM-G interaction process analysis study of facilitator- and self-directed groups. *Small Group Behavior, 8*(3), 333-340.

Cooper, S. E. (1987). A brief, collaborative-structured approach for personal development groups. *Journal of Counseling & Development, 65*(10), 565-566.

Corey, G. (1977). *Groups process and practice*. USA: Brook/Cole Publishing Company.

Corey, G. (1990). *Manual for theory and practice of group counseling*. Belmont, CA: Brooks/Cole.

Corey, G. (2005). *Theory and practice of counseling and psychotherapy* (7th ed.). Belmont, CA: Brooks/Cole.

Corey, G. (2007). *Theory and practice of group counseling* (7th ed.). Pacific Grove, CA: Brooks/Cole.

Corey, G., Corey, M. S., & Callanan, P. (1990). Role of group leader's values in group techniques. *Journal of Specialists in Group Work, 7*, 140-148.

Corey, G., Corey, M., Callanan, P., & Russell, J. (1982). Ethical considerations in using group techniques. *Journal of Specialists in Group Work, 7*, 140-148.

Corey, M. S., & Corey, G. (1992). *Group: Process and practice* (4th ed.). Pacific Grove, GA: Brooks/Cole.

Corey, M. S., & Corey, G. (2006). *Groups: Process and practice* (7th ed.). Belmont, CA: Thompson Higher Education.

Cormier, L. S., & Cormier, B. (1998). *Interviewing strategies for helpers: Fundamental skills and cognitive behavioral interventions* (4th ed.). Pacific Grove, CA: Brooks/Cole.

de Shazer, S., Berg, I. K., Lipchik, E., Nunnally, F., Molnar, A., Gingeich, W. J., & Weiner-Davis, M. (1986). Brief therapy: Focused solution development. *Family Process, 25*, 207-221.

DeJulio, S. S., Larson, K., Dever, E. L., & Paulman, R. (1981). The measurement of leadership potential in college students. *Journal of College Student Personnel, 22* (3), 207-213.

DeLucia-Waack J. L. (1997). Measuring the effectiveness of group work: A review and analysis of process and outcome measures. *Journal for Specialists in Group Work, 22*, 277-293.

Dewey, J. (1910). *How we think*. Lexington, Mass: D. C. Heath.

Dies R. R., & MacKenzie, K. R. (1983). *Advances in group psychotherapy: Integrating research and practice*. New York: International Universities Press.

Dill, W. R. (1958). Environment as an influence on managerial autonomy. *Administrative Science Quaterly, 2*, 409-443.

Dinkmeyer, D., & Muro, J. J. (1971). *Group counseling: Theory and practice*. Otasca, IL: Peacock.

Dreikurs, R. (1991). *Children the challenge: The classic work on improving parent-child relations—Intelligent, humane, and eminently practical*. New York: Plume.

Dreikurs, R., & Cassel, P. (1996). *Discipline without tears* (2nd ed.). New Youk: Penguin Group.

Exline, R., Gray D., Schuette, D. (1965). Visual behavior in a dyad as affected by interview content and sex of respondent. *Journal of Personality and Social Psychology, 1*(3), 201-209.

Floyd, Morran, D. K., & Hulse-Killacky, D. (1989). Single-subject research designs for group counselors studying their own groups. *The Journal for Specialists in Group Work, 14*(2) 93-97.

Fuhriman, A., Dtuart, D., & Gray, B. (1984). Conceptualizing small group process. *Small Group Behavior, 15*, 427-440.

Gazda, G. M. (1968). *Basic approaches to group psychotherapy and group counseling*. Ill: Springfield.

Gazda, G. M. (1971). *Group counseling: A developmental approach*. Boston: Allyn and Bacon.

Gazda, G. M. (1989). *Group counseling: A developmental approach* (4th ed). Boston: Allyn & Bacon.

Gerard, H. B., Wilhelmy, R. A., & Conolley, E. S. (1968). Conformity and group size. *Journal of Personality and Social Psychology, 8*, 79-82.

Ghiselli, T. E. (1971). *Exploration in managerial talent*. Pacific Palisades, Calif.: Goodyear.

Gutsch, K. U. (1966). Effectiveness of an attitudinal group approach as a behavior determinant. *School Counselor, 14*, 40.

Halliwell, J. W. (1970). Effects of counseling on attitudes and grades with intermediate grade pupils designated as having poor attitudes. *Elementary School Guidance and Counseling, 5*(2), 113-121.

Hamachek, D. E. (1971). *Encounters with the self*. New York: Holt, Rinehart and Winston.

Heap, K. (1979). *Process and action in work with groups: The preconditions for treatment and growth*. Pergamon Press.

Hersen, M., & Barlow, D. H. (1976). *Single case experimental designs*. N. Y.: Pergamon.

Hill, W. F. (1977a). Hill Interaction Matrix (HIM). *Small Group Behavior, 8*, 251-259.

Hill, W. F. (1977b). Hill Interaction Matrix (HIM): The conceptual frame work derived rating scales, and an updated bibliography. *Small Group Behavior, 8*, 251-268.

Hill, W. F., & Gruner, L. (1973). A study of development in open and closed groups. *Small Group Behavior, 4*, 355-381.

Hoerl, R. T. (1972). Cooperation and competition as a function of communication and trust. *Dissertation Abstracts International, 33*(3-B), 1287-1288.

Hoffman, L. R. (1961). Conditions for creative problem solving. *The Journal of Psychology, 52*(2), 429-444.

Hoffman, L. R., & Maier, N. R. F. (1961). Quality and acceptance of problem solutions by members of homogeneous and heterogeneous groups. *The Journal of Abnormal and Social Psychology, 62*(2), 401-407.

Hollander, E. P. (1978). *Leadership dynamics*. Free Press: New York.

Homans. C. (1950). *The human group*. New York: Harcourt, Brace and Company.

Homans, G. C. (1964). A theory of social interaction. *Transactions of the Fifth World Congress, 4*.

Hulse-Killacky, D., Robison, F. F., Morran, D. K. (1991). Reporting group research: Conceptual and technical considerations for preparing manuscripts. *The Journal for Specialists in Group Work, 16*(2), 101-108.

Iscoe, I., Williams, M., & Harvey, J. (1963). Modifications of children's judgments by a simulated group technique: A normative developmental study. *Child Development, 34*, 963-978.

Jacobs, E. E., Harvill, R. L., & Masson, R. L. (1988). *Group counseling, strategies, and skills*. Pacific Grove, Cal. Brooks: Cole.

James D., & Therese A. (1984). The relationship between counselors' and students' self-esteem as related to counseling outcomes. *School Counselor, 32*, 18-22.

Jewell, L. N., & Reitz, H. J. (1981). *Group effectiveness in organizations*. Scott-Foresman, Glenview, IL.

Kagan, N., Armsworth, M., Altmaier, E., Dowd, E., Hansen, J., Mills, D., Schlossberg, N., Sprinthall, N., Tanney, M., & Vasquez, M. (1988). Professional practice of counseling psychology in various settings. *The Counseling Psychologist, 16*, 347-365.

Kahn, W. J. (1988). Cognitive-behavioral group counseling: An introduction. *School Counselor, 35* (5), 343-352.

Kanas, N., & Smith, A. J. (1990). Schizophrenic group process: A comparison and replication using the HIM-G. *Small Group Behavior, 14*, 246-252.

Kaul, T. J., & Bednar, R. L. (1986). Experiential group research: Results, questions, and suggestions.

In S. L. Garfield & A. E. Bergin (Eds.), *Handbook of psychotherapy and behavior change* (3rd ed.) (pp. 671-714). New York: Wiley.

Kerr, N., & Bruun, S. (1981). Ringelmann revisited: Alternative explanations for the social loafing effect. *Personality and Social Psychology Bulletin, 7*, 224-231.

Kiesler, D. J. (1966). Some myths of psychotherapy research and the search for a paradigm. *Psychological Bulletin, 65*, 110136.

Knowles, M. S. (1972). *Introduction to group dynamics*. N. Y.: Association Press.

Kottler, J., & W. H. Van Hoose. (1977). *Ethical and legal issues in counseling and psychotherapy*. San Francisco: Jossey-Bass.

Kramer. C. (1978). Women's and men's ratings of their own and ideal speech. *Communication Quarterly, 26*(2), 2-11.

Kratochwill, T. R. (1978). Foundations of timeseries research. In T. R. Kratochwill (Ed.). *Single-subject research: Strategies for evaluating change* (pp. 1-100). N. Y.: Academic Press.

Krivatsy-O' Hara S., Reed, P., & Dixon (1978). Group counseling with potential high school dropouts. *Personnel and Guidance Journal.*

Landreth, G. L. (1973). Group counseling: To structure or not to structure. *School Counselor, 20*, 371-374.

Lawrence, P. R., & Lorsch, J. W. (1969). *Developing organizations: Diagnosis and action*. Reading, MA: Addison Wesley Longman.

Levin, E. M., & Kurtz, R. R. (1974). Structured and nonstructured human relations training. *Journal of Counseling Psychology, 21*, 526-531.

Lewin, K. (1944). A Research Approach to Leadership Problems. Journal of Educational Sociology. *American Sociological Association, 17*(7), 392-398.

Lewin, K., & Lippitt, R. (1938). An experimental approach to the study of autocracy and democracy. A preliminary note. *Sociometry, 1*, 292-300.

Lewin, K., Lippitt, R., & White, R. K. (1939). Patterns of aggressive behavior in experimentally created social climates. *Journal of Social Psychology, 10*, 271-299.

Lieberman M. A., & Borman, L. D. (1979). *Self-help groups for coping with crisis*. San Fransisco: Jossey-Bass.

Lieberman, M. A. (1976). Change induction in small groups. *Annual Review of Psychology, 7*, 217-50.

Lieberman, M. A., Yalom, I. D., & Miles, M. B. (1973). *Encounter groups: First facts*. New York: Basic Books.

Likert, R. (1961). *New patterns of management*. N.Y.: McGraw-Hill.

Lorsch, J. W., & Morse, J. (1974). *Organizations and their members: A contingency approach*. New York: Harper & Row Publishers.

Magyar, C. W., & Apostal, R. A. (1977). Interpersonal growth contracts and leader experience: Their effects in encounter groups. *Small Group Behavior, 8*, 381-392.

Mann, R., Gibbard, G., & Hartman, J. (1967). *Interpersonal styles and group development*. New York: John Wiley & Sons.

Masler, E. G. (1969). The interpretation of projective identification in group psychotherapy. *International Journal Group Psychotherapy, 19*, 441-447.

Meichenbaum, D. (1977). *Cognitive behavior modification: An integrative approach*. New York: Plenum Press.

Metcalf, L. (1998). *Solution focused group therapy: Ideas for groups in private practice, schools, agencies, and treatment programs* (3rd ed.). New York: Free Press.

Mitchell, K. R. (1975). A group program for bright failing underachievers. *Journal of College Student Personnel, 16*(4), 306-312.

Mitchell, R. R. (1975). Relationships between personal characteristics and change in sensitivity training groups. *Small Group Behavior, 6*(4), 414-420.

Myrick, R. D., & Dixon, R. W. (1985). Changing student attitudes and behavior through group counseling. *School Counselor, 32*, 325-330.

Newcomb, T. (1961). *The acquaintance process*. New York: Holt Rinehart &Winston.

Newman, B. M. (1976). The development of social interaction from infancy through adolescence. *Small Group Behavior, 7*(1), 19-32.

Nicholas, M. W. (1984). *Change in the context of group therapy*. New York: Brunner.

Northouse, P. G. (2007). Transformational Leadership. Leadership: Theory and Practice. *Public Administration*, 7250.

O'Connell, B. (1998). *Solution-focused therapy*. London: Sage.

O'Hanlon, B. (1994). The third wave. *Family Therapy Networker, 18*, 19-29.

Patchen, M. (1974). The locus and basis of influence op organizational decisions. *Organizational Behavior and Human Performance, 11*, 195-221.

Patterson, C. H. (1972). *An introduction to counseling in the school*. New York: Harper & Row.

Patterson, C. H. (1984). Empathy, warmth, and genuineness in psychotherapy: A review of reviews. *Psychotherapy: Theory, Research, Practice, Training, 21*(4), 431-438.

Patterson, L. E., & Eisenberg, S. (1983). *The counseling process*. Houghton Mifflin: Boston.

Petrie, R. D. (1987). Group enactment procedures: Theory and application. *The Journal for Specialists in Group Work,12*(1). 26-30.

Powell, E. R. (1977). HIM correlational study. *Small Group Behavior, 8*(3), 369-379.

Priddy, J. M., & Gallagher, D. (1984). Clinical and research issues in the study of caregiver support groups. meeting of the Gerontological Society, San Antonio, TX.

Priddy, M. (1987). Outcome research on self-help groups: A humanistic perspective. *The Journal for Specialists in Group Work, 12*(1), 2-9.

Rae, D. S., Vathally S. T., Manderscheid, R. W., Silbergeld, S. (1976). Hill Interaction Matrix (HIM) scoring and analysis programs. *Behavior Research Methods, 8*(6), 520-521.

Robbins, S. P. (1983). The theory Z organization from a power-control perspective. *California Man-*

agement Review, 25, 67-75.

Rutan, J. S., & Stone, W. N. (1984). *Psychodynamic group psychotherapy*. New York: McMillan.

Rutan, J. S., Alonso, A., Groves, J. E. (1988). Understanding defenses in group psychotherapy. *International Journal of Group Psychotherapy, 38*, 459-472.

Sarnoff, I. (1960). Psychoanalytic theory and social attitudes. *Public Opinion Quarterly, 24*, 251-79.

Sayles, L. R. (1958). *The behavior of industrial work group*. New York: Wiley.

Scheidlinger, S. (1968). Concept of regression in group psychotherapy. *International Journal of Group Psychotherapy, 18*, 3-20.

Scheidlinger, S. (1982). *Focus on group psychotherapy: Clinical essays*. Madison, CT: International Universities Press.

Secord, P. F., Backman, C. W. (1961). Personality theory and the problem of stability change in individual behavior: An interpersonal approach. *Psychological Review, 68*, 21-32.

Shapiro, G. L., Pratt, J. M., & Cashman, P. H. (1978). Teaching about power in groups: An experiential method. *Communication Education, 27*(3). 220-227.

Sharry, J. (2001). *Solution-focused groupwork*. London: Sage.

Shaw, M. E. (1981). *Group dynamics: The psychology of small group behavior*. N. Y.: McGraw-Hill.

Shaw, M. E., & Shaw, L. M. (1962). Some effects of sociometric grouping upon learning in a second grade classroom. *Journal of Social Psychology, 57*, 453-458.

Shertzer, B., & Stone, S. (1974). *Fundamentals of counseling*. New York: Houghton Mifflen.

Silbergeld, S., Manderscheid, R. W., & Koenig, G. R. (1977). Evaluation of brief intervention models by the Hill interaction matrix. *Small Group Behavior, 8*, 281-302.

Silbergeld, S.,Thune, E. S., & Manderscheid, R. W. (1980). Marital role dynamics during brief group psychotherapy: Assessment of verbal interaction. *Journal of Clinical Psychology, 36*, 2.

Sisson, C. J., Sisson, P. J., & Gazda, G. M. (1977). Extended group counseling with psychiatry residents: HIM and the Bonney Scale Compared. *Small Group Behavior, 8*, 351-360.

Slavson, S. R. (1964). *Analytic group psychotherapy with children, adolescents and adults*. Columbia University Press.

Splaine, J. (1981). Studying Teaching. A Critical Appraisal by a Participant-Observer. Annual Meeting of the American Association of Colleges for Teacher Education. Detroit, MI

Stockton, R., & Morran, D. K. (1982). Review and perspective of critical dimensions in therapeutic small groups research . In G. Gazda (Ed.), *Basic approaches to group psychotherapy and group counseling* (3rd ed). Springfield, IL: Charles C. Thomas .

Stockton, R., & Hulse, D. (1983). The use of research teams to enhance competence in counseling research. *Counselor Education and Supervision, 22*, 303-310.

Thibaut, J. W., & Kelley, H. H. (1952). *The social psychology of groups*. New York: John Wiley & Sons.

Thibaut, J. W., & Kelley, H. H. (1959). *The social psychology of groups*. New York: Wiley.

Thomas, K. W. (1977). *Toward multidimensional values in teaching: The example of conflict behavi-*

ors. Academy of Management Review.

Trotzer, J. (1977). *The counselor and the group: Integrating training, theory, and practice*. Pacific Grove, CA: Brooks/Cole.

Trotzer, J. P. (1977). *The counselor and the group*. California: Cole.

Uesugi, T. K., & Vinacke, W. E. (1963) Strategy in a feminine game. *American Sociological Association, 26*(1), 75-88.

Vander K. C. J. (1985). *Introduction to group counseling and psychotherapy*. Columbus: Charles E. Merril.

Verny, T. R. (1974). *Inside groups: A guide to encounter groups and group therapy*. New York: McGraw Hill.

Walz, C. R., & Benjamin, L. (Eds.). (1978). Transcultural counseling: Needs, programs, and techniques. New York: Human Sciences Press.

Werstlein, P. O., & Borders. L. D. (1997). Group process variables in group supervision. *Journal for Specialists in Group Work, 22*, 120-36.

Winch, R. F. (1958). *Mate selection, a study of complementary needs*. New York: Harper Bros.

Yalom, I. D. (1970). *The theory and practice of group psychotherapy*. New York: Basic Books.

Yalom, I. D.(1985). *The theory and practice of group psychotherapy* (3rd ed.). New York: Basic Books.

Zander, A. (1976). The psychology of removing group members and recruiting new ones. *Human Relations, 29*, 969-987.

索引

一 漢英名詞對照

五劃

六劃

七劃

八劃

九劃

十劃

十一劃

十二劃

十三劃

十四劃

十五劃

十六劃

十七劃

十八劃

十九劃

二十三劃

二 英漢名詞對照

A

B

C

H

I

J

K

L

M

N

O

P

Q

R

S

T

U

V

W

Z

國家圖書館出版品預行編目（CIP）資料

團體動力學／潘正德編著. --三版. -- 臺北市：心理, 2012.03
面；　公分. --（輔導諮商系列；21104）

ISBN 978-986-191-474-9（平裝）

1.團體輔導　2.團體諮商

178.3　　　　100020802

輔導諮商系列 21104

團體動力學（第三版）

編 著 者：潘正德
執行編輯：高碧嶸
總 編 輯：林敬堯
發 行 人：洪有義
出 版 者：心理出版社股份有限公司
地　　址：231 新北市新店區光明街 288 號 7 樓
電　　話：(02) 29150566
傳　　真：(02) 29152928
郵撥帳號：19293172　心理出版社股份有限公司
網　　址：http://www.psy.com.tw
電子信箱：psychoco@ms15.hinet.net
排 版 者：鄭珮瑩
印 刷 者：竹陞印刷企業有限公司
初版一刷：1995 年 4 月
二版一刷：1999 年 5 月
三版一刷：2012 年 3 月
三版三刷：2021 年 1 月
I S B N：978-986-191-474-9
定　　價：新台幣 400 元